한국의 **권위주의적** 체제 성립

이승만 정권의 붕괴까지

기무라 간木村 幹 저

김세덕 역

제이앤씨
Publishing Company

한국어판 서문

본서는 2003년 출판되었으며 필자에게는 두 번째 저작이다. 서문에서는 저작의 배경에 대해 짧게 정리해보고자 한다. 일본어판 서문에도 기술하였듯이, 본서의 일부가 된 연구를 시작한 것이 1996년경이었으므로 지금으로부터 17년이나 과거의 일이다. 당시는 김영삼 정권하에서 다수의 '역사의 재검토' 사업이 진행되고, 이에 따라 다양한 논의가 이루어지고 있었다. 그중에서도 주목을 받은 하나가 '친일파' 문제였다. 즉 일본의 식민지 지배에서 해방된 이후에도 친일파 청산이 충분하게 이루어지지 않았으며, 이 점이 건국 이후 한국의 역사에 짙은 그림자를 만들었다는 점이다.

그렇다고는 해도 이러한 논의를 지켜보던 필자가 이상하다고 느낀 점이 있었다. 바로 '친일파' 문제가 활발하게 논의되고 있는 한편, 그 배경으로서 중요한 요소임이 틀림없는 해방 직후에서 제1공화국에 이르는 정치상황에 대해서는 당시 한국에서 그다지 연구가 이루어지지 않고 있었다는 점이다. 즉 이 시기에는 해방 직후의 미군정 상황과 한국전쟁에 이르기까지의 과정, 그리고 이승만 정부 붕괴 과정에 관심이 집중되어 있으며, 그 이외 시기의 정치에 대해서는 단순한 설명밖에 존재하지 않았다.

이렇게 해서 미군정기부터 제1공화국까지 이르는 시기의 한국 정치에 대해 관심을 갖게 된 필자가 늦게나마 깨달은 점이 있었는데, 그것은 김영삼 정부로 이어지는, 당시―이제는 안 쓰는 말이 되었으나―'정통보수야당'이라고 불리는 정치세력의 연원이 바로 이 시기에 있었다는 점, 그럼에도 불구하고 제1공화국에 이 '정통보수야당'을 구성할 사람들이 대거 교체되어 들어갔다는 점이었다. 더 자세히 이야기하자면 이 '정통보수야당'의 연원이 된 사람들이야말로 일제 식민지시대 한반도에서 가장 큰 경제력을 가지고 있었으며, 당시 '친일파' 논의의 초점 중 하나였다는 것이다. 그리고 이는 또 하나 당연한 사실을 필자에게 재확인시켜 주었다. 즉 해방 이전과 해방 이후는 연속된 시기이며, 해방 후의 정치를 이해하기 위해서는 해방 이전의 상황이 어떠했으며, 또한 그 상황의 '본질'이 해방 후에 어떠한 영향을 주었는지를 고찰해야 한다는 점이었다.

그리고 이러한 관점에서 바라보았을 때 또 하나 깨달은 점은, 그렇다면 이 탈식민지화 과정의 차이에 의해 한국 정치의 한 부분이 설명될 수 있지 않을까 하는 점이었다. 그렇기 때문에 본서는 해방 후의 한국 정치에 대해 비교정치학적, 더욱 정확히는 비교탈식민지화 연구적인 관점의 분석으로부터 시작하고 있다. 물론 이 분석이 합당한지 아닌지는 독자 여러분의 판단에 맡기도록 하겠다. 연구 당시와 비교하면 한국의 정치사 연구 수준이 향상되어 오늘날의 시점에서 보았을 때 불충분한 점도 있을 것이다. 부족한 점이 있다면 이는 오로지 필자의 탓이다. 이에 대해서는 독자 여러분의 진지한 비판을 들었으면 한다.

마지막으로 본서의 한국어판 출판을 위해 많은 분들의 도움을 받았다. 무엇보다도 제이앤씨출판사의 윤석현 사장님께는 열악한 출판 상황 속에서도 본서를 훌륭한 서적으로 만들어 주신 점에 감사하고 싶다. 필자와 같은 해외의 한국 정치 연구자들에게 연구대상인 한국 본국에서 출판을 하는 것은 참으로 망외의 기쁨이라 할 수 있다. 출판사의 진지한 자세에 경의를 표하고 싶다. 그리고 번역자인 김세덕 교수는 첫 번째 저작인 『조선/한국의 내셔널리즘과 소국의식』에 이어 본서도 번역해 주었다. 우수한 제자를 두어 행복할 따름이다. 가뜩이나 이해하기 어려운 필자의 특이한 어법을 유창한 한국어로 바꾸어주었다. 혹 본서의 한국어판은 오리지널 저작인 일본어판보다 이해하기 쉽게 쓰였는지도 모르겠다. 또한, 본서의 번역에는 통역사 전성혜 씨가 큰 도움을 주었다.

마지막으로 본서의 한국어판 출판은 고베대학 롯코다이후원회에서 지원을 받았다. 일본뿐 아니라 전 세계의 대학들이 이전보다도 더욱 열악한 상황에 놓여 있는 가운데, 지원받는 환경에서 연구를 계속할 수 있는 고마움을 재확인하며 서문을 마친다.

고베대학 연구실에서 한일관계의 개선을 염원하며,
2013년 11월 27일
기무라 간木村 幹

일본어판 서문

  이 얘기는 제쳐두고 솔직해지자. 너나 나나 모두 몰랐다. 모두 자고
있었던 것이다. [중략] 이 나라가 해방될 것이라는 점을 예견하고 있던
사람은 어느 누구도 없었다.[1]

  한강을 끼고 우뚝 솟아있는 고층 맨션들. 시청 앞 활기. 새로운 빌딩
가에 들어서 있는 거대한 지하 쇼핑몰. 대한민국 수도 서울의 현재 모습
은 분명 활기에 넘쳐 있다. 외환위기를 극복하고 고도성장기에서 안정
성장기로 접어든 성숙한 한국 사회와 이와 동시에 경제 번영과 자유를
구가하는 사람들의 모습을 볼 수 있다. 광복 그리고 건국에서 반세기 이
상을 걸어 온 한국은 틀림없이 무언가를 달성했다. 논자들 대부분의 의
견처럼-때로는 질투 섞인 목소리도 나온다-이는 우선 '성공신화'라 불
러야만 한다.
  '성공'의 전제에는 많은 고난이 존재했다. 전화로 말미암아 황폐화된
거리는 갈 곳을 잃고 멍하니 서 있는 사람들로 가득 차 있었다. 겨우 반
세기 전의 서울은 오늘날의 모습 따윈 티끌만큼도 찾아볼 수 없는 도시
였다. 그들의 눈앞에는 과거와 변함없이 그들을 깔보는 듯이 높이 치솟
아 있는 대한민국중앙청사-전 조선총독부-와 조선 시대의 봉화터였

---

1 함석헌, 『苦難の韓国民衆史』, 김학현 역(新教出版社, 1980) 303쪽.

던 남산에 건설 중인 현직 대통령 이
승만의 거대한 동상이 서 있었다.[2] 그
리고 사회를 뒤덮고 있던 실의와 폐색
감은 정치면에서 점차로 강화되는 이
승만 정권의 '권위주의적' 지배로 표출
되고 있었다. 그리고 이는 동상이 완
성될 쯤 절정에 이른다.

한국전쟁으로 파괴된 서울 시내(1950년)
출전: 박기출, 『한국정치사』(민족통일문
　　　제연구원 박기출선생 저작간행회,
　　　1978), 108쪽

　그러나 이는 한국의 과거가 온통 암흑 속에 갇혀 있었다는 점을 의미
하지 않는다. 한국전쟁 종전에서 시간을 거슬러 올라가 겨우 5년 전의
8월 15일, 과거 조선총독부 — 이 때는 국회의사당 — 앞에서는 대한민국
정부 수립을 기념하는 화려한 건국식이 거행되고 있었다. 현재의 기준
에서 본다면 분명 이는 연이은 조선민주주의인민공화국의 건국과 함께
한반도의 남북분단을 기정사실화하고 사람들을 한국전쟁으로 몰아넣은
첫걸음일 것이다. 하지만 이 점 때문에 당시 사람들이, 비록 그것이 기
형적일지라도 그들이 실로 오랜 세월 갈망해 왔던, 즉 자신들만의 주권
국가를 수립하는 날을 환희 없이 맞았다고 한다면 이 또한 거짓말이 아
닐까. 당시 신문과 여타 기록에서도 알 수 있듯이 당시의 한국인들은 이
날을, 그리고 한국전쟁 발발 이전까지 계속된 '너무나 짧았던 안정기[3]'를

---

2 이승만이 80세가 된 것을 기념하여 세워졌다. 1956년 8월 5일 준공, 같은 달 15일 제막식.
　81척(약 25m)이나 되는 거대한 이승만 동상은 '4월 혁명' 후인 1960년 7월 23일에 당시
　정부에 의해 철거된다. 그 밖에 파고다공원에도 1956년 3월 31일에 준공한 이승만의 동상
　이 있었으나, 혁명 과정에서 민중들에 의해 철거된다. 박미화, 「1950-60년대 한국 조각의
　전개와 특성」, http://www.moca.go.kr/modern/modern1/publication/study09/study9_03.html, 성
　두경이 펴낸 『국회사진연감』(국회사진연감사(한국), 1958) 78쪽, http://www.khistory.or.kr/kyear/
　list.asp?kyear56', http://library. 419revolution.org/cbody01_1.html(주소는 2002년 8월 29
　일 현재).
3 수진오, 『양호기(養虎記)』(고대출판부, 1977) 31쪽 이하.

환희와 기대감 속에서 보냈다. 적어도 이 시기에
는 제한적이나마 다양한 사람들이 국회에서, 그리
고 거리에서 활발한 논쟁을 펼치고 있었다. '도둑
처럼 슬그머니 찾아온 해방[4]'이 그들을 어디로 이
끌지 어느 누구도 알지 못했다. 그래도 사람들은
여전히 미래를 말하고 있었다.[5]

남산공원의 이승만 동상
출전: 『서울』(서울특별시
사편찬위원회[한
국], 1957) 22쪽

희망에 가득 찬 시대로부터 우울한 폐색감만이
가득 찬 시대로. 한국전쟁은 분명 이러한 시대의
급격한 변화를 초래했다. 그러나 이와 동시에 실
의와 폐색감으로 뒤덮인 상황은 휴전 이후에도 걷히지 않고 계속 이어
졌다는 점을 간과해서는 안 된다. 4·19혁명은 이승만에 의한 '권위주의
적' 체제를 무너뜨림으로써 한때 한국의 앞날에 밝은 햇살을 비추었다.
그러나 4·19혁명에 의해 탄생한 제2공화국은 대중의 바람과는 거리가
먼 것이었으며 대중은 큰 실망감에 젖어 든다. 실망만을 안겨 준 체제는
박정희의 5·16군사쿠데타를 초래했다. 한국민들은 다시 실의의 밑바닥
에 침잠하게 되며 사회는 더 큰 우울함 속에 빠져든다.

한국은 왜 이러한 우울한 시대를 경험할 수밖에 없었을까. 국민들을
실의에 빠뜨린 당시 체제는 대중의 전폭적인 지지를 받지 못했으며 이
와 함께 대부분의 시간 동안 불완전하나마 '선거'를 통해 정통성을 계승
했다는 점을 잊어서는 안 된다. 이승만 정권은 '선거'에 크게 의존하고
있었으며 기실 '선거'에서의 실질적인 패배로 인해―그리고 이를 '부정

---

4 함석헌, 『苦難の韓国民衆史』, 302쪽. 三枝寿勝, 「韓国文学を味わう」, 제8장
  http://www.han-lab. gr.jp/ -cham/ajiwau/chap8/chap8.html(주소는 2002년 7월 17일 현재)
5 「韓国文学を味わう」三枝寿勝 지음, 제8장.

선거'로 호도함으로써ー정권을 잃게 된다. 이는 민정이양에서 유신체제까지의 과정을 거친 박정희 정권도 마찬가지였다. 그렇다고 대중이 물론 이를 열광적으로 지지한 것은 아니었다. 하지만 반대로 적극적으로 배제하려는 움직임을ー1960년은 예외로 하고ー보인 것도 아니었다. 과연 무엇이 이를 가능하게 했을까.

본서는 이러한 문제의식에서 출발했다. 이 문제에 대해 필자는 다음과 같이 대답하고 싶다.

'도둑처럼 슬그머니 찾아온 해방'은 광복 이후의 한국에서 국내파 즉 일제 치하를 한반도에서 보낸 사람들의 정치적 발언력을 축소시켰다. 일제 치하를 일본 지배세력과 '공존'한 그들의 지배 정통성은 위험을 무릅쓰면서까지 민족활동을 전개했던 망명운동가들에 비해 현저히 떨어질 수밖에 없었다. 망명운동가들이 알력다툼으로 인해 도태된 결과, 마지막으로 남은 인물은 유력한 망명운동가 이승만이었다. 그의 지배 정통성은 여타 존재들을 압도할 정도였으며 이 때문에 그는 일정 기간 사실상 자유재량권을 장악할 수 있었다. 이승만 주위에는 마침내 그를 핵심으로 하는 '정부당'이 형성되며, 야당과 이를 조직한 국내파들은 조직과 정통성이라는 두 측면에서 여당에 감히 대항할 수 없는 지경까지 이른다. 제2공화국의 민주당 정권 그리고 박정희 정권은 이러한 '정부당'을 계승함으로써 지배를 공고히 하며 적어도 일정기간 한국을 안정으로 이끈다.

대답이 되었는지의 여부는 우선 독자들의 평가에 맡기도록 하겠다. 그럼 본문으로 들어가 보자.

차례

탈식민지화와 '정부당'

제2차 세계대전 후 신흥독립국들의
민주화를 향한 시험론*

---

* 본 절은 Samuel P. Huntington, *Political Order in Changing sosieties*, New Haven, CT: Yale University Press, 1968을 참조하였다.

한국의 권위주의적 체제 성립
이승만 정권의 붕괴까지

해방 후 한국의 권위주의 체제를 살펴보는 데에 있어 중요한 점은 한국의 권위주의 체제와 유사한 체제가 한국과 마찬가지로 제2차 세계대전 후 독립을 이룬 당시의 이른바 '신흥독립국'에서도 많이 찾아볼 수 있다는 점이다. 희망에 가득 찬 건국을 이룬 후, 민주주의를 지향하던 체제가 10년도 되기 전에 붕괴하거나 형체만 남아 권위주의 체제하로 들어간다. 이러한 과정들을 살펴본 결과, 한국의 권위주의 체제와 성립과정이 이들 '신흥독립국'의 예와 특히 다르다고 하기는 쉽지 않을 것이다.

그런데 수많은 희망과 기대로 출발한 '신흥독립국'의 대부분이 어째서 권위주의 체제하에 들어가지 않으면 안 되었던 것일까. 먼저 이 문제부터 살펴보기로 하자.[1]

---

1 이 문제에 대해서는 필자의 「권위주의 체제」, 吉田博司, 小倉紀藏 편저 『韓国学のすべて』 (新書館, 2002)를 참고하였다.

1. 독립의 이상과 현실

> 봄베이의 정부 청사 앞에서는 시계가 12시를 가리킴과 동시에 제국
> 주의의 상징이었던 유니언 잭을 대신하여 삼색기가 게양되었으며, 발
> 코니에 모습을 나타낸 수상이 민중에게 외친다 — "이제 진정 여러분들
> 은 자유입니다." 광장에 모인 민중은 서로 부둥켜 안고 외친다 — "우리
> 들은 자유다! 자유다!" 마치 이 목소리에 대답하듯이 항구에 정박해 있
> 던 기차와 마을의 공장에서는 일제히 기적 소리와 사이렌 소리가 울렸
> 다.[2]

제2차 세계대전 이후 구 식민지 제국의 독립. 그중에서도 인도 독립
의 날 봄베이 거리의 이 놀라운 환희의 분출처럼, 독립은 구舊식민지 주
민에게 말로는 다할 수 없는 기쁨과 기대를 가져다주었다.

그러나 기쁨과 기대에 가득 차있던 아시아와 아프리카 신흥독립국들
의 그 후 향방은 순탄치만은 않았다. 특히 독립 후 이 국가들에게 큰 걸
림돌이 된 것은 바로 그들 대부분이 한 개인이나 한 세력이 압도적인
우위를 차지하는 체제로 가고 있었다는 점이었다. 이는 당초 이 국가들
이 가지고 있었던 아름다운 '이상理想'과는 크게 동떨어진 것이었다. 그
렇다면 도대체 왜 수 많은 기대를 갖고 출발했던 신흥독립국들이 마치
정해진 듯이 '이상理想으로부터 탈피'하는 길을 걷게 된 것일까.

중요한 것은, 본 장이 문제로 삼고 있는 탈식민지화 이후의 신흥독립
국들이 권력교체의 가능성이 없는 비민주주의적 체제 — 후에 설명하겠
으나, 본 장에서는 이를 '권위주의적' 체제라고 부르기로 하겠다 — 로 기

---

2 森本達雄, 『インド独立史』(中央公論社, 1972), 3쪽.

울어지는 현상이 동북아시아에서 시작해 사하라 이남 지역, 아프리카에 이르기까지(서양에서 이주해 온 주민이 다수를 구성하는 지역을 제외하고) 지극히 광범위한 지역에서, 각 지역의 문화적 사회적 또는 경제적 다양성과 상관없이 공통적으로 나타났다는 사실일 것이다.[3] 여기서 확인되는 공통점은 '서양이 아니라는 점, 그리고 본 장의 연구 대상 지역들로서는 당연하게도 서양 혹은 일본의 식민지 지배를 거쳤으며, 그 후 '탈식민지화'를 이루었다는 점밖에 없다고 해도 과언은 아니다. 물론 그들의 사회에는 서양의 민주화를 가능케 한 기초적 구조가 존재하지 않았다. 그렇다면 그들의 '민주화'를 방해한 '비서양적 요인'이란 구체적으로 도대체 무엇이었을까. 그리고 그 요인은 그들이 식민지 지배 그리고 독립을 경험했다는 것과 어떠한 관계가 있는 것일까. 우리는 한번 더 이 점에 대해 진지하게 검토할 필요가 있을 것이다.

본 장은 위와 같은 문제의식하에 세워진 가설이다. 구체적으로는 다음과 같다. 먼저 첫째로 본 장의 연구대상 즉, 신흥독립국이 '권위주의적' 체제 성립에 이르기까지의 과정을 논리적으로 재구성하여 이를 몇 가지 유형으로 분류한다. 여기서 중요한 점은 각국의 제도적 민주주의와 이에 기반을 둔 평화적 권력교체의 유무이다. 둘째로 이들 유형에 따라 각국이 '권위주의적' 체제로 '이행'한 배경이 무엇인지에 대해 개괄적

---

3 다양한 각국 정보에 대해 본 장은 다음의 저작 및 논문에 의거하고 있다. 『アジア・アフリカ民族運動の実態』中央調査会 편저(至文堂, 1960), 『アジアの政治社会構造と変動過程』民主主義研究会 편저(民主主義研究会, 1968), 『ASEAN諸国の政党政治』村嶋英治, 萩原宜之, 若崎育夫 편저(アジア経済出版会, 1993), W. 셰퍼드, 『아프리카 민족주의의 정치적 구조』, 小田英郎 역(慶応通信, 1966), 小田英郎, 『アフリカ現代政治』(東京大学出版会, 1989), Haruhiko Fukui ed., *Political Parties of Asia and the Pacific*, Westport, CT: Greenwood Press, 1985, Walter H. Mallory ed., *Political Handbook of the World: Parliaments, Parties and Press as of January 1, 1960*, New York, NY: Happer & Brothers, 1960 등.

으로 분석한다. 여기서는 각국의 다양한 '탈식민지화'가 '권위주의적' 체제로의 '이행'과 어떠한 관계를 가지고 있었는지에 중점을 둔다. 마지막으로 탈식민지화에서 '권위주의적' 체제, 그리고 '민주주의적' 체제에 이르는 전형적인 전환에 성공한 한국의 예를 중심으로 민주화에 성공한 국가들을 살펴본다. 한국은 민주화를 이루기 위해 자국이 '권위주의적' 체제로 '이행'하게 된 요인을 어떻게 해결했을까. 이러한 한국의 예를 살펴봄으로써 각국의 민주화 전망을 확인해 본다.

이상으로 논의의 전제를 밝히는 바이다. 이제 바로 구체적인 논의에 들어가기로 하자.

2. '권위주의' 정권화의 여러 유형

'권위주의적' 체제와 '민주주의적' 체제 '정부당'을 중심으로 살펴본다.

문제의 소재를 명확히 하기 위해, 우선 각국이 탈식민지화에서 '권위주의적' 체제에 도달하기까지의 여정을 논리적으로 고찰해보기로 하자.

먼저 본 장에서 고찰을 전개할 때 피할 수 없는 문제, 즉 도대체 '권위주의적' 체제, 그리고 이와 대비되는 '민주주의적' 체제란 무엇인지에 대해 본 장에서는 어떻게 설명하고 있는지, 그에 대한 가설을 제시하고자 한다. 그러나 본 장은 논고의 목적상 이러한 정치학적 근본과 논쟁적인 개념에 대해 최종적 해결책을 제시하지 않을 것이며, 또한 그럴 필요도 없다는 점을 강조하고 싶다.[4] 그럼에도 불구하고 본 장에서 나올 표현들

---

4 해당 분야의 대표적인 연구사례로는 J. 린스의 연구가 다수 있다. 그러나 린스 자신도 말했

에 대해 개념을 명확히 해 두는 것은 본 장의 논의를 명확하게 하기 위해 필요하기에, 이하에서 이 점에 대해 간단히 정리해 두고자 한다.

이 문제를 고찰하면서 우리가 주시한 것은 후지와라 키이치藤原帰一의 '정부당'을 둘러싼 논의이다.[5] 이미 알려진 바와 같이 동남아시아 각국의 제도는 다양하기는 하나 현실적으로 평화적인 권력교체의 가능성이 매우 희박한 정치체제이기도 하다. 후지와라는 이러한 동남아시아의 정치체제를 여당과 행정기구가 일체화된 '정부당'이라는 개념을 도입하여 설명하고, 정부당이란 "민정과 군정의 구별을 뛰어넘어 제도적 민주주의, 전체주의, 권위주의 등 세 가지 유형을 망라"하는 체제라고 설명하였다. 그러나 현대 동남아시아 국가들에 대해 이 개념을 적용할 경우, 많은 신흥독립국들에서 본디 정당과 정당들의 주요 활동무대인 선거 자체가 그다지 중시되고 있지 않았으며, 극단적인 경우에는 아예 정지된 상태였다는 점이 문제가 될 것이다. 즉 전체주의적 체제는 물론이거니와, 후지와라가 '권위주의 체제'라 정의했던 수많은 체제의 경우에도 국가가 사회로부터 유리遊離된 체제는 존재했다. 예를 들면 '전통적' 혹은 '전통적이라고 간주되는' 형태로 복귀한 국가 체제, 그리고 '노골적인' 군사독재 정권과 같이 본디 국가와 사회를 연결해야 할 정당의 역할을 전제로 하지 않은, 즉 '정부당(혹은 정당)' 없는 '권위주의 체제'가 이론적으로 존재

듯이 그의 권위주의 체제에 관한 연구는 '근대적 권위주의 체제'를 대상으로 하며, '다수의 탈식민지과정'을 '포함하지는 않는다.' 린스는 권위주의 체제를 "아직까지 전통적 정당성에 근거한 체제"라고 정의한다. 그의 연구는 '술탄 지배형 체제'를 따로 논하였으나, 본 장과 같이 개발도상국을 염두에 둔 연구에서 '술탄 지배형 체제'와 여타 권위주의 체제를 구분하여 논하기는 방법론적으로도 힘들고, 또한 의미도 없을 것으로 사료된다. 본 장에서는 독자적인 정의를 내렸다고 해도 좋을 것이다. J. 린스, 『전체주의체제와 권위주의 체제』(みすず書房, 1995), J. 린스, 『민주체제의 붕괴』, 山内秀夫 역(岩波現代選書, 1982) 등.
5 藤原帰一, 「政府党と在野党-東南アジアにおける政府党体制」, 萩原宜之 편저, 『民主化と経済発展』講座現代アジア三(東京大学出版会, 1994)

한다고 가정하는 것은 가능하며, 또한 실제로 이 존재를 부정하는 것도 곤란하다.

그럼에도 불구하고 후지와라가 자신의 정부당 개념을 전개하는 데 있어서 평화적 권력교체의 현실적인 가능성에 착안했다는 점은 주목할 만하다. 여기서 후지와라는 '정부당'이라는 개념을 제시함으로써, '제도적 민주화'를 이루면서도 현실적으로 권력교체 가능성이 거의 없는 국가들의 정치 체제를 서구적인 '민주주의적' 체제와 구별하고자 시도했던 것이다. 그러므로 그의 '정부당' 개념의 유효성은 이 두 가지를 구별할 때 가장 확실히 설명된다. 이는 다시 말하면 우리들도 이 '정부당'이란 개념을 분수령으로 '민주주의적' 체제와 그렇지 않은 체제를 '제도적 민주주의'의 틀을 뛰어넘어 구별할 수 있다는 것을 의미한다.[6]

이상을 정리하면 도식 - 1과 같이 될 것이다. 한국이나 대만과 같이 1980년대에서 1990년대 이후 민주화를 이룬 나라들을 제외하면, 제2차 세계대전 후 많은 수의 신흥독립국이 여전히 민주화로 가는 마지막 경계선을 넘지 못하고 있다는 점에 주목하기 바란다. 따라서 본 장에서는 이러한 '정부당' 체제를 도식 - 1의 상단에 표시하고, 권력교체의 가능성이 없는 체제를 편의에 따라 '권위주의적' 체제라고 부르기로 한다. 또한, 반대로 권력교체가 가능한 복수의 정치세력과 정당이 존재하여 정권교체의 현실적 가능성이 있는 체제를 '민주주의적' 체제라고 부르고자 한다.[7]

---

6 물론 '권위주의적' 체제와 '민주주의적' 체제의 경계선을 현실적인 권력교체의 가능성에서 찾는 것은 후지와라 키이치의 독창적인 이론은 아니다. '실재 민주주의'에서 켈젠 '민주주의론', 上原行雄, 長尾龍一, 森田寬二, 布田勉 역(木鐸社, 1977) 121쪽 이하. Giovanni Sartori, *Democracy Theory*, Detroit: Wayne State University Press, 1962, p.150 이하.

7 각 국가들이 구체적으로 어느 유형에 속하는지를 결정하는 작업은 그리 쉽지 않다. 이 점에

　　그렇다면 이 도식에서 제2차 세계대전 후의 신흥독립국들을 '정부당'
보다 왼쪽에 위치하게 만든, 그리고 이 국가들의 체제를 '권위주의적'인
체제로 만든 배경은 대체 무엇일까.

도식-1 「권위주의적」 체제와 「민주주의적」 체제

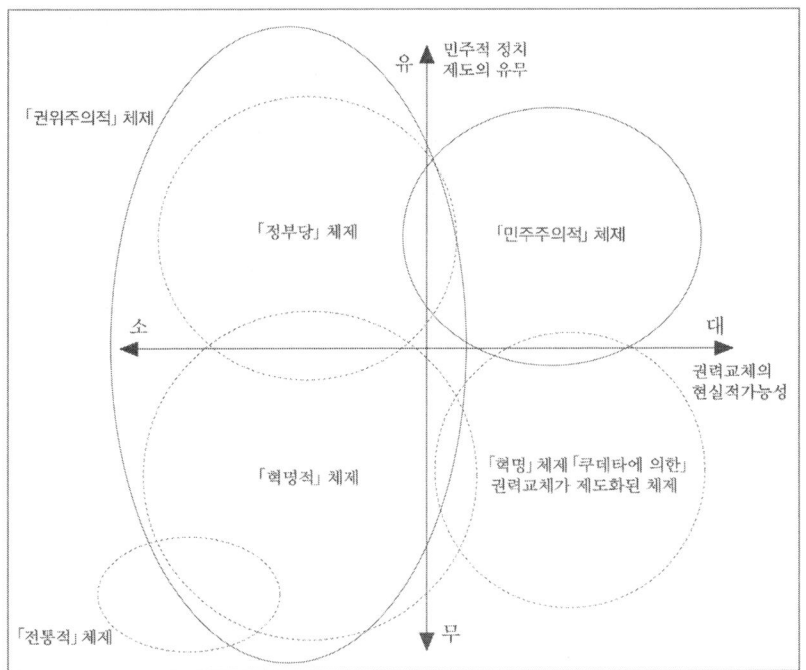

　　그리고 그 배경이 식민지 지배 및 독립과는 어떠한 관계가 있을까.
다음에서는 이 점을 살펴보기 위해 해당 국가들의 경험을 몇몇 유형으
로 나누어 보고자 한다.

──────────

대해서 본 장에서는 논하지 않기로 한다.

탈식민지화에서 '권위주의적' 체제 이행으로 가는 여러 유형

위와 같은 이론적 정리를 전제로 할 때, 제2차 세계대전 후 신흥독립국들의 '권위주의적' 체제, 그리고 그 체제로 가는 과정은 어떤 유형으로 분류해 볼 수 있을까? 이 점에 대해 먼저 각국의 '권위주의적' 체제 성립부터 살펴보기로 하자.

어느 특정 국가가 독립 후 특정 체제에 이르기까지의 과정을 살펴볼 때 먼저 중요한 것은 해당 국가가 독립 당시 어떤 체제를 갖고 있었는지일 것이다. 즉 해당 국가가 독립 때부터 '권위주의적' 체제를 갖고 있었다면 그 후 이 국가에서 '권위주의적 체제화'가 이루어질 여지는 없을 것이다. 한편, 독립 당시 '민주주의적' 체제가 존재했음에도 불구하고 그 후 '권위주의적' 체제로 이행한 국가들에 대해서는 '민주주의적' 체제가 왜 붕괴하였으며, 어떻게 '권위주의적' 체제로 이행했는지를 분석해 볼 수 있다. 당초부터 '권위주의적' 체제를 가지고 있던 국가가 그대로 '권위주의적' 체제를 유지하게 된 이유는 언뜻 간단해 보일 수 있다. 그러나 '민주주의적' 체제하의 수많은 국가들은 왜 독립 후 '민주주의적' 체제를 유지할 수 없었던 것일까.

상기 의문을 고찰해 볼 때 우리가 유의해야 할 점은, 독립 당시 신흥독립국들이 '민주주의적' 체제를 가지고 있었는지에 대한 여부, 즉 이 국가들의 출발 당시 체제가 현실적으로 권력교체의 가능성이 있었는지 아닌지는 실제로 판단하기가 매우 힘들다는 것이다. 즉 독립 이전에 장기적인 '자치' 경험을 가지고 있던 몇 안 되는 국가들을 예외로 하면, 이들 국가가 독립의 결과로 얻은 정권은 그들에게 '최초의 정권'이라고 할 수 있는 것이었으며, 그 때문에 이 단계에서 국가들의 체제가 당시의 제도와는 상관없이 '현실적으로' 권력교체의 가능성을 갖고 있었는지 분석하는 것은 불가능에 가깝다. 또한, 독립 이전에 일정 기간 '자치'를 경험한 국가들도 독립 이전과 독립 이후의 '정권'이 부여받은 권한 및 '정권' 창출 시스템에는 큰 차이가 있었다. 그러므로 두 경우를 단순하게 연속된 사건으로 분석할 수는 없을 것이다.

따라서 독립 당초의 각국 체제가 '권위주의적'인지 아닌지를 분석할 때 우리가 실제로 취할 수 있는 방법은 '현실적' 권력교체의 가능성에서 한발 물러나서, 일단 해당 체제가 '제도적으로' 권력교체의 가능성을 가정하였는지, 그리고 실제 이를 용인했는지 아닌지에 한정된다. 다시 말하면, 독립 당초 각국의 체제는 제도적으로 권력교체 가능성을 고려하지 않은 경우(a)[8]와 적어도 제도적으로 가능성이 가정되어 있던 경우(b), 크게 이 두 가지 유형으로 나누어 볼 수 있다는 것을 의미한다.

이와 같이 논의를 전개할 때, 우리는 '권위주의적' 체제 성립의 길을 걸은 국가들을 이하와 같은 유형으로 나누어 볼 수 있을 것이다. 먼저 (a)체제에서부터 출발한 국가들의 경우에는 독립 시부터 본 장에서 다루고 있는 '권위주의적' 체제가 성립되어 있었다고 볼 수 있다. 이들에게 독립은 바로 '권위주의적' 체제 성립으로 가는 과정이었다(A).

이에 비해 적어도 정권교체의 가능성을 염두에 두고 출발한 나라들은 그 후 '민주주의적' 체제에서의 '탈피', 그리고 '권위주의적' 체제로의 이행 과정을 겪게 된다(B). 여기서 후자의 과정을 분석할 때 우리들은 다음과 같은 점을 주의해야 한다. 바로 (B)의 과정을 거친 국가들은 '이행'

---

8 본 장에서는 x유형의 체제가 성립되기까지의 과정을 X라고 하고, x유형과 비슷하나 다른 과정을 거쳐 성립된 체제를 x'라고 표기하기로 한다.

과 '탈피'의 과정에서 제도적 민주주의의 외견을 포기한 국가(B1), 그리고 제도적으로는 외견을 유지하고 있었으나 현실적으로 권력교체의 가능성이 소실되거나, 본래 없었던 국가(B2)로 나눌 수 있다는 점이다. (B1)과 (B2)는 논리적으로 구분될 뿐만 아니라 실제 그 과정도 크게 다르다. 즉 (B1)은 제도적 개변改變이 일어나며, 이때 대부분 혁명과 쿠데타 등의 큰 정치적 사건을 동반할 것으로 예상되는 데에 비해, (B2)는 제도적 개변을 필요로 하지 않는 반면, 민주주의적인 제도는 유지하고 있음에도 불구하고 어느 특정 세력의 계속적인 정권유지를 가능하게 하는 정치적, 사회적 시스템의 존재가 반드시 필요하다. 말할 필요도 없이 '정부당' 개념이 분석의 틀로서 가장 유효하게 기능하는 것은 이 (B2)의 과정을 거친 국가의 경우이다.

이상을 정리해보면 도식 - 2와 같이 된다. 이와 더불어 필자는 이러한 유형의 경우, 이 구분이 시간 축에 따른 구분 이상의 의미를 가진다는 점을 언급하고 싶다. 즉, 본 장에서 '권위주의적' 체제와 '민주주의적' 체제를 구분하기 위해 제시한 잣대인 현실적·평화적 권력교체의 가능성을 고려해보면, 교체의 가능성이 없는 첫 번째 경우는 제도상 불가능한 경우가 된다. 두 번째는 제도 면에서는 가능하더라도, 정권 교체가 현실화되려고 할 때 물리적 강제력 행사로 인해 권력교체가 저지되든지 혹은 저지될 것이라 보이는 경우이다. 또한 세 번째는 제도적으로도 용인되고 현실적으로도 가능한 경우이다. 이 경우 물리적 강제력 행사에 의한 저지는 없을지라도, 지배세력과 여타 세력 사이에 극단적인 세력 불균형이 존재하여 사실상 교체가 실현되는 것은 극히 곤란한 경우이다. 여기서 (a)유형은 첫 번째 경우, (b2)유형이 세 번째 경우에 해당하며,

(b1)유형이 첫 번째와 두 번째 경우에 공통으로 존재하는 것은 명백하다고 하겠다.

도식 - 2　탈식민지에서 「권위주의적」 체제로(1)

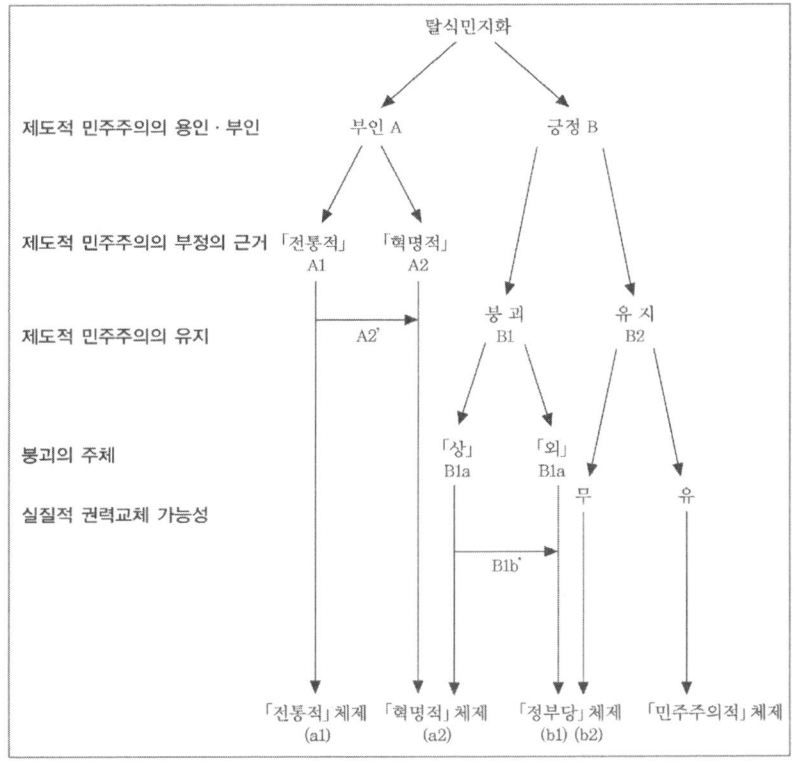

그러면 이 각각의 유형을 전제로, 우리는 각국의 '권위주의적' 체제 성립을 어떻게 보아야 할 것인가. 다음에서는 유형별로 이 문제에 대해 고찰해 보고자 한다.

3. '권위주의적' 체제의 성립

유형(A) - 목표가 되지 못한 제도적 민주주의

종주국으로부터의 '자유'가 정치적 '자유'를 가져온다. 수많은 국가의 국민들이 독립운동에 거는 기대와는 다르게, 독립 직후부터 제도적으로 정권 교체의 가능성이 전혀 없는 '권위주의적' 체제를 수립한 국가는 결코 적지 않았다. 그리고 자세히 살펴보면 이러한 국가들은 두 가지 유형으로 확실하게 분류할 수 있다. 첫 번째 그룹은 중동, 특히 페르시아만 연안 국가들[9]과 몇몇 태평양의 섬나라에서 많이 보이는 예로, '전통적' 혹은 전통적이라고 간주되는 체제[10]로 '복귀'한 국가들이다. 그중 대부분이 왕정 혹은 수장首長제와 유사한 체제(a1)를 취하고 있다. 그러나 단순히 왕정이나 수장제를 채택했다고 해서 제도상 정권 교체의 가능성이 없다는 의미가 아니라는 점은, 예를 들어 요르단, 모로코, 그리고 말레이시아와 같이 적어도 외형적으로는 영국식 입헌군주제를 지향하고 있었던 국가들의 경우를 보면 분명하다. 나중에 설명하겠지만, 특히 말레이시아의 경우에는 왕권이 극히 약하여 이 유형에 포함시킬 수 없을 것이다.

---

9 小串敏郎, 『王国のサバイバル』(日本国際問題研究所, 1996) 참조.

10 실제로 왕정제 혹은 수장제 형태로 독립한 국가들 중 식민지 시대 이전의 상태로 회귀한 국가는 거의 없다. 한 예로, 요르단의 경우는 영국이 메카대공가의 아들을 왕으로 추대하여 왕정을 세웠다. 이는 이라크도 마찬가지이다. 리비아의 모하메드 이도리스는 탈식민지화 과정에서 '영웅'이 되었다는 점을 이용하여 키레나이카의 아밀로부터 연합왕국의 국왕으로 승격되었다. 그 외에 모로코도 이와 비슷한 과정을 거친 바 있다. 小串敏郎『東アラブの歴史と政治』(勁草書房, 1985), 小串敏郎『王国のサバイバル』, 宮治一雄『アフリカ現代史Ⅴ』(山川出版社, 1981), 中東調査会編 'アジア・アフリカ民族運動の実態' 355쪽 이하.

이 국가들의 공통점은 식민지 지배 시 종주국이 기존의 왕권과 여타의 전통적 권력을 식민지 지배를 위해 이용하고 있었다는 점, 그리고 탈식민지화 과정, 그중에서도 특히 마지막 국면에서 국가의 독립이 종주국과의 무장투쟁을 포함한 '대결' 및 승리의 결과가 아니라 종주국과의 '타협'의 결과로 이루어졌다는 점일 것이다. 또한 이 국가들의 경우, 왕권에 대한 정통성 부여 방법이 종주국의 식민지 지배 또는 독립운동의 과정에서 변형되었으며, 극단적인 경우에는 완전히 새로운 성격을 띠게 되었다는 점을 주의해야 할 것이다.

(A)유형에서는 탈식민지 후 즉시 '권위주의적' 체제로 가는 길을 걸은 예가 또 하나 있다. 북한(조선민주주의인민공화국),[11] 베트남, 알제리[12]가 그 전형적인 예이다. (a1)과는 대조적으로 전통, 혹은 전통적이라고 간주되는 세력, 그리고 이데올로기적으로 전통 세력과 밀접한 관계를 갖는 종주국 세력이 철저히 부정되고, '혁명적' 체제(a2)가 등장하는 것이다. 이 유형에 속하는 제국의 체제는 구 소련에 의한 군사점령이라는 특수한 조건하에서 탈식민지화를 이룬 북한[13]의 경우를 제외하면 대부분 탈식민지화 과정에서 무장투쟁을 포함한 종주국과의 '대결'을 통해 승리하여, 적어도 주관적으로는 (a1)과는 달리 자국의 힘으로 독립을 얻어냈다는 공통의 특징을 가지고 있다.

그러면 격렬한 무장투쟁을 동반한 종주국과의 '대결'로 이룬 독립은 왜 해당 국가들이 민주주의적 체제를 부정하게 만들었을까. 이 점을 생

---

11 북한 관계는 Dae-Sook Suh, *Kim Il Sung: The North Korean Leader*, New York: Columbia University Press, 1988 등을 참조.
12 宮治一雄 『アフリカ現代史Ⅴ』
13 和田春樹 『朝鮮戦争』(岩波書店, 1995).

각할 때 가장 중요한 것은 이 국가들이 독립운동을 전개한 1930년대~60
년대에 특수한 이데올로기적 상황이 있었다는 점일 것이다. 모두가 알
다시피 제1차 세계대전이 가져온 서구적 가치에 대한 의구심은 대공황
을 거치면서 더욱 깊어졌으며, 이윽고 1930년대에는 서구적 가치의 중
요한 부분인 서양민주주의 이념에 대한 도전이 일어난다. 독일, 이탈리
아, 일본의 경우 이러한 시대적 풍조의 산물이 이른바 '파시스트'적 체제
로 나타났다는 점은 이제 와서 이야기할 필요도 없을 것이다.[14] 그러나
당시의 시대적 풍조를 볼 때 우리가 간과해서는 안 될 점이 있다. 이와
같이 힘있는 지도자가 행정 권력을 거머쥐고 국가 체제를 강력히 주도
한 예는 셀 수 없이 많다는 점이다. 다른 형태의 서구 민주주의 이념에
대한 도전, 즉 스탈린이 이끈 소련[15]은 물론이거니와 루즈벨트의 미국도
독일, 이탈리아, 일본과 같은 의회제 민주주의에 중점을 둔 입법부 주도
체제로부터 강력한 지도자가 주도하는 행정부 주도의 체제, 즉 '지도를
받는 민주주의'로 전환하였으며, 당시의 사람들도 이를 받아들였다. 즉
1930년대에는 의회 중심의 민주주의에서 '지도를 받는 민주주의'로 가는
움직임이 단순히 일부 국가들에 머무르지 않고, 민주주의의 보편적인
흐름으로 나타난 것이다. 후에 신흥독립국에서 정치적 지도자로 등장한
인물들이 자신들의 운동 과정 중 주도권을 확립한 시기는 바로 이 시기
였다. 이러한 시대적 풍조는 그들의 정치지도 형식에도 영향을 준다.[16]
그들은 자신들이 모범으로 삼고 있던 선진국 지도자의 예를 본받아 자

14 岡義武 『近代ヨーロッパ政治史』(創文社, 1967) 176쪽 이하.
15 한스 콘, 『아시아민족운동』, 阿倍十郎 역(同人社, 1932) 등.
16 전형적인 예로 수카르노, 장개석 등이 있다. 수카르노는 베네딕트 앤더슨, 『언어와 권력』
　　(日本エディタースクール出版部, 1995) 제2장 참고.

국의 체제를 정립한다.[17]

두 번째로 중요한 점은, 이러한 국가들에서 전개된 무장투쟁을 동반한 형태의 독립운동은 자국의 투쟁을 수행하기 위해 조직의 중앙집권화와 일종의 전시戰時체제화를 도입했다는 점이다. 말할 필요도 없겠으나 교섭과 타협에 의한 평화적인 독립과는 달리, 강대국인 구舊종주국과의 무장투쟁을 위해서는 전쟁을 위한 자금조달, 군사작전 수행을 위한 강력한 조직, 그리고 그 조직을 다스리는 엄격한 규율이 필요했다. 또한, 우리가 간과해서는 안 될 점은 어떤 국가의 경우에도 격렬한 무장투쟁이 식민지 국민 모두의 지지를 받지는 않았으며, 그 결과 이러한 투쟁은 같은 식민지 주민 즉, 자국민 중에서도 '적'을 만들어냈다는 점이다. 그러므로 이러한 투쟁을 위해서 형성된 조직은 효율적이긴 했으나, 자신들에게 반대하는 자에게 절대 관용적이지 못했다. 이러한 조직의 성격은 그들이 주도하는 각국의 독립 후 체제로 승계된다. 앞서 언급한 특수한 이데올로기적 풍조는 이들 체제에 정통성의 근거를 제공하여 그 결과, 체제는 '권위주의적' 상태 그대로 고정되게 된다.

본 절에서 매우 흥미로운 사실은, (a1)과 (a2) 체제의 특질特質과 탈식민지화 과정이 언뜻 보기에는 정반대의 성격을 갖고 있기는 하나, (a1)이 체제유지에 실패하게 되면, 그 후 (a2)와 유사한 '혁명적' 체제 즉 (a2')로 바뀌어 간다는 점이다[18](a1→a2'=A2). 이 점은 다음 절에서 더 자세히 다루어 보고자 한다. 일단 이 장에서는 '권위주의적' 체제로서 출발

---

17 이러한 이데올로기적 경향이 잘 나타나 있는 예가 『アフリカ的民主主義』이다. 宋戸寬 편저, 『アフリカの指導者』(アジア経済研究所, 1963) 제4장 등.
18 예를 들면 리비아의 카다피 정권이 있다. 또한 제2차 세계대전 이전에 독립한 국가로는 이라크의 카셈 정권이나 바라크자이 왕조 붕괴 후의 아프가니스탄 등을 예로 들 수 있다.

한 국가들이 구舊체제 타도를 통해 '민주주의적' 체제를 성립시키는 것은 매우 힘들었다는 점을 언급하고자 한다. 즉 '민주주의적' 제도가 전무한 국가의 경우, 구체제 타파가 선거 등에 의한 평화적 정권 교체의 형태로 실현되기는 국가 정의定義상 극히 힘들며, 그 결과 구체제 타도 과정은 (a2) 체제 국가들이 탈식민지화 과정에서 경험한 것과 마찬가지로 무장 투쟁을 포함한 '대결' 혹은 '혁명'의 형태를 띠게 된다. 이와 같은 '혁명'을 거쳐 성립된 체제의 경우, 무장투쟁 끝에 '독립'한 모든 국가들과 마찬가지로 초기에는 현재적 또는 잠재적으로 신新체제를 부정하는 명백한 적대세력이 존재하며, 그 결과 신체제는 이들 적대세력의 반격에 대비하여 적대세력 및 이들과 연계되어 있을 가능성이 있는 세력의 정치적 참가를 극히 제한하게 된다. 그리고 이는 (a1)의 체제가 완만하고 온건한 탈식민지화의 과정을 거친 결과 구舊종주국의 영향력이 상당히 남아있는 상태에서 출발한 점과도 맞물려, (a1)→(a2')의 체제 변화를 가져온 '혁명'을 해당 국가들의 탈식민지화를 위한 두 번째 과정으로서 인식시키게 된다. 이는, 앞서 말한 과정이 진행되었던 시기의 특수한 시대적 풍조와도 어우러져, 해당 국가들을 결과적으로 (a2)와 유사한 체제로 이끌어 나가게 되었다.

간과해서는 안 될 것은, (a1), (a2) 그 어느 체제도 정권교체를 위한 제도로서는 부족했으며, 그 때문에 이들 '권위주의적' 체제하에서는 구舊 '권위주의적' 체제의 타파를 평화적 권력교체가 가능한 '민주주의적' 체제 수립으로 전환하는 것이 어려웠다는 점일 것이다. 본 장에서는 일단 실현된 '권위주의적' 체제가 붕괴 후에도 새로운 '권위주의적' 체제로 나아가는 것을 '권위주의적' 체제의 '재판再版'으로 부르도록 하겠다.

'권위주의적' 체제는 '권위주의'의 '재판'이다. 그렇다면 왜, 적어도 제도적으로는 민주주의의 형태를 지니고 출발한 제2차 세계대전 후의 신흥독립국에서 민주주의가 '재판'되지 않았던 것일까? 다음으로 이 점에 대해, 즉 민주주의의 제도적 포기에까지 이르렀던 (B1)의 유형에 속하는 과정을 거친 국가들에 대해 살펴보도록 하겠다.

유형(B1) - 민주주의의 제도적 붕괴

'민주주의적' 체제의 제도적 붕괴. 오늘날 제2차 세계대전 후의 신흥독립국들을 되돌아볼 때 인상적인 것은, 인도와 말레이시아, 싱가포르 등 극소수의 예외를 제외하고는 독립 후 오늘날에 이르기까지 거의 모든 국가가 적어도 한번은 이를 경험했다는 점일 것이다. 그리고 본 장에서 중요한 것은, 상기한 민주주의의 최초의 제도적 붕괴가 역시 극소수의 예외를 제외하고, 각국의 탈식민지 후 불과 십수 년 사이에 일어났다는 점이다.[19]

이 점에 대해 조금 구체적으로 살펴본다면, 제2차 세계대전 이후부터 1960년까지 독립한 아시아 국가들을 예로 들 수 있다. 이 중에서 독립 초기에 왕정이나 어떤 의미에서 '혁명적'인 체제를 도입해 평화적인 권력 교체의 가능성을 제도적으로 부정한 국가를 제외하고, 독립 이후 스스로 제정한 헌법의 정상적인 절차에 따라 3차례 이상 연이은 쿠데타나 '혁명'을 통해 중단되는 일 없이 유력한 야당의 참가를 용인하면서 총선거를 실시할 수 있었던 국가는, 인도, 실론(당시), 싱가포르, 말레이시

---

19 민주주의 제도가 최초로 붕괴한 것인데, 이는 쿠데타 및 '혁명'에 대한 심리적 침입장벽을 저하시켜, 실제로 일부 제국의 예에서 알 수 있듯이 쿠데타 및 '혁명'에 의한 정권 교체가 사실상 '제도화'되기에 이른다.

아, 필리핀, 한국 등 겨우 6개국에 불과하다. 바꿔 말하면, 제2차 세계대전 후의 신흥독립국에서 일어난 민주주의의 제도적 붕괴는 그만큼 보편적인 현상이었으며, 이는 아프리카 국가들의 경우도 거의 마찬가지였다고 말해도 좋을 것이다.

본 절節에서 중요한 것은, 이와 같은 제도적 민주주의의 붕괴가 대략 2가지의 패턴으로 한정된다는 점이다. 첫 번째는 인도네시아[20]와 가나[21]에서 보였던, 제도적 민주주의가 '위로부터' 부정된 (B1a)[22]유형이다. 이 국가들의 공통점은 '위로부터의 혁명'을 수행한 정치적 지도자들 대부분이 '건국의 아버지'로서 절대적인 카리스마[23]를 지닌 인물이었다는 점이다. 수카르노의 사례[24]에서 전형적으로 나타나고 있는 것처럼, 그들은 그 절대적인 카리스마를 이용함으로써 자신에게 저항하는 의회를 해산 또는 중단시켰다. 민주주의는 제도적으로 사멸되었으며, 모든 권력이 그들에게 집중되었다.[25]

하지만 그렇다면 왜 '건국의 아버지'들은 이 강대한 카리스마에도 불

20 인도네시아 민주주의의 제도적 붕괴는 白石隆, 『スカルノとスハルト』(岩波書店, 1997), 아시아경제연구소편, 『インドネシアの政治社会構造』(アジア経済研究所, 1961) 등을 참고하였다.
21 쿠암 니쿠르마, 『わが祖国への自伝』, 野間寛二郎번역 (理論社, 1961), 宍戸寛편저, 『アフリカの指導者』(アジア経済研究所, 1963), W. 셰퍼드, 『アフリカ民族主義の政治的構造』 등.
22 유사한 사례로는 제2대 국왕인 하산 2세가 모로코의 제도적 민주주의를 폐지한 예가 있다.
23 독립과 '혁명'에 의해 탄생된 카리스마는 베네딕트 앤더슨 저 '언어와 권력'에 의거한 바가 많다.
24 앤더슨, 『언어와 권력』, 白石隆 『スカルノとスハルト』, 首藤もと子 『インドネシア・ナショナリズム変容の政治過程』(勁草書房, 1993), アジア経済研究所 『インドネシアの政治社会構造』 등.
25 드문 사례긴 하나 독립운동에서 비롯된 카리스마가 한 명의 인물에게 집중되지 않고 복수의 인물과 세력, 그것도 대립관계에 있는 복수의 인물 및 세력에 의해 공유될 경우, 이 두 사람의 지도자가 권력 교체를 이룰 가능성이 생긴다. '권위주의적' 체제 속에서 권력 교체가 이루어진 사례로 알제리아의 벤 해처와 벤 베라가 있다. 淡徳三郎 『アルジェリア革命』(刀江書院, 1972)

구하고 의회 내외로부터의 '저항'에 부딪힐 수밖에 없었던 것일까? 이 점이 시사하고 있는 것은, '건국의 아버지'들 대부분이 본인의 카리스마를 유지하기 위해 모든 당파들로부터 중립적인, 더 나아가 초연한 자세를 취하려고 했다는 점일 것이다.[26] 자신이야말로 '국민' 통합의 상징이며 모든 당파를 초월하는 존재라고 여긴 그들 대부분은 굳이 자신의 정당을 만들지 않고, 모든 당파, 그리고 그 당파들로부터 형성된 의회에 대해 초월적인 입장에서 임하려고 했다. 그 결과, 의회의 세력분야는 '건국의 아버지'들의 개인적인 성망과는 괴리된 모습을 띠게 되었으며, 의회에 기반을 두지 못한 '건국의 아버지'들은 때로는 힘겨운 의회 운영에 직면할 수밖에 없었다. 거대한 카리스마와 그로부터 비롯된 개인적 성망은 그들로 하여금 본인의 의사, 즉 그들이 생각하는 '국민의 의사'에 따르지 않고, 자신의 '개별적 이익'만을 주장하는 의회와 모든 당파를 '해산' 또는 '정지'시키는 방향으로 나가게 한다. 카리스마란 '규칙과는 무관[27]'한 법이다.

'지도받은 민주주의[28]'는 그들이 지향하는 바를 정당화함과 동시에, 거대한 카리스마를 지닌 제1인자에게 제도적으로도 권력을 집중시키고 있었다. 그 배경에는 탈식민지화에 따른 국가들의 새로운 이데올로기적 상황이 있었다. 탈식민지화에 따른 급격한 사회변화와 그 결과로 인한 독립은, 과거의 식민지 주민들로 하여금 수동적인 피해자로부터 주권국

---

26 자유당 창당 이전의 이승만, 버마의 워누 등 이러한 예는 셀 수 없이 많다. 해당 국가의 국왕일 경우 극단적인 예로 나타나기도 한다. 예를 들면 자신도 독립운동의 중요한 역할을 담당한 모로코의 하산 2세나 실질적 일당체제를 채택한 국가들의 수많은 '건국의 아버지'들이 스스로 정당을 초월한 위치에 등극하였다.
27 M. 웨버, 『권력과 지배』, 浜島郎 번역(有斐閣, 1967) 42쪽.
28 アジア経済研究所 편저 『インドネシアの政治社会構造』 211쪽 이하.

가를 가진 빛나는 신新국민의 일원으로 그들의 정체성을 재구축할 것을 요구했다. '건국의 아버지'들은, 사람들이 이처럼 새로운 정체성을 획득하려고 하는 순간에 그들 자신이 어떤 사람인지를 설명하는 사람들이며, '건국의 아버지'들의 카리스마는 이로부터 유래된 것이었다.[29] 이러한 의미에서, 소수의 구舊영국령식민지를 제외하고 이 시기의 신흥독립국가 대부분이 의원내각제가 아니라 어떠한 형태로든 대통령제를 도입한 것은, 탈식민지화의 결과로서 특정인물에게 카리스마가 집중된 것과 무관하지 않았다.

카리스마와 제도적 권력 모두가 단일 인물에게 집중된 것은 결과적으로 그로 인한 민주주의의 제도적인 단절을 정당화시켰다. 그들은 자신이 '건국의 아버지' 겸 대통령으로서 국민의 부탁을 받는 존재이며, 자신들의 의사는 바로 국민의 의사意思라고 여겼다. 자신들의 '민주성'과 비교해 본다면, 의회에서 각 당파의 세력배분이 나타내는 '민의民意' 등은 하잘것없는 것이며, 양자가 대립했을 때 우선시 되어야 할 것은 당연히 대통령의 의사다. 무릇 자신들과 같은 '강력한 지도자'에 의한 지도는 '민주주의'에서 필요한 것이라고 말한다. 분명 민주주의에 '지도자'가 필요하다면, 당시 이들 국가에서 지도자는 '건국의 아버지'인 그들 이외에는 존재하지 않았으며, 이 점이 역으로 의회 및 의회에 진출한 다른 모든 당파들의 정치활동에 최대의 장애물이 되었다. 즉 이러한 상황에서는, 예를 들어 '건국의 아버지'들의 행위가 스스로의 규칙과 규범에 반한 것이라 할지라도, 의회나 모든 당파는 '건국의 아버지'들의 거대한 카리

---

29 카리스마에 대한 이해방식으로 Charles Lindholm, *Charisma*, Cambridge, MA: B. Blackwell, 1990을 참고.

스마에 대항할 수 있는 인물, 즉 그들을 대신해 대통령이나 국가원수가
될 만한 인물을 쉽게 찾을 수 없었으며, 그 결과 대부분의 경우 그들을
계속해서 추대할 수밖에 없었다. 이처럼 '대신할 만한 인물'의 부재는 의
회와 모든 당파의 '건국의 아버지'들에 대한 저항력을 매우 약화시켜, 이
모든 세력들은 최종적으로 '건국의 아버지'에 대해 자멸적인 도전을 할
것인지, 침묵할 것인지를 선택할 수밖에 없었다.

　민주주의의 제도적 붕괴의 두 번째 유형은, 말할 필요도 없이 '위로부
터'와 동시에 '밖으로부터', 특히 군부 등 제도적 민주주의의 틀 밖에 있
는 세력을 끌어들여 진행되는 (B1b)다. (B1a)유형과의 관계에서 매우
흥미로운 것은, 이 유형에서 일어나는 민주주의의 제도적 붕괴와 이를
일으킨 여러 모든 사상事象, 즉 군사 쿠데타나 이와 유사한 사상事象이
대부분의 경우 '건국의 아버지'들의 사후, 또는 독립 후 일정기간이 지나
그들의 카리스마가 현저하게 떨어진 뒤에 일어나고 있다는 점이다.[30] 이
와 같은 '건국의 아버지'들의 물리적이고 실제적인 카리스마의 소멸과
그 후의 정치적 혼란 자체는 단순히 (B1b) 유형뿐 만이 아니라, 다른 유
형에서도 현저하게 볼 수 있다. (B1b)는, '건국의 아버지'들의 카리스마
가 사라진 후의 정치적인 혼란이 결과적으로 제도적 민주주의의 붕괴로
귀착한 유형이라 할 수 있을 것이다. 이 유형뿐만이 아니라, 다른 유형
의 '권위주의적' 체제로 귀착한 국가들의 경우에도 카리스마를 가진 지
도자의 물리적, 실질적인 소멸이 제도적 민주주의의 부정을 '재확인'하
고, '권위주의적' 체제의 '재판'을 이끌었던 사례는 셀 수 없이 많다[31](특

---

30 전형적인 예로는 지나와 알리 칸 사후의 파키스탄 상황, 그리고 아웅산 사후의 버마, 지배
　말기의 니쿠르마와 이승만이 있다.
31 인도네시아의 수하르트 정권이 있다. 물론 아프리카 국가들 중에도 이와 같은 예는 쉽게

히, b1a로부터의 이행. b1a→b1b'=B1b').

본 장에서 중요한 것은, 이처럼 카리스마적 지도자의 물리적, 실질적 소멸과 함께 성립 혹은 '재판'된 '권위주의적' 체제인 (b1b')가, (b1a)의 결과로 성립한 '권위주의적' 체제인 (b1a)과 비교해 훨씬 '노골적인', 바꿔 말하면, 물리적 강제력을 전면에 내세운 성격을 가지고 있다는 점일 것이다. 말할 필요도 없이 이 배경에는, (b1a) 체제에서는 정부가 국민을 통제하거나 국민의 지지를 얻는 데에 지도자의 카리스마를 이용할 수 있었던 것과는 반대로 카리스마를 가진 지도자가 사망한 후의 '권위주의적' 체제에서는 이를 기대할 수 없었으며, 그 결과, 물리적 강제력에 대부분을 의존할 수밖에 없는 사정이 있었을 것이다. 이와 같은 사례는 (A)의 과정에 의해 수립된 국가들의 체제인 (a)와 관련해서도 들 수 있다. 즉, '건국의 아버지'들에 의해 수립된 (a) 체제 역시, 이를 수립한 지도자가 가진 카리스마의 물리적, 실질적 소멸에 의해 위기에 직면하게 되는 경우, 이 위기에 대한 체제로 대응할 수밖에 없다. 앞서 나온 (A2') 의 사례와 (A2)에서 또다시 제도적 개변改變을 거쳐 다른 형태의 '권위주의적' 체제인 (a2')로 이어진 사례는 대부분의 경우 이 범주에서 설명할 수 있다.

어찌 되었든 간에 중요한 것은 이와 같은 '권위주의적' 체제로의 '이행'에서 카리스마적 지도자의 부재와 그 카리스마의 부침浮沈이 매우 중요한 역할을 하고 있다는 점일 것이다. 그렇다면 제도적으로 민주주의의 외형을 계속해서 유지해 온 국가의 경우에는 어떠했을까? 다음 절에서는 이 경우의 체제에 관해 살펴보기로 하자.

찾아볼 수 있다.

4. '정부당'과 탈식민지

필리핀[32]과 스리랑카[33] - 실현된 권력교체

독립 초기에 민주주의의 제도적 외형을 가진 국가들이 제도적 외형을 유지하면서도 현실적으로는 정권교체의 가능성을 상실하고 '권위주의적' 체제로 이행하게 된다. 이 (B2)의 유형에 속하는 국가들의 예는 결코 많지 않다. 그 배경에는 무엇보다 민주주의의 제도적 외형을 독립 후 그대로 유지한 국가들이 소수였다는 전제가 있다. 그럼에도 불구하고 본장에서 이 국가들의 사례가 중요한 것은, 제2차 세계대전 후의 신흥독립국에서 이루어진 '권위주의적' 체제의 성립을 고찰하는 데에 이 국가들의 사례야말로 신흥독립국들의 '권위주의적' 체제를 제도 이외의 부분에서 지탱한 것이 무엇이었는지를 우리에게 알려주기 때문이다. 독립 직후 각국의 제도적 다양성에도 불구하고, 제2차 세계대전 후의 신흥독립국 대부분이 다같이 '권위주의적' 체제로 귀착한 배경에는 무엇이 있으며, 이는 그들이 식민지 지배와 그로부터의 이탈을 경험한 것과 어떤 관계가 있을까? 이러한 것을 생각할 때, 제도적으로는 가장 '권위주의적' 체제와는 거리가 멀었을 국가들이 '권위주의적' 체제로 전락한 것을 살펴보는 것은 매우 중요하다.

---

32 필리핀은 谷川英彦, 木村宏恒 『現代フィリピンの政治構造』(アジア経済研究所, 1977), Jose Veloso Abueda, Raul P. de Guzman ed., *Foundations and Dynamics of Filipino Government and Politics*, Quezon: Book Mark Inc., 1973, Jean Grossholtz, *Politics in the Philippines,* Toronto: Little, Brown and Company, 1964 등을 참고로 하였다.

33 스리랑카에서는 G. C. Mendis, *Ceylon Today and Yesterday*, Colombo: Associated Newspaper in Ceylon, 1957, Denzil Peiris, *1956 and After*, Colombo: Associated Newspaper in Ceylon, 1958, アジア協会編 『アジア・ナショナリズム』(日刊工業新聞社, 1957), 民主主義研究会 편저 『アジア政治社会構造と変動過程』 등.

여기서 중요한 시사점은, 마찬가지로 독립 직후에 제도적으로 권력교체를 전제로 한 체제를 가지고 출발하여 그 틀 속에서 실제로 평화적인 권력교체를 경험한 예외적인 국가들의 사례일 것이다. 앞서 말한 바와 같이, 제2차 세계대전 후 1960년까지 독립을 이룬 아시아 국가 중에서 독립 후 3차례 이상 연속적으로 독립 후의 헌법 규정에 따라 여당에 대한 야당의 실질적인 도전을 용인한 가운데 총선거를 실시할 수 있었던 국가는 겨우 6개국에 불과했으나, 이 가운데 필리핀과 스리랑카만이 이 기간에 실제로 권력교체에 성공했다. 양국은 그 후에도 당시 여야당 쌍방의 입장에서 권력교체를 이룬 세력이 서로 번갈아 가며 정권을 담당하는 상황이 계속되는 등, 다른 신흥독립국들과는 명확히 구분되는 '민주주의적'인 상황이 존재했다. 그렇다면 이와 같은 양국의 특수한 '민주주의적' 체제를 지탱한 것은 대체 무엇이었을까? 그리고 왜 이들 양국과 마찬가지로 제도적 민주주의의 외형을 유지해온 다른 국가들은 이를 실현하지 못한 것일까?

이러한 입장에서 다시 한번 필리핀과 스리랑카 양국의 사례를 되살펴 보면, 탈식민지에서 양대정당제의 성립에 이르기까지 양국이 겪은 과정이 매우 비슷하다는 점을 쉽게 알 수 있을 것이다. 이 점과 관련해 먼저 양국 권력교체의 실현과정에 대해 지적할 수 있는 것은, 양국의 권력교체를 실현한 세력이 모두 독립 이전의 '자치' 시절부터 계속해서 양국을 지배해온 舊과두지배세력에 의해 구성된 단일 정당, 바꿔 말하면 舊여당이 분열된 결과 생겨났다는 점일 것이다. 즉 독립 직후의 필리핀을 특징짓는 국민당과 자유당으로 구성된 양대정당제는, 코먼웰스(영국연방)기의 지배정당이었던 국민당이 독립 후의 대통령직을 둘러싼 내부

대립의 결과, 로하스 등 일부 유력자의 탈당으로 인해 분열되고 새롭게 자유당을 결성함으로써 생겨난 것이며, 이 국민, 자유 양당은 독립 후 얼마 동안 현직 대통령이 속한 당파가 반드시 차기 대통령 선거에서 패배한다는 점에서 다른 신흥독립국가와는 명백하게 구별되는 매우 특이한 정치적 상황을 구축하게 된다.

스리랑카의 경우에도, 1956년에 정권교체를 실현한 MEP의 핵심이었던 스리랑카 자유당은, 내정 자치 시절부터 계속해서 스리랑카를 지배해왔던 통일국민당에서, 유력 정치가이자 당시 스리랑카의 정치·경제를 지배했던 유력한 대지주 일족 가운데 하나인 반다라나이케家의 대표자 S. W. R. D. 반다라나이케 등이 탈당하여 만든 정당이며, 필리핀과 같은 명칭을 가진 두 정당은 그 후 스리랑카의 양대 정당제의 주축으로서 여러 차례의 권력교체를 실현하게 된다.

한편 탈식민지화의 과정에서도 양국의 유사성은 두드러진다. 이러한 점에서 양국의 특징은 그 독립이 무력에 의한 저항의 결과라고 하기보다도, 오히려 구종주국과의 타협의 결과이며, 매우 온건한 형태로 실현되었다는 점일 것이다. 중요한 것은 그 결과, 독립 후 양국에서는 다른 나라와는 달리 독립운동의 과정에서 거대한 카리스마를 얻은 강력한 정치적 지도자가 존재하지 않게 되었다는 점이다. 필리핀의 케손은 타협적인 독립 속에서도 상대적으로 큰 카리스마를 가진 지도자였으나, 다른 사람도 아닌 그 자신이 독립을 기다리지 못한 채 사망함에 따라 독립 후의 정치 활동에서 그의 카리스마는 빛을 발하지 못했다. 스리랑카의 D. S. 세나나야케에 의한 영국군의 계속적인 주둔을 용인하는 '타협적'인 독립은, 이웃국가인 인도의 대조적인 모습과도 맞물려 그의 '건국의 아버지'로서의 위신을 크게 훼손시켜, 후에 자유당에 의한 신하리족族들 사이에서 형성된 국수주의의 공격대상이 되었다. 그 역시 독립한 지 불과 4년 후에 사고로 사망함으로써 상대적으로 작았던 '건국의 아버지'의 카리스마마저도 물리적으로 소멸되었다. 스리랑카 자유당이 정권교체를 실현한 것은 그가 사망한 지 4년이 지난 뒤였다.

　　그러나 본 절에서 더욱 중요한 것은, 이와 같은 카리스마를 가진 '건국의 아버지'의 부재 혹은 이른 물리적 소멸이 곧바로 양국에 정치적인 혼란과 '권위주의적' 체제의 성립을 가져오지는 않았다는 점일 것이다. 그리고 이러한 점에서 양국이 다른 국가와 구별되는 것은, 양국에서 정권교체를 실현한 양대정당의 배후에는 식민지 시대부터 계승되어 온 강력한 과두지배세력, 그중에서도 특히 후원자=고객적인 영향력을 행사할 수 있는 대지주층이 탈식민지화의 과정에서 지배의 정통성을 상실하지 않고 정치적으로 건재한 상태로 존재했었다는 점이다. 즉, 독립 초기의 양국에서 정권을 지탱하고 있었던 것은, '건국의 아버지'들의 카리스마보다도 오히려 개개인의 정치가들이 가진 재지사회在地社會의 강력한 정치기반이었으며, 이로 인해 양국의 유력정치가들은 국가와 행정기구의 힘을 빌리지 않아도 자신의 힘으로 일정한 정치적 기반을 확보할 수 있었다.[34] 다른 국가들의 경우, 압도적인 힘을 발휘한 '정부당'의 압력에 저항해 여당을 이탈한 정치가가 정치적으로 살아남아 강력한 야당을 형성해 양대정당제를 구성할 수 있었던 것은, 이와 같이 행정기구에 의존하지 않는, 정치가 개개인의 독자적인 정치적 기반이 있었기 때문이었

---

34 이 점에 대해서는 藤原帰一의『フィリピンの政党政治』,『ASEAN諸国の政党政治』에 잘 기술되어 있다.

다. 여당 역시 이와 같은 성격을 지니고 있었다는 사실은 반대로 구여당
이 야당으로 전락했을 때 중요한 의미를 지니게 되었다. 중요한 것은,
정권교체가 한번 실현된 후에도 정권교체가 가능한 체제가 유지됨을 의
미하는 것이 아니다. 오히려 이론적으로 생각해 본다면, '정부당'의 압력
에도 저항할 수 있는 독자적인 정치기반을 가진 강력한 세력이 새로이
정권을 획득해 '정부당'으로서의 이점까지 확보한다면, 신新여당과 다른
세력간의 정치적 균형이 붕괴하고, 거꾸로 신여당에 의해 더욱 강력한
'권위주의적' 체제가 실현될 가능성조차 있을 것이다. 이것이 양국에서
실현되지 못한 배경에는 구여당의 정치가들도 신여당의 정치가들과 마
찬가지로 재지사회在地社會에 고유한 정치적 기반을 가진 유형의 정치가
들이었다는 사실이 있었다. 한 마디로 양국에서는, 식민지 시대부터 그
세력을 계승해온 대지주층이 재지사회에서 가지고 있던 지지기반이 독
립의 결과로 생겨난 '국가'의 개입을 저지하는데 충분했으며, 이로 인해
이들 세력이 분열되어 양대 정당을 구성함으로써 '민주주의적'체제가 매
우 쉽게 실현되었다. 그 배경에는 양국의 '완만한' 탈식민지화가 예전부
터 양국에 존재했던 과두지배층의 권위를 훼손시키지 않고 온존시켰다
는 점이 있었다.

　　그러면, 이들 사항이 권력교체를 실현하지 못한 국가들의 경우에는
어떠했을까? 다음에 이 점에 관해 살펴보도록 하겠다.

유형(B2) - '정부당' 지배와 그 배경

　　필리핀과 스리랑카에서 권력교체가 실현된 배경에는, 직접적으로는
식민지 시대부터 존재했던 지배정당의 분열과 그 결과로 출현한 양대정

당제가 있었다. 그러면, 권력교체를 실현하지 못한 국가들의 경우에는 이와 같은 것이 존재했을까?

이러한 관점에서, 경쟁적인 선거를 유지하면서도 일정 기간 민주주의의 제도적 외형을 유지한 국가들을 살펴보았을 때 명백한 사실은 이 국가들에서도 독립을 전후해 지배정당의 분열을 볼 수 없었던 것은 아니라는 점이다. 이 점과 관련해, 앞서 예로 든 독립 직후에 일정 기간 경쟁적인 선거제도를 유지한 6개의 아시아 신흥독립국 가운데 필리핀과 스리랑카를 제외한 4개국, 즉, 인도, 싱가포르, 말레이시아, 한국에 관해 살펴본다면, 우리는 그 대표적인 예를 4개국 모두에서 확인할 수가 있다. 즉 인도의 국민회의파로부터 인도사회당(후의 인민사회당)의 분리[35], 싱가포르의 인민행동당으로부터 사회주의전선의 분리[36], 말레이시아의 UMNO로부터 IMP의 분리[37], 그리고 한국의 이승만 지지세력으로부터 원내 자유당 세력과 조선민족청년단 세력, 나아가 장택상 지지세력의 분리[38]가 그것이다.

그러나 중요한 것은 이 국가들의 경우, 앞서 나온 지배정당에서 유력 정치가들과 세력의 이탈과 신당 결성이 그 후 지배정당의 압도적인 우위를 무너뜨리지는 못한 채, 오히려 여당으로부터 이탈한 세력의 정치적인 몰락을 가져오게 되었다는 점이다. 예를 들면, 인도사회당은 국민

---

35 中東調査会 편 『アジア・アフリカ民族運動の実態』 225쪽 이하와 アジア協会편 『アジア・ナショナリズム』. 그리고 인도사회당의 모체인 회의파 사회당에 대한 구체적인 설명은 J. P. 헤이스콕, 『インドの共産主義と民族主義』, 中村平治, 内藤牙雄 번역 (岩波書店, 1986) 209쪽 이하. 나라얀은 후에 1977년 자나타당의 정권획득에 중요한 역할을 하게 된다.
36 岩崎育夫 『リー・クアンユー』 (岩波書店, 1996).
37 萩原宜之 『ラーマンとマハティール』 (岩波書店, 1997).
38 윤경철, 분단 후의 한국정치(목탁사, 1986) 등.

회의파에서 분리한 후 첫 총선거에서 참패를 당했으며, 이는 싱가포르의 사회주의전선과 말레이시아의 IMP도 마찬가지였다. 한국의 지배정당이었던 자유당을 이탈한 세력 역시 선거 때마다 세력이 줄어들어, 최종적으로는 예전부터 존재하던 야당인 민주당으로 통합될 수밖에 없었다. 여기서 간과해서는 안 될 점은, 이들 지배정당에서 이탈한 세력들이 부진했던 원인이 그들 자신, 특히 지도자의 정치적인 역량에 있다고는 직접적으로 말하기 어렵다는 것이다. 간디나 네루와 함께 인도 정치에서 '주요 3대 혹은 4대 인물'로 불리는 인도사회당 지도자 나라얀[39]은 물론, 사회주의전선의 림친시옹[40]과 IMP의 다토 온[41], 그리고 한국의 이범석, 장면, 장택상[42]은 각각 네루, 리콴유, 라만, 이승만에게는 자신들의 지위를 위협할 수 있는 강력한 경쟁자였으며, 이는 도전하는 자와 도전받는자 쌍방이 함께 인식하고 있었다.

그럼에도 불구하고 그들은 그 당시의 지배정당을 이길 수 없었을 뿐만 아니라, 자신들이 지배정당에서 이탈했을 당시에 보유하고 있었던 세력조차 유지할 수 없었다. 이 점을 고찰하는 데 간과해서는 안 될 것은, 첫째로 독립 당시 이 국가들에서는 탈식민지화의 과정에서 유래한 정치 지도자들의 카리스마가 서열 2위 또는 그 이하의 지도자들이 가진 카리스마에 비해 압도적인 차이를 보이며 존재하고 있었다는 점일 것이다. 독립 초기 국민회의파派의 압도적인 승리를 뒷받침한 배경에 네루의

---

39 하버드 팟신 편저 『インドを救う道』 伊藤雄次 역(サイマル出版社, 1979). 斉藤吉史 『第三の世界』(東洋経済新聞社, 1959) 151쪽.
40 岩崎育夫 『リー・クアンユー』, 五百旗頭真 편저 『アジア型リーダーシップと国家形成』(TBSブリタニカ, 1998)
41 萩原宜之 『ラーマンとマハティール』. 다토 온의 아들인 후세인 온은 후에 수상직에 오른다.
42 장병혜, 상록의 자유혼(영남대학교 박물관(한국), 1973), 293쪽 이하.

개인적인 카리스마가 있었다는 것은 잘 알려진 일이다.[43] 이승만 또한,
적어도 독립 초기 한국의 모든 세력, 정확하게는 공산주의 세력을 제외
한 모든 세력들 가운데 타의 추종을 불허하는 카리스마를 가지고 있었
으며, 한국의 야당은 그를 대신할 지도자를 옹립하는 것조차 불가능한
상태였다.[44]

　이처럼 이승만과 네루, 두 사람의 거대한 카리스마의 배경에는 독립
운동에서 그들이 지도자적인 역할을 했었다는 사실이 있었던 것은 명백
하며, 이 점은 말레이시아의 지배정당인 UMNO에서 초기 지도자 역할을
수행한 다토 온보다 더욱 명확하게 '메르데카독립'를 주장함으로써 주도
적인 역할을 빼앗은 라만과, 자치권 획득에서 말레이시아 합병, 그리고
독립에 이르는 과정에서 주도적인 역할을 한 리콴유 또한 마찬가지였
다. 탈식민지화의 과정에서 승자로서, 자신이 만든 시스템에 따라 자신
의 국민이 누구인지를 정치적인 면에서 성공적으로 논하는 그들의 카리
스마는, 실로 그들이 독립 후의 시스템에 합치된 이념을 주장했기 때문
에 절대적인 효과를 발휘하게 되었다. 개인적인 역량과 정치철학, 나아
가 정책 등을 떠나서, 나라얀, 림친시옹, 다토 온, 이범석, 장면, 장택상
등이 네루, 리콴유, 라만, 이승만의 독립운동에서 유래하는 카리스마에
있어서 같은 지위를 가지는 것은 불가능하며, 이는 한 나라의 지도자를
결정하는 경쟁적인 민주주의제도에서 그들의 큰 걸림돌이 되었다.

　중요한 것은 이미 말한 바와 같이, 이 국가들에서 전형적으로 보이는
각국의 '독립' 과정이 단순히 각 국민을 위한 '주권국가'를 획득하는 과정

---

43 「インド現代史」 M. 블레처, 張明雄 번역(世界思想社, 1968) 217쪽 이하
44 이 책의 제2장 참조.

에 머무르지 않고, 자신의 국민과 국가가 도대체 무엇이며, 무엇을 의미하고, 왜 독립을 이룩해야만 하는지를 설명하는 정통성의 논리를 획득해가는 과정이기도 했다.[45] 그리고 실로 이러한 과정을 주도한 '건국의 아버지'들과 다른 사람들과의 차이는 결정적인 것이 된다. 결국, 독립을 획득한 '주권국가'에서 이러한 정통성의 논리와 일치된 주장을 펼친 자들은 카리스마를 독점하게 되나, 다른 자들에게는 카리스마가 요원한 것이 되고 만다. 이데올로기를 만든 자들은 마치 자신이 만들어낸 것인 양 이를 쉽게 수정할 수 있었다. 그러나 다른 자들이 이를 시도한 순간, 그들은 이데올로기의 적으로 간주되어 공세에 맞닥뜨리게 된다. 더구나 카리스마는 '규칙과는 전혀 관계없는 것'이었다. 거대한 카리스마는 단순히 개개인의 자질에 의해 발현되는 것이 아니라, 오히려 거대한 체제 변혁기라는 특수한 상황에서 발현되는 것이다.

이 점만을 본다면 스리랑카, 그리고 과정은 다르나 필리핀의 경우에도 공통된 해석을 할 수 있다. 하지만 스리랑카와 필리핀의 경우, 권력 교체가 가능한 양당체제가 파생될 수 있었던 배경에는 카리스마 넘치는 지도자의 상대적 부재와 함께 여야, 더 나아가 각각의 정치가들이 정치적 지위를 지지해 주는 재지在地사회에 뿌리를 둔 안정적인 지지기반을 가지고 있었다는 점을 재확인할 필요가 있다. 그리고 이 점은 인도, 싱가포르, 말레이시아, 한국의 경우 지지정당에서 분리된 자들에게 명백한 약점으로 작용했다.

인도와 싱가포르에서는 여당에 도전한 세력들은 사회주의적 이념을

---

45 이 점에 관해서는 필자의 『조선/한국의 내셔널리즘과 '소국'의식』(미네르바 서방, 2000)을 참고함.

주장하였으며, 말할 필요도 없이 스리랑카와 필리핀의 도전자들과 마찬가지로, 재지사회를 지배하는 세력들의 지지를 얻기란 불가능에 가까운 것이었다. 이는 본래 도시국가인 싱가포르의 경우 더욱 상상조차 할 수 없는 일이었다. 한편 말레이시아의 경우, 술탄을 중심으로 한 구舊지배층은 종주국인 영국과의 타협을 통해 독립을 쟁취함으로써 재지사회에 대해 과거와 같은 막강한 영향력을 상실하게 된다.[46] 해방 후 한국에서는 지주세력들이 친일파로 간주되었으며, 전통적으로 유동적인 사회라는 특질과 맞물려 지주들이 경제력을 배경으로 정계에 진출하는 것은 사실상 차단되었다. 이후 인도에서는 지배세력인 국민회의파가 인디라 간디의 정치적 지도력을 둘러싸고 대립해, 인디라 간디가 당수인 국민회의파여당와 당의 중심을 점하고 있었던 '장로'들이 주도한 국민회의파야당로 큰 분열을 겪으나, 결국 지방의 유력자들을 지지세력화한 국민회의파야당가 인디라 간디의 '세습'[47]된 '개인적 카리스마'에 무릎을 꿇고 만다. 이로써 야당정치가들에게 '지방'의 지지기반은 자신들의 안정적인 정치적 지위를 담보해주지 않는 것이 재확인된 셈이었다.

어쨌든 본 장에서 중요한 점은 독립을 실현하는 과정에서 '건국의 아버지'들의 카리스마 장악과 함께 그 과정에서 발생한 식민시절 구지배층 권력의 해체와 손상은 각국의 지배정당에서 분리된 세력들이 정치적

---

46 이들 국가 중에는 말레이시아가 비교적 구(舊)명망가 세력의 힘이 온존되었던 편이다. 이 점에 관해서는 더 검토해 볼 필요가 있는 것으로 사료된다. 그러나 다토 온, 후세인 온 부자의 전형적인 예처럼, 구지배세력의 유력자가 정치력을 발휘하기 위해서는 정부당에 소속되어 있어야 한다. 건국 후에도 유력자가 여당에서 이탈하거나 자립하는 예가 속출했던 필리핀과 스리랑카, 말레이시아의 사례는 이와 다르다고 할 수 있다. 이 점은 伊賀司가 시사한 바에서 착안하였다. 그에게 감사를 표하고자 한다.

47 웨버가 말한 바와 같이 카리스마는 때때로 주위에 있는 인물들에게 '세습'되어 온존되는 경우가 있다. 북한의 김일성과 김정일, 그리고 본 장에서 다룬 인도의 네루와 인디라 간디가 전형적인 예이다. M. 웨버, 권력과 지배, 45쪽 이하도 참조.

으로 신장하는 데에 장애물이 되었다는 것이다. 그리고 지배정당에 도
전하는 세력들이 갖고 있던 약점은 지배정당에서 분리된 세력이 아닌,
독립 당시부터 야당이었던 세력들에도 공통된 것이라 할 수 있다. 독립
당시, 이 국가들의 산업화는 아직 미숙한 상태였기 때문에 정부조직을
장악한 '정부당'에 대항해 야당은 정치기반으로 (선진국들에서 나타난
사회주의정당들과 마찬가지로) 거대한 노동자 조직들에 의존할 수 없었
다. 다른 한편, 식민지국가를 계승한 '국가'의 힘은 미숙한 노동자 조직
이나 독립을 실현하는 과정에서 정치적 혹은 경제적으로 상처 입은 전
통적 과두지배세력들과 비교해 훨씬 강력했으며, 이는 '정부당' 지배에
최대한 이용되었다. 독립운동의 과정에서 확립된 '건국의 아버지'들의
거대한 카리스마와 식민 시절부터 이어져 온 거대한 국가 구조. 이 둘을
앞에 두고 상대적으로 취약했던 야당은 지지기반을 구축하는 데 실패할
수밖에 없었다.

　한편 이 '정부당' 지배를 가능케 했던 두 가지 축의 하나인 '건국의 아
버지'들의 카리스마는 결국 시간의 경과와 함께 쇠퇴하거나, 혹은 그들
의 죽음과 함께 물리적으로도 소멸할 운명이었다는 점을 간과해서는 안
된다. 민중들이 카리스마를 추앙하며 기꺼이 '정부당'에 대한 지지를 표
명할 때, 이는 분명 언뜻 보기엔 '민주주의적'일 것이다. 하지만 자신들
을 지탱해 온 카리스마를 상실했을 때, '정부당'의 지배는 노골적인 '국
가' 지배로 외형을 변모시킨다. 네루를 계승한 인디라 간디, 그리고 이승
만에 이어 '권위주의'적 정권을 세운 박정희의 고뇌는 어떤 의미에서 그
들의 체제가 네루나 이승만의 뒤를 이었다는 점에서 파생된 당연한 결
과였다고 해도 지나친 것은 아니다.

정부당이 카리스마를 잃고 '노골적인' 지배로 전환한 순간, 비로소 진정한 의미의 '민주화'가 각국들의 정치사에서 진행된다. 그렇다면 야당 혹은 '정부당'의 지배를 대체해 권력 교체를 실현하려 했던 세력들은 어떤 구체적인 방식으로 '정부당'의 지배를 쳐부수고 '민주주의' 체제를 실현할 수 있었을까. 다음 절에서 이에 대해 살펴보도록 하자.

5. '정부당' 체제의 붕괴와 정당의 이데올로기화

'정부당'의 딜레마

지금까지 서술한 것을 정리해 보자. (A)의 유형에서 명백한 다음 두 가지 점을 알 수 있었다. 첫째, 이들 국가가 무장투쟁을 수반한 격렬한 독립운동이나 '전통적' 체제에서 이탈할 때 '혁명'을 경험했다는 점에 의의가 있다는 것이다. 종주국 체제나 '전통적' 체제로부터의 이탈이라는 권력교체를 물리적 강제력의 행사를 통해 실현한 이 국가들에서는 결과적으로 새로운 체제의 '아군'과 적'이 탄생했으며, 새로운 체제는 '적'의 정치적 반격을 제도적으로 배제한 상태, 즉 제도적으로 민주주의를 부정한 상태에서 출발할 수밖에 없었다. 둘째, 이 국가들이 독립 당시 제도적 민주주의를 채택할 수 있는 기회를 놓쳤다는 점은 각국에서 일어나는 권력교체를 '혁명'이나 쿠데타 이외의 형태로는 실현할 수 없게 만들었다. 평화적 권력교체를 가능케 하는 제도의 부재는 '민주주의적' 체제에 필요한 복수 정치세력들의 성장을 가로막았으며, 결과적으로 '권위주의적' 체제의 '재판'과 '교착화'를 초래했다.

다른 한편, (B1)의 유형에서는 카리스마 넘치는 지도자들의 문제를 들 수 있다. 독립운동 과정에서 카리스마를 지니게 된 지도자들의 존재는 카리스마 넘치는 지도자 혹은 이를 옹호하는 세력과 그 이외 세력들 간의 세력 균형을 철저하게 깨버렸으며, 이는 민주주의의 제도적 붕괴로 이어졌다고 할 수 있다. (B2)유형의 경우에도 같은 점이 드러난다. 즉 스리랑카와 필리핀이라는 예외적인 권력교체 사례를 유발한 것은 첫째, 양국에서 카리스마 넘치는 지도자들이 없었다는 점과 너무 이른 시기에 이들이 모습을 감추었다는 점이다.

그러나 이와 동시에 중요한 점은 필리핀과 스리랑카에서 권력교체가 가능했던 배경에 결과적으로 양국 모두 구舊종주국과의 타협과 협상에 바탕을 둔 탈脫식민지화가 존재했다는 것이다. 이러한 완만한 탈식민지화는 결과적으로 양국 재지사회의 후원자=고객적인 지배구조를 독립 이후에도 같은 형태로 온존시켰다. 강력한 지배구조 덕택에 유력 정치가들은 지배정당에서 쉽게 이탈할 수 있었으며 대담한 정치적 모험까지도 감행할 수 있었다. 바꾸어 말하면 양국을 제외한 다른 나라들은 상술한 두 가지 조건을 갖추고 있지 못했다. 즉 이들 국가들에서는 상대적이긴 하나 카리스마 넘치는 지도자들이 존재했으며, 그리고 탈식민지화 과정에서 일어난 구과두지배층들의 탈락과 그 결과로써 발생한 정치적 혹은 경제적 위신의 실추가 '정부당'에 대항하는 저항세력들이 후원자=고객적인 재지사회의 힘을 안정적인 지지기반으로 이용하는 것을 막았던 것이다. 안정적 지지기반의 부재는 '정부당'에 대한 '반대당'의 저항력을 현저히 쇠퇴시켜 종국에는 '정부당'이 우위에 서는 체제가 성립하게 되었다.

도식 - 3은 이상을 정리한 것이다. 이 분석을 통해 알 수 있는 점은 어떤 과정을 거친다 할지라도, 각국에서 나타나는 '권위주의적' 체제 성립의 배경에는 필리핀과 스리랑카와 같이 매우 타협적인 탈식민지화 과정을 거친 사례를 제외하곤 탈식민화 과정에서 구과두지배층들의 정치적 권력의—특히 지배의 정통성이라는 점에서—현저한 손상과 함께 지배 정통성이 그들 이외의 일부 인물들, 혹은 일부 세력들에게 과도하게 집중되었다는 점일 것이다. 그 결과, 지배 정통성과 식민지국으로부터 계승한 '국가'를 독점한 신지배세력은 다른 세력들에 비해 현저한 조직적·이데올로기적 우월성을 지닐 수 있었다.

도식 - 3 탈식민지에서 '권위주의적' 체제로(2)

탈식민지화 과정	카리스마 넘치는 지도자	식민 시기 재지지배층	체제→ 대항세력	체제→ 제도적 민주주의	'반대당' 조직	현실적이면서 평화적 권력교체의 가능성	체 제
무장 투쟁	존재	배제	배제	부정	부재	無	'혁명적' 체제(a2)
대립적 교섭	존재	손상	용인	긍정	약화	小	'정부당' 체제(b2)
			(→배제)	(→부정)	(→부재)	無	'혁명적' 체제(b1)
타협적 교섭	부재	온존	용인	긍정	강대	大	'민주주의적' 체제

한마디로 말하면, 탈식민화 자체가 식민지 시절 일정한 균형을 유지하고 있던 '국가'와 '사회'의 세력 균형을 깨뜨려, '사회'가 '국가'에 대한 저항력을 눈에 띄게 상실하게 되었다는 것을 의미한다. 이것이야말로 구미국가들에서는 어느 정도 제 기능을 하고 있던 제도적 민주주의가

제2차 세계대전 이후 탄생한 신흥독립국에서는 기능하지 못했던 최대 요인이었다.[48] 식민지배에서 독립을 달성했다는—이러한 사실, 이것이 야말로 제2차 세계대전 이후 탄생한 신흥독립국으로부터 '서양의 민주화를 실현하는 지배적 구조'를 박탈한 최대 요인이었다.

그렇다면 이 신흥국들이 이러한 딜레마를 극복하여 평화적인 권력교체를 실현하기 위해서는 과연 무엇이 필요했을까. 분명한 점은 카리스마 넘치는 지도자들이 사망한 후에도 '정부당'으로서 조직적 우위성을 차지하고 있었던 지배세력들에 대항하기 위해서는 저항세력들도 고유의 기반이 필요했다는 것이다. 중요한 점은 각 구미국가와 일본의 경우, 정당 조직화의 결과로써 혹은 적어도 이를 수반하면서 제도적 민주주의가 채택되었다고 한다면, 제2차 세계대전 이후 탄생한 신흥국들의 경우 제도적 민주주의는 정당 중에서도 현실적인 권력교체를 실현할 수 있는 복수 정당들의 조직적 성장에 앞서 '이미 존재'했으며[49] 그 결과, 신흥국의 정치세력들은 모두 약한 조직력을 형성할 수밖에 없었다는 것이다. 독립의 결과로써 발생한 카리스마는 시간의 경과와 함께 쇠퇴하여 결국에는 소멸될 것이라는 점은 쉽게 예견할 수 있다.

그러나 이 국가들에서 여당이 지닌 또 하나의 강점, 즉 '정부당'이라는 지위를 통해 얻을 수 있었던 행정조직에 대한 지배와 그 행정조직들의 힘이 여타 조직들을 능가하는 상황은 그리 쉽게 변하지 않았다. 이러한

---

48 물론 실제로는 이러한 탈식민지화 과정에서의 구(舊)재지지배층 정치권력의 실추가 실현될 것인가는 해당 사회 구조에 크게 좌우된다. 즉 본디 유동 인구가 많기에 재지지배세력의 권력이 비교적 강하지 않았던 경우, 이러한 탈식민지화 과정의 영향은 그리 크지 않았다. 거꾸로 원래 완고한 경제적/이데올로기적 기반을 보유한 경우에 영향은 최소한이 된다. 이 점에 대해서는 필자의 『韓国における民主化と"政府党"』을 참조하기 바란다. 西村成雄, 片山裕 편저 『20世紀東アジア史像の新構築』 (青木書店, 2002).

49 J. 린스 『민주체제의 붕괴』 20쪽.

상황 속에서 '정부당'에 대해 저항세력, 즉 '반대당[50]'들은 '정부당'의 조직력에 대항할 수 있는 무엇인가가 필요했는데, 이를 가지지 못했다는 것이야말로 '반대당'들의 최대 문제점이었다. 사실 '정부당'에 의한 탄압도 존재했다. 하지만 더욱 심각한 문제는 가령 탄압이 없었다 하더라도 '반대당'들이 여당에 대항해 승리할 수 있을지가 분명치 않았다는 점이었다.

이렇게 문제를 생각해 볼 때, 이 시기의 신흥국들이 가지는 또 하나의 문제점은 냉전하에서 각국에 현실적으로 부여된 정치적 선택지들이 한정되어 있었다는 점일 것이다. 즉 냉전하에서 어느 한쪽 진영에 속한 나라가 다른 진영으로의 전향을 의미하는 듯한 정치적 선택은 극히 어려운 일이었으며, 적어도 이를 평화적으로 실현하기 위해서는 무수한 장애물들을 극복해야만 했다. 물론 이는 두 진영의 틈바구니에서 중립을 지키려고 했던 국가들에도 공통되는 것이었다. 이 시기, 미소 양 진영의 틈바구니에서 중립을 지키기 위해서는 미소 어느 쪽에도 편향되지 않는 정책이 필요했으며, 이 때문에 많은 중립 국가들은 정책적 선택지라는 면에서 현저하게 제한을 받을 수밖에 없었다.

정책적 선택지들의 제한은 말할 것도 없이, 각국들의 다양한 정치세력들을 적어도 자본주의진영 대 사회주의진영의 대립이라는 전통적 '좌우' 이데올로기 축에 따라 극히 밀집한 형태로밖에 그 존재를 허용치 않았다는 점을 의미한다. 바꾸어 말하면 이러한 허용 범위를 넘은 이데올로기적 선택은 해당 세력들이 선택할 수 있는 정책의 실현 가능성을 박

---

50 '반대당'에 관해서는 『반대당의 연구』, G. 요네스쿠, I. 데 마다리아가 편저, 宮沢健 번역 (未来社, 1983)에서 참조.

탈시켰다. 이 세력들에 의한 평화적 권력교체의 가능성은 현저히 감소했으며, 최악의 경우, 이 세력들의 활동 자체가 해당 국가에서 비합법화될 위험성조차 내포하고 있었다. 기존 틀 내에서 허용되지 않는 이데올로기적 선택을 단행한 세력들에 의한 권력교체는 가령 실현된다 할지라도 일종의 '혁명'을 수반했으며, 이는 결과적으로 기존 지배세력과 그들의 선택지를 새로운 체제 내의 허용 범위 밖으로 축출했다.

전통적인 '좌우' 이데올로기 축에 의해 형성된 정책적 선택지의 제한. 이 때문에 '반대당'은 카리스마 넘치는 지도자를 옹립하여 '정부당'의 이점을 독점한 강력한 지배세력과 뚜렷이 선을 긋기 위해 꼭 필요한 정책적 상이점을 드러내는 것조차 어려웠다. 강력한 지배 세력과 선택지의 부재. 대항세력들의 고뇌는 더욱 깊어진다.[51]

그렇다면 실제 이 상황을 타파하고 민주화를 실현한 국가들은 이러한 딜레마를 어떻게 해소했을까. 다음 절에서 이 점에 관해, '권위주의적' 체제에서 '민주주의적' 체제로 전형적 전환을 달성한 한국의 사례를 단초로 구체적으로 살펴보고자 한다.

한국[52] — '지역주의'와 정당의 '열주화列柱化[53]'

논의를 시작하기에 앞서, 탈식민지화에서 '권위주의적' 체제에 이르기까지 한국은 어떠한 경험을 했는지 다시 한번 확인해 둘 필요가 있다.

---

51 이러한 상황에서는 『반대당의 연구』 258쪽 이하.
52 한국의 '정부당'과 민주화의 문제에 대해서는 필자의 『韓国における民主化と"政府党"』을 참조.
53 '열주화'의 개념에 대해서는 Peter Flora, Stein Kunhnle and Derek Urwin, *State Formation, Nation Building, and Mass Politics in Europe: The Theory of Stein Rokkan,* (Oxford University Press, 1999). 본 절의 이론적 부분은 위 책에 크게 의거하고 있다.

한국은 1948년 정식 독립을 맞이한다. 즉 한국은 제2차 세계대전 이후 탄생한 신흥국들 중에서도 비교적 빠른 시기에 독립을 실현한 국가들 중의 하나였다. 한국의 탈식민지화 과정에서 상징적인 점은 이것이 독립운동의 결과라기보다는 구종주국이었던 일본이 제2차 세계대전에서 패망한 결과 3년간의 미군 지배를 거쳐 실현되었다는 것이다. 또한 이 때문에 해방 후의 한국은 구종주국인 일본의 영향력을 완전히 배제한 후 새롭게 출발할 수 있었다.

말할 필요도 없이, 구종주국의 영향력 소멸은 식민지 시절, 구종주국과 관계를 맺고 있던 자들의 정치적 입지를 극단적으로 약화시켰으며, 이 때문에 지주층을 중심으로 한 '국내파'의 정치적 입지는 망명독립운동가들로 구성된 '해외파'들에 비해 빈약할 수밖에 없었다. 그리고 이는 한국에서 필리핀이나 스리랑카와는 전혀 다른 상황을 만들어냈다. 독립을 자신의 힘으로 달성치 못했다는 점, 바꾸어 말하면 적극적인 독립운동에 헌신했던 자들이 소수에 지나지 않았다는 점은 반대로 식민지 시절 힘든 독립운동에 헌신했던 자들의 위신을 다른 자들과는 비교할 수 없을 정도의 차원까지 끌어올렸다. 한국의 이승만 초대 대통령은 실로 대표격으로, 미군정 시절 권력 투쟁에서 승리한 그는 1948년 독립과 함께 그야말로 타의 추종을 불허하는 지위를 구축하기에 이른다.

다른 한편, 한국의 경우, 이승만이 이와 같은 개인적인 정치적 위신－즉 본 장에서 말하는 카리스마－이라는 측면에서 다른 사람들에 비해 압도적인 우위성을 확보하는 상황에서조차 비록 다양한 문제점들을 내포하고 있었다 할지라도, 경쟁적 선거와 이를 바탕으로 한 정치적 경쟁이 그 후에도 제도적으로 유지되었다는 점이 중요하다. 이승만은 당시

수카르노와 마찬가지로 각 세력들의 정치 투쟁에서 초월적인 입장을 유지했으나[54], 그들의 공격이 자신에게까지 미치자 자신을 위한 정당, 즉 자유당 형성에 뛰어들었으며, 자유당은 금세 다른 당들에 대해 압도적인 지위를 구축하게 된다. 야당은 이러한 자유당을 앞에 두고, 특히 농촌 지역에서 완패를 거듭하며 급속히 위축될 수밖에 없었다. 모든 행정조직을 동원하여 농촌 지역에 대한 강력한 지배체제를 형성한 이승만과 자유당은 지방 선거를 사실상 자유롭게 좌지우지하게 된다. 비로소 여기서 권력교체의 현실적 가능성이 결여된 한국 최초의 '권위주의적' 체제가 구축되기에 이른다.

독재를 더 한층 강화했던 이승만은 이윽고 카리스마의 쇠퇴와 함께 1960년, 이른바 4·19혁명에 의해 축출당한다. 하지만 한국은 막간의 극적인 제2공화국을 거쳐 이듬해인 1961년, 박정희의 5·16쿠데타에 의해 다시 더욱 전형적인 '권위주의적' 체제로 회귀하기에 이른다. 1963년의 민정이양과 함께 박정희 또한 민주공화당이라는 '정부당'을 구성하여, 이승만과 마찬가지로 주로 농촌 지역을 지지기반으로 삼으며 부동의 지배적 지위를 유지하면서 '민정이양'을 실현하였다. '정부당'은 아주 견고한 듯이 보였다. 거대한 '정부당' 지배에 대항해 도전에 실패한 야당들은 침체와 혼란, 그리고 폐색감에 빠져든다.

그러나 한국은 이 시점에서 다른 국가들과는 다른 길을 걷게 된다. 주지하는 바와 같이 한국이 박정희에 의한 제도적 민주주의의 두 번째 단절이라 할 수 있는 '유신체제'로부터 두 번째 막간극인 '서울의 봄', 그

---

54 이러한 이승만의 자세는 그의 일민주의에 나타나 있다. 양우정, 이대통령 건국정치 이념 (연합신문사, 1949).

리고 전두환에 의한 제5공화국 등을 거쳐 25년 만에 제도적 민주주의를 회복했을 때, 한국민들은 종이호랑이로 전락한 '정부당'의 모습과 대조적으로 한국 정계를 장악한 '지역주의[55]', 그리고 이 '지역주의'에 맞춰 경상남북도, 전라도, 충청도 등 4개 지역으로 완벽하게 '열을 지어 늘어선열주화' 정치세력들을 목격하게 된다.

이와 같은 한국의 '지역주의'는 어디에 뿌리를 두고 있으며, 그리고 어떻게 평가해야 하는가는 본 장에서는 다루지 않겠다. 중요한 점은 극히 견고해 보였던 '정부당' 지배가 상대적으로 단일민족적인 인구 구성을 가지고 있는 한국에서, 적어도 다른 국가들에서는 문제로 인식조차 되지 않았던 사소한 차이를 둘러싼 의사민족주의擬似民族主義적인 '지역주의'로 인해 허무하게 붕괴했다는 점일 것이다. 그리고 이러한 '지역주의'에 기초를 둔 각 정치세력이 모두 조직적인 측면에서 과거의 '정부당'과는 비교할 수 없을 정도로 취약했다는 점을 간과해서는 안 된다. 다시 말해, 한국에서 '정부당'의 지배를 타파하고 권력교체가 가능한 복수 정치세력들로의 분립을 실현시킨 것은 '정부당'에 필적할만한 정치세력의 조직 자체가 아니라 그들의 지역 이익과 정당성을 호소한 유사민족주의적인 이데올로기였다.

이는 바꾸어 말하면, 냉전체제와 바로 이어진 경제발전지상주의적인 NIES 시절, 국제환경과 발전전략 때문에 전통적인 좌우이데올로기 축에 밀집해 존재할 수밖에 없었던 각각의 정치세력들이 각기 부여받은 환경

---

55 한국의 '지역주의'는 선거구를 초월한다. 개개인의 정치가가 선거구에서 오히려 취약한 지지기반밖에 확보하지 못하고 있는 점에 대해서는 일본의 '이익유도'에 의거한 정치와는 전혀 다르다. 이 점에 대해서는 홍기훈 편저, 지역주위와 한국정치(백산서당, 1996), 조기속, 지역주의 선거와 합리적 유권자(나남, 2000), 최영진, 한국지역주의와 정체성의 정치(도서출판 오름, 1999) 등. 필자의 『韓国における民主化と"政府党"』도 참고로 함.

속에서 전혀 다른 차원의 새로운 이데올로기 축을 형성함으로써 자신을
다른 세력들과 뚜렷이 구분지었으며, 이와 동시에 안정된 지지기반의
확보를 통해 '열주화'를 실현했다는 것을 의미한다.

　그럼 이와 같은 한국의 사례에서 우리는 과연 무엇을 배울 수 있을까.
마지막으로 이 점에 대해 살펴보며 본 장을 마치고자 한다.

6. '정부당' 지배의 종언과 '이데올로기'
　　－'가래', '칼' 그리고 '책'

　한국, 인도[56], 그리고－(A2)의 변형된 유형이긴 하나－타이완. 돌이켜
보면, 1990년대는 많은 국가들에서 탈식민지화 직후부터 유지되어 왔던
'정부당' 체제가 심각한 위기에 봉착한 시대였다. 지역주의, 힌두이즘,
그리고 타이완독립운동. 이 세 나라만을 살펴보더라도 그 결과, 언뜻 전
혀 다른 것이 출현한 듯하다.

　냉전체제의 종식은 사실 이 국가들에서 '정부당' 체제의 위기와 붕괴
에 일정한 영향을 미쳤다. 그러나 동시에 우리는 1960년대에 뚜렷했던
경제 발전보다 경제적 독립을 우선했던 시대가 끝나고 NIES식의 외자를
이용한 수출주도형 발전전략이 사실상 각국에서 경제 발전을 실현할 수
있는 자명한 모델로 자리잡았던 이 시기에, 각국이 실제로 선택 가능했
던 경제적 정책은 냉전체제 시기와 마찬가지로 극히 제한적이었다는 점

---

56 90년대 인도의 상황에 대해서는 木村雅昭 『台頭するヒンドゥー原理主義』, 木村雅昭,
　　廣岡正久 편저 『国家と民族を問い直す』(ミネルヴァ書房, 1998).

을 주목할 필요가 있다. 기실 각국이 이 시기 채택한 정책은 냉전체제 때보다 오히려 훨씬 서로 유사한 점을 가지고 있는데, 이 점에서 우리는 냉전 시절보다 더 큰 정책적 선택지가 없었다는 점을 파악할 수 있다.

이와 같은 정책적 선택지의 현실적 부재에도 불구하고 이 시기, 일부 국가에서는 비록 느린 속도이긴 하나 권력교체를 가능하게 하는 상태가 출현하고 있었다는 점은 매우 중요하다. 그리고 이처럼 각국에서 권력 교체가 실현될 수 있었던 배경에는 필리핀이나 스리랑카에서 볼 수 있는 명확한 지지기반과 조직력을 지닌 지배 세력의 분열보다는, 오히려 조직 그 자체가 아닌 종교적 원리주의나 혹은 민족주의 그리고 특정 선거구를 초월한 광범위한 '지역주의'와 같은 추상적인 가치나 이데올로기에 의존한 새로운 세력들의 대두가 존재했다. 바꾸어 말하면, 이들 국가에서 민중들의 정치적 선택을 나누는 새로운 이데올로기 축이 출현하고 있으며, 실로 이 축을 바탕으로 현실적인 권력교체를 실현하는 '민주주의적' 체제가 성립되고 있다는 점을 시사하고 있다.

한국을 위시하여 이처럼 '권위주의적' 체제에서 '민주주의적' 체제로의 전환을 실현한 국가들의 '민주화'가 의미하는 바는 명백하다. 제2차 세계대전 이후에 탄생한 신흥독립국들의 탈식민지화 과정에서 기존의 재지지배층의 정치적 권력이 크게 실추됨으로써, 이 국가들에서는 필리핀이나 스리랑카의 사례와 같은 기존 지배층 사이에서의 안정적 권력교체가 불가능했다. 더 나아가 종주국에서 계승된 상대적으로 거대한 '국가'가 군림하고 있었으며 그 결과, 제도적 민주주의의 채택 여부를 넘어 특정 정치세력들이 장기에 걸쳐 권력을 독점하는 '권위주의적' 체제가 출현하였다. '국가'의 조직력은 여타 세력들과 비교해 압도적으로 강력했으며, 여타 세력들은 이런 강력한 조직력에 감히 맞설 수도 없었다.

이는 지배세력들을 대체할 수 있는 세력이 권력교체 즉 일정한 민주주의적 절차에 따라 평화적인 권력교체를 실현하기 위해서는 조직 이외에 무엇인가가 필요했다는 것을 의미한다. 조직에 의존하지 않고 민중들의 지지를 확보할 수 있으며 권력장악을 위해 동원할 수 있는 것. 어네스트 겔너가 말했듯이, 인간사회의 질서를 규정하는 것이 '가래'와 '칼', '책', 즉 경제와 정치와 이데올로기라는 세 가지라고 한다면[57], 선진국과 외자, 그리고 국제기구들의 '가래' 사용법이 극히 제한되어 있는데다가 '정부당'이 행정기구를 통해 '칼'을 독점하는 상황에서 저항세력들이 동원할 수 있는 것은 '책' 이외에는 없었다. 즉 지배세력들에 대한 저항세력들의 도전이 성공할 수 있는 열쇠는 저항세력들이 어떠한 이데올로기를 확보하느냐에 달려있었으며, 도전이 성공했을 때 강력한 이데올로기를 주장하는 새로운 정치세력이 등장하는 것은 필연적인 일이었다.

한국의 사례에서 또 한 가지 흥미로운 점은 이러한 '정부당'에 대해 기존의 좌우 이데올로기와는 다른 새로운 이데올로기 축을 바탕으로 하는 정치세력의 등장은, 예를 들어 1950년대 (A2')사례에서 볼 수 있는 새로운 '권위주의적' 체제를 형성하는 것이 아니라, 오히려 명확한 이데올로기의 부산물로 그 반대편에 차기 권력교체의 가능성을 내포한 새로운 세력을 파생시켰다는 점이다. 그리고 1950년대, 혹은 1960년대의 '권위주의적 체제'의 '재판'과 1990년대의 이데올로기적 정당에 의한 권력교체가 다른 점은 전자의 권력교체 세력들이 표면적으로나마 해당 국가

---

57 Ernest Gellner, *Plough, Sword and Book*, Chicago, II: University of Chicago Press, 1988.

의 전 국민을 대표할 수 있는 '독립'이라는 틀에 맞춰 '국수주의적'인 주장을 펼친 것에 반해, 1990년대의 권력교체 세력들은 적어도 전 국민이 즉각적으로, 그리고 열렬히 수용하기는 어려운 의사민족주의 혹은 '원리주의적' 주장을 펼쳤다는 점이다. 한국의 한나라당,[58] 인도의 국민회의파, 그리고 타이완의 국민당. 과거 '정부당'의 대부분은 대항세력들이 권력 장악으로 이용한 이데올로기 덕택에 신흥세력들이 내거는 이데올로기 축의 반대편에 살아남을 수 있었으며, 오늘날 여전히 양대 세력의 일익을 구성하고 있다.

서서히 진행 중인 '민주화'와 '원리주의'의 대두. 이를 둘러싸고는 찬미와 혹평이라는 엇갈린 평가가 내려지고 있으나, 개개의 국가 차원은 물론, 제2차 세계대전 이후 탄생한 신흥독립국들을 뭉뚱그려 살펴보더라도 이들은 결코 서로 독립된 현상이 아니다. 이는 어디로 향하고 있으며 또 어떻게 평가해야만 할까. 우리는 이를 좀 더 냉정하게 살펴볼 필요가 있다.

---

58 한나라당은 인맥 면에서 전두환, 노태우의 민주정의당과 김영삼의 신한국당이라는 두 개의 '정부당'의 흐름을 잇는다. 흥미로운 점은 이 당이 더욱 '경상남도'의 지방색을 강화하고 있는 점, 그리고 그럼에도 불구하고 이 정당이 2002년 대통령 선거 후보자로 내세운 인물이 경상도가 아닌 충청도 출신의 이회창이었다는 점이다. 여기서 '지역주의'의 탈인격화 및 추상화가 진행되었다고 할 수 있다. 오늘날의 상황은 1986년부터 92년경까지 두드러지게 나타난 김영삼, 김대중, 김종필의 3김에 전두환 또는 노태우를 더한 인격화된 지역주의라고 불러야 할 양상과는 많이 다르다는 점이다.

제 1 부

일본의 통치에서
여촌야도與村野都 로
'정통보수야당'의 흥망

한국의 권위주의적 체제 성립
이승만 정권의 붕괴까지

제 1 장

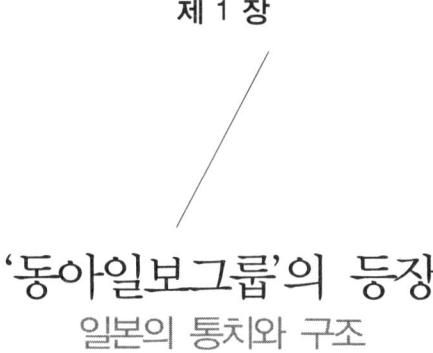

'동아일보그룹'의 등장
일본의 통치와 구조

제2차 세계대전 후 신흥독립국의 '권위주의 체제화'. 이 현상의 가장 큰 원인 중의 하나는 식민지 지배와 탈각 과정에서 이전 재지사회在地社會 지배층의 정치적 권력이 해체된 것이며, 그 결과 사회는 국가에 대한 저항력을 잃게 되었다. 식민지국으로부터 계승해온 강대한 행정조직을 산하에 두고 '건국의 아버지'를 지도자로서 우러러보는 여당에 비해, 대항 세력은 조직과 이데올로기, 양면에서 열세에 놓여있었고 자기 발밑조차 살피기 힘든 상황이었다.

이에 대해 대한민국의 경우를 좀 더 구체적으로 살펴보자. 일본 식민지 통치시대에 재지사회의 유력자로 군림하던 사람들은 서울에 진출해 정치세력을 형성했으며, 이들은 해방 후에도 여전히 존재했다. '동아일보그룹'[1] 관계자들을 중심으로 만들어진 한국민주당을 시작으로, 이후 민주국민당, 민주당으로 승계되는 세력이 바로 그것이다. 사람들은 이후 이 흐름을 파급시킨 정당들을 '정통보수야당'이라고 부르게 된다.

제1부에서는 해방 후 '국내파'−일본 식민지 통치시대에 한반도에서 살았던 사람들−에 의해 만들어진 최대의 정치경제 세력인 '동아일보그룹'에 대해 살펴봄으로써 한국에서 이 세력이 어떠한 입장에 처해 있었는지를 알아보기로 하자. 그들은 대체 누구이며, 어떻게 등장하게 된 것일까. 또한 그들은 왜 마지막까지 '야당'의 지위에 머무를 수밖에 없었던 것일까.

그럼 먼저 일본 식민지 통치시대 이전 그들의 상황부터 살펴보기로 하자.

1. 일본의 통치와 국내 자본

오늘날까지 반세기에 이르는 동아일보의 고난과 영광은 우리 민족의 고난 및 영광과 그대로 직결되어 있다. 이민족 통치하에 민족주의를 표방하며 발족된 언론기관의 길은 결코 순조롭지 않았으며, 때로는 수난과 인내, 그리고 좌절과 재기의 반복이었다. 세속적인 훼예포폄毀譽褒貶을 초월한 우리의 선인先人들은 이를 훌륭하게 극복하여 민족의 대의를 깃발에 내걸고, 그들에게 결코 무릎을 꿇지 않았다.[2]

---

1 이 그룹에 속한 사람들을, 그들 중 대부분이 '보성전문학교(오늘날 고려대학교의 전신)'와 관련되어 있었다는 이유에서 '보성 그룹'이라 부르기도 했다. 이 점에 대해서는 沈之淵의 조언을 받았다. 감사 말씀을 드리고자 한다. 그러나 이 책에서는 그들의 정치활동의 중심이 동아일보였다는 점에 중점을 두고, 동아일보가 후의 '정통보수야당'에 조직을 제공했다는 점 등을 감안하여 '동아일보그룹'이라는 명칭을 쓰기로 하였다.
2 김상만, 『동아일보사사』1(동아일보사, 1975), 6쪽.

　한국의 근현대사. 오늘날까지 이에 관해 행해진 연구는 실로 방대하다. 그리고 그 속에 우리가 주목해야 할 내용이 수많이 존재한다는 사실은 굳이 지적할 필요도 없을 것이다. 그러나 오늘날 역사를 뒤돌아볼 때 아쉬운 점은 이러한 연구의 대부분이 일본식민지 지배의 공죄功罪와 내재적인 발전, 나아가서는 개화파 연구와 민족운동 등 특정 분야에 편중되었으며, 또한 이들 연구 사이에 상호 연계가 부족했다는 점일 것이다. 그 결과 한국 근현대사의 많은 부분이 '단절'된 상태이며, 우리는 여전히 통일된 '상像'을 가지고 있지 못하다.

　한국 근현대사 연구에서 상대적相對的 '단절'이 일어난 경우에 대해서는 많은 부분을 지적할 수 있을 것이다. 이러한 '단절' 속에서도 가장 큰 것은 첫째, 한일합방 과정에 대한 연구(특히 개화파 연구)와 합병 후 민족운동 연구의 단절이며, 둘째, 일본 식민지 통치시대의 민족운동과 해방 후 한국 현대사와의 단절일 것이다. 전자에서 단절된 부분은 개화파라 불리는 세력과 합병 후 민족운동을 했던 세력과의 관계인데, 이는 오늘날까지 명확히 밝혀지지 않았다. 또한, 그 중간에 있는 1910년대(더욱 정확하게 이야기하면 합병 이후 3·1운동까지의 시기)는 상대적으로 연구의 공백기이다. 그러나 실제로는 박영효, 윤치호로 대표되는 개화파와 개화파의 일익을 담당하던 대한협회의 유력회원들은 일본통치기에도 사회에 대한 영향력을 계속 유지하였다. 실제로 이들은 3·1운동을 담당한 여러 세력과도 밀접한 관계를 갖고 있었다. 또한, 후자 즉 해방 전 독립운동을 담당한 여러 세력 중에서도 3·1운동의 핵심이었던 국내파 정치세력과 해방 후 한국 정치와의 관계에 관한 연구도 충분히 확립되어 있지 않다. 근대사연구의 성과가 현대사연구에 충분히 반영되어 있지 않다는 점은 실로 안타까운 일이다.

필자는 이상과 같은 관점에서 이러한 단층을 잇는 존재로서, 김성수와 송진우로 대표되는 '동아일보그룹'—동아일보그룹은 '자본으로서의 역할'과 '인맥으로서의 역할'이라는 양면이 있다—에 주목하여, 정치학적 관점에서 그들에 대해 더 자세히 살펴보고자 한다. 동아일보그룹에 대해서 다루는 이유는 이하와 같다.[3]

첫 번째로 동아일보그룹이 한국 근현대사에서 차지하는 중요성에 대해 살펴보자. 이들은 1919년 3·1운동을 조직하는 역할을 했던 사람들이며,[4] 1920년대부터 30년대에 걸쳐 '민족의 대변인'을 자부自負한 동아일보를 민족운동의 활동무대로 제공하여 한반도 내의 민족운동에 중요한 역할을 다한 사람들이다. 또한, 해방 이후에는 대한민주당, 민주국민당, 민주당으로 이어지는 한국 보수야당의 핵심이 되어, 1950년대까지의 '민주화 투쟁' 속에서 중요한 역할을 한 것으로 사료된다. 이에 '동아일보그룹'에 대해 확실히 짚어보는 것은 민족운동에서 민주화 투쟁까지로 이어지는 한국의 근현대사에서 매우 중요한 작업이다.

두 번째는 개발도상국정치연구실 전반에 걸친 문제이다. 이미 알려진 바와 같이 이 동아일보그룹이 소유한 '호남재벌'은 해방 직후 한국에서 최대의 지주자본地主資本이자 산업자본이었다.[5] 또한 동아일보그룹은 미

3 현재까지 동아일보에 관한 연구 중 가장 높게 평가해야할 저서는, 전기와 사사(社史)를 제외하면 Carter J. Eckert, *Offspring of Empire: the Koch'ang Kims and the Colonial origins of Korean capitalism, 1876-1945*(Seattle, WA: University of Washington Press, 1991)이라고 생각한다. 필자도 본 장을 집필하는 데에 있어서 이 책을 참고한 부분이 많다.
4 이 점에 대해서는 일일이 열거하기 힘들 정도이다. 한 예로, 고하 송진우 선생의 전기편찬위원회가 펴낸 『고하 송진우 평전』(동위원회, 1990년) 97쪽 이하가 있다.
5 1945년 한반도 원면소비량의 66.36%을 경성방직이 차지하였다. 독립 직후의 혼란은 빼고 생각하더라도 일본인 자본을 제외한 부분에 경성방직의 압도적인 지위를 알 수 있을 것이다. 경방70년사편찬위원회편, 경방70년(동위원회, 1989) 634쪽.

디어를 소유하고 있었으며 가장 유력한 고등교육기관의 하나를 산하에
둔 거대자본이기도 했다. 해방 후, 그들은 이러한 힘을 기반으로 정치적
진출을 실현하나, 그럼에도 불구하고 그들은 결국 정쟁에서 승리를 거
두지 못하여 시종일관 야당의 위치에 머무르게 된다. 이렇듯 강력해 보
이는 그들이 왜 한국현대정치의 주류가 되지 못했을까. 이는 오늘날 한
국의 거대재벌들이 경제에서는 압도적인 존재임에도 불구하고 왜 시대
의 권력에 종속되어 있었는지에 답하기 위해서도 살펴볼 필요가 있을
것이다. 한국의 정치, 사회, 경제는 어떠한 구조를 갖고 있으며, 또 왜
이러한 현상이 일어난 것일까.

　세 번째는 필자가 지금까지 일관되게 다루어 온 한국의 내셔널리즘,
특히 그중에서도 친일파 문제와의 관계일 것이다. 한국은 왜 해방 후 반
세기 이상이 경과한 지금까지 친일파 문제에 얽매이는가. 그 배경에는
어떠한 구조가 있으며, 또한 그러한 구조에서 어떠한 의식이 생겨났는
가. 이러한 문제를 생각해 볼 때, 오늘날 친일파 논쟁의 최대 쟁점인 '동
아일보그룹'을 피해갈 수는 없을 것이다.[6] 그들은 어떠한 세력이며, 사
람들은 왜 계속 이들을 주목하는 것일까.

　물론 본 장만으로 이 거대한 역사상의 존재를 전부 규명할 수는 없을
것이다. 그렇기 때문에 본 장에서는 지금까지 이야기한 문제의식을 전
제로, 주로 '동아일보그룹'의 형성과정과 일본정치하에서의 모습에 초점
을 두고 논하고자 한다. 논의의 중심은 다음과 같다.

　첫째로 '동아일보그룹'의 중심 세력, 전라북도 고부古阜군에 기반을 둔

---

6 동아일보그룹에 대한 친일파 비판으로는 위기봉의 『다시 쓰는 동아일보사』(녹진, 1991)
　등이 있다.

울산蔚山 김씨 일족의 등장과정 등 울산 김씨 일가에 대해 살펴보기로
하자. 여기서는 주로 사실상 동아일보의 오너였던 김성수의 유소년기와
그의 부친에 대해 다루기로 한다. 그들은 어떠한 인물이며 동시대 그리
고 그 이전의 사람들과는 어떠한 차이가 있을까. 둘째로 '풍부한 인맥을
가진 동아일보그룹'의 형성과정과 구래舊來의 조직, 인맥 관계에 대해
분석해 본다. 여기서는 주로 개화파로서 일단락된 합병 이전의 세력들
과 '동아일보그룹'과의 관계를 인맥적, 조직적 연속과 단절의 관점에서
논하기로 한다. 이미 언급한 바와 같이 동아일보는 경성방직京城紡織을
중심으로 한 '호남재벌'에 속한 기업이며, 경제적으로는 이들과 따로 생
각할 수 없는 존재였다. 동아일보의 활동은 이러한 경제적 기반에 힘입
은 것이었으며, 그 인맥도 '호남재벌'의 재력을 중심으로 형성된 것이었
다. '호남재벌'은 어떻게 형성되었으며 어떠한 경제적 기반을 가지고 있
었을까. 그리고 이는 그들의 행동에 어떠한 영향을 주었을까.

　본론에 들어가기 전에 확실히 해두고 싶은 것은 이상으로 모두 언급
하였다. 그러면 이제 바로 본론에 들어가기로 한다.

2. '동아일보그룹'의 전사前史

울산 김씨의 등장

　지적할 필요도 없이 '동아일보그룹'은 김성수로 대표되는 전라북도 고
부군 출신의 대지주, 울산 김씨 일족의 세력을 기반으로 성장해온 세력
이다. 따라서 우리들은 먼저 '동아일보그룹' 자체를 분석하기 전에 울산

김씨 일족의 등장과 그 성장 과정에 대해 살펴볼 필요가 있다. 지금까지의 연구를 참고로 하여 이 점에 관해 간단히 정리해 보기로 하자.

김기중(좌)과 김경중(우)
출전 김상만 『동아일보사사』 1(동아일보사[한국], 1975) 78쪽

이미 알려져 있는 바와 같이 울산 김씨의 시조는 신라 경순왕敬順王이다. 조선왕조 초창기에 중요한 역할을 한 김은金檼과 그의 5대손이자 동시대의 대유학자로 널리 알려진 김인후도 울산 김씨이다. '울산 김씨 족보'[7] 등에 따르면, 김성수의 조부에 해당하는 김요서 이전의 울산 김씨는 대대로 과거합격자를 배출한 전형적인 양반은 아니었다.[8]

대지주로서, 또한 자본가로서 근현대에 활약한 이 일족의 역사는 사실상 김요서가 고부古阜에 이주해온 무렵부터 시작된다. 고부에 오기 이전에 김요서가 어디에 살았으며 어떻게 생계를 유지했는지는 유감스럽게도 확실치 않다. 어쨌든 중요한 점은 1850년경 고부로 이주해온 뒤 그의 자산은 급속도로 늘어났으며, 그의 재산과 사회적 지위가 1870년경에는 상당한 수준에 이르렀다는 것이다. 이 점은 1872년에 김요서, 1888년에 그의 후계자이며 후에 김성수의 양부가 되는 김기중, 그리고 1898년에 김요서의 차남이며 김성수의 생부인 김경중이 연이어 관위 및 관직에 오른 것[9]을 보면 알 수 있다. 이들은 모두 과거에 합격하지 못했

---

7 김황중 편, 울산김씨족보: 갑·을·병(회상사, 1977).
8 반홍기, 한국과거사, 225쪽.
9 김용섭 「한말·일제하의 지주제」, 「한국사연구」 19, 70쪽.

으니,[10] 그들의 관계 진출에 있어 자산이 일정한 역할을 한 점은 상상이
간다.

그들이 이렇게 짧은 기간에 어떻게 재산 축적을 했는지는 확실하지
않다. 이 점에 대해 혹자는 이 일족이 조선왕조 말기에 한 척의 선박을
소유하고 있었는데, 이를 이용해 사무역私貿易을 했을 가능성을 이야기
하나,[11] 이에 대해서는 구체적으로 확인된 바 없다. 어쨌든 우리가 여기
서 명확히 해두어야 할 점은 이하와 같다. 바로 이 일족이 이 지역에서
수백 년 즉 장기간에 걸쳐 토착해온 전형적인 전통 지주명망가가 아니
라 근대 조선사회의 커다란 변화 속에서 생겨난 신흥지주였다는 점이
다. 개항 이후 한일합방까지 전통 조선사회는 새로운 상품 경제의 침투
속에서 큰 변혁을 겪게 되는데, 이 무렵 울산 김씨 일족과 같은 신흥지
주들이 곳곳에서 등장하였다.[12] 그들의 축재蓄財는 그 후에도 순조롭게
진척되어, 김요서가 사망하고 김기중, 김경중 형제가 중심이 된 무렵에
는 조선사회에서 손에 꼽히는 부자가 될 정도로 재산을 갖게 되었다.

전설과 수수께끼로 가득 찬 김요서의 생에 비해, 아들인 김기중, 김경
중 형제에 대해서는 비교적 쉽게 알아볼 수 있다. 자세한 축재 과정에
대해서는 선학先學의 연구[13]에 맡기겠으나, 김요서부터 김기중, 김경중
으로 세대교체가 이루어지는 시기에는 주목해야 할 것이다. 이들이 일
족의 경제적 부상에 부합되는 경제 활동을 하고 있었기 때문이다. 그들
이 본격적으로 활약하기 시작한 시기, 즉 1900년대는 대한제국의 말기

---

10 『한국과거사』 225쪽.
11 『다시 쓰는 동아일보사』 29쪽 이하.
12 김영모 『한국지배층연구』(일조각, 1982) 107쪽 이하.
13 김용섭 「한말·일제하의 지주제」에 상세하게 나옴.

에 해당하며, 한반도의 각처에서 이른바 애국계몽단체가 활동을 시작한 시기이기도 하다. 그들은 이러한 전국적인 움직임과 함께하며, 김기중은 대한협회,[14] 김경중은 호남학회[15]에 각각 이름을 올리게 된다. 대한협회는 권동진, 남궁준 등 서울의 지식인들이 결성한 대한자강회大韓自彊會의 흐름을 이은 단체이며,[16] 호남학회는 강엽姜曄, 백인기白寅基 등 서울의 호남출신 지식인들이 만든 단체이다.[17]

후에 동아일보를 비롯한 각처에서 출판되는 울산 김씨를 둘러싼 각종의 전기傳記와 연구에 나타난 김성수의 사상적 배경을 볼 때, 애국계몽단체와 김성수의 두 아버지, 즉 양부 김기중과 생부 김경중과의 관계를 중시하는 사람이 많다. 그러나 자세히 살펴보면 김기중, 김경중이 이들 단체에 적극적으로 관여하지는 않았다는 점을 우리는 쉽게 알 수 있다.

즉, 김기중은 대한협회의 회원 명부에 겨우 이름을 올린 평회원評會員에 지나지 않았으며, 그가 이 단체에 적극적으로 관여한 흔적은 없다. 또한, 김경중은 확실히 호남학회의 평회원에 이름을 올리기는 하였으나, 그가 약속한 호남학회에 대한 지원은 충분히 이행하지 않았다.[18] 어

---

14 동논문, 79쪽.
15 박찬승 「한말 호남학회 연구」 「국사관논총」 53쪽 등 여러 곳.
16 대한협회에 대해서는 이현종 「대한협회의 조직과 활동에 관한 성격」, 조항래 펴냄 『1990년대의 애국계몽운동 연구』(동아일보문화사, 1993) 등.
17 호남학회에 관해서는 김희태 『호남학회의 조직과 활동』, 조항래 펴냄 『1990년대의 애국계몽운동연구』, 박찬승 「한말 호남학회 연구」, 유동선 「개화기 호남학회의 교육활동에 관한 연구」(중앙대학교 석사학위논문, 1990) 등. 김성수의 장인, 고정주는 이 학회의 초대회장이다.
18 박찬승 「한말 호남학회 연구」 163쪽. 그는 100엔을 납부하기로 약속하였으나 이행하지 않았다. 이는 당지 지주회원들 사이에서는 자주 있었던 일로(박찬승에 의하면 지주회원 중 회비를 납입한 것은 2명으로 겨우 총 170엔이었다), 동논문 151쪽에 의하면 초대회장 고정주도 약속한 300엔을 결국 납부하지 않았다. 김경중 등을 위시한 이들이 조기에 학회활동에 흥미를 잃었다는 점을 알 수 있다.

쨌든 이 단계에서 두 사람이 이들 단체에 적극적으로 관여했다고 보기
는 어렵다.

물론 이에 대한 이유로 조선사회에서 울산 김씨 일족의 위신이 이후
김성수 시대만큼 크지 않았다는 점을 들 수 있다.[19] 그러나 앞서 말한
바와 같이, 그들의 재산규모는 늦어도 1911년까지는 서울 재주의 조선
귀족 등과 어깨를 나란히 할 정도로 불어나 그들은 한반도 최고 부유층
에 속하게[20] 된다. 이보다 약 5년 전에도 그들이 상당한 규모의 재산을
보유하고 있었음은 확연하다. 당시의 애국계몽단체는 대부분이 심각한
활동자금난에 빠져 있었으며, 이 점은 대한협회와 호남학회도 예외가
아니었다.[21] 정말 그들이 이러한 운동에 적극적이었다면 분명히 중요한
역할을 했을 것이나, 그들의 활동은 그리 적극적이지 않았다.

그렇다면 왜 그들은 이들 애국계몽단체의 운동에 소극적이었을까. 첫
째로는 그들의 재경양반층에 대한 불신을 들 수 있다. 김경중은 이후 김
성수가 중앙학교를 인수할 때 다음과 같이 생각했다고 전해진다.

'어린이'에 이와 같은 대사업을 맡기고자 하는 서울의 소위 명사名士
라는 사람들은 신용할 수 없다. 누군가가 사이에서 아들을 속이고 있
음에 틀림없다.[22]

---

19 이 단계에서 그들은 유력한 지주 중 한 사람이었으나, 그 지위는 여타로부터 동떨어진 것
은 아니었다. 이에 대해서는 박찬승 「한말 호남학회 연구」 163쪽 호남지주학회원의 자산
표를 참조하였다. 또한 그들은 대지주이기는 했으나 서울에서의 발언권이 크지 않았다. 이
는 대한협회에서 김기중의 위치를 보더라도 알 수 있다.
20 1911년의 시사신보에는 김경중의 이름이 한반도의 10대 자산가로 올라 있다. 다른 9명은
민영휘, 송병준, 박영효, 김진섭, 최현식, 장길상, 이윤용, 민병석, 정재학이었다. 이들은 이
전 왕조 고관 혹은 한일합방과 관계가 있는 사람들이었다. 여기서 김경중과 울산 김씨의
특별한 지위를 알 수 있을 것이다. 이에 대해서는 『다시 쓰는 동아일보사』 32쪽을 참조하
였다.
21 이 점에 대해서는 조항래 펴냄 『1990년대의 애국계몽운동연구』 참조.

간접적이기는 하나, 여기서 우리가 알 수 있는 점은 '서울의 명사名士'에 대한 불신이다. 서울의 명사와 그 주위 사람들은 그에게 있어 불필요한 존재였으며, 무조건적으로 신뢰할 수 있는 사람들은 아니었다. 그에게서는 적어도 전통적인 재경양반지배층에 대한 존경이나 신뢰가 보이지 않는다.

이와 표리일체의 관계에 있는 것이 이 일족의 특징, 즉 경제적으로는 착실히 계단을 밟아 올라갔다는 점일 것이다. 오늘날까지 김성수와 그의 형인 김연수를 다룬 전기傳記는 많은 수가 출판되었으나, 이 작품들은 조부의 특징으로서 경제적으로 '검소'했다는 점을 공통적으로 강조하고 있다.[23] '검소'는 유교 덕목의 하나이기는 하나, 통상적으로 그보다 더 추상적인 덕목이 강조되는 한국 전기傳記의 특징과 비교해 봤을 때, 이 덕목이 가장 강조된 것은 이 일족의 특징이라고 할 수 있을 것이다.

이 일족이 '검소'함을 지향한 사실은 김기중이 자식들에게 남긴 가훈에서도 볼 수 있다. 참고로 가훈은 다음과 같다.

> 첫째 모든 일에는 공명정대公明正大하게 모든 사람에게는 춘풍화기春風和氣할 것.
> 둘째 양입계출量入計出해야 비로소 민부국강民富國彊이 가능하다는 점을 명심할 것.
> 셋째 자신에게 후한 사람은 남에게 후하게 대하지 못한다.

22 인촌기념회 펴냄 『인촌 김성수전』(동기념회, 1976) 102쪽.
23 필자가 계속 강조한 바 있는 김요협의 처, 정씨의 일화가 있다. 앞서 언급한 『인촌 김성수전』 44쪽, 권오기가 펴냄 『인촌 김성수』(동아일보사, 1985) 34쪽에 따르면, "정부인의 근면 절약하는 성품은 오늘날까지 김씨 문중에 깊게 뿌리를 내리고 있으며 이는 김씨 문중의 원동력이 되었다."고 한다. 김성수에 대한 일화도 있다. 유년 시대의 일화로는 『인촌 김성수전』 47쪽, 1920년대 일화로는 김창환 펴냄 『한국정계 7인전』(한국문화사, 1969) 64~65쪽.

넷째 생활에 규율을 세우고 조선산朝鮮産을 사랑하라.[24]

주목해야 할 것은 두 번째 가훈이다. 당시 조선부국론의 대부분이 관념적인 단계에 머물러 있었던 것에 비해 김기중의 좌우명은 지나칠 정도로 명확하다.

여기서 '민부국강民富國彊'이 '양입계출量入計出'과 함께 언급되었다는 점에 주목해 보자. '양입계출量入計出'은 수입과 지출이 엄격하게 관리되어야 한다는 뜻이다. 실은 이 점이 바로 애국계몽단체가 부족한 부분이었다. 애국계몽단체는 대부분 회원들이 출자한 자금으로 운영되고 있었다. 출발 당시 설립자들이 출자한 자금으로 바라던 운동을 시작할 수는 있었으나, 시간이 경과하자 자금이 고갈되어 활동은 침체되었다. 이는 즉 그들이 충분한 '양입계출量入計出'을 하지 않았다는 점을 의미한다. 김기중의 좌우명의 배경에는 이러한 당시 단체들의 상황이 있었는지 모른다.

이 점을 이해하면 왜 김경중이 '서울의 명사'들에 대해 불신의 감정을 품었는지, 왜 출자에 소극적이었는지도 추측해 볼 수 있다. 즉 '서울의 명사'들의 경제관념─더 정확히 지적하자면 방만한 단체경영 그 자체─이야말로 이 일족이 가장 혐오하는 것이었으며,[25] 물론 김경중은 이러한 단체운영 방식에 대해 부정적이었다.[26] 이는 아마 그가 '서울의 명사'와는 달리 단기간에 거대한 부富를 쌓아 올린 경영자로서의 경험을 가지

---

24 『인촌 김성수전』 45쪽.
25 김경중의 이러한 자세에 대해서는 김상하가 펴낸 『수당 김연수전』(삼양사, 1995) 25쪽을 참고. "뛰어난 성품의 소유자인 芝山은 자신의 재산을 운용할 때에 타인에게도 해를 끼치지 않는다. 여기저기에서 돈을 빌려서라도 무리하게 돈을 사용하는 성격이 아니었다."
26 『인촌 김성수전』 101쪽.

고 있었기 때문일 것이다.

울산 김씨 일족의 특징은 바로 이 점에 있다. 그리고 이렇게 쌓아 올린 재산과 이를 지탱하는 경제관념은 이후 김성수의 거대한 호남재벌과 이를 배경으로 한 '동아일보 인맥'으로 이어지게 된다. 여기서 다음으로 김성수의 계몽운동과 방식에 대해 구체적으로 살펴보기로 하자.

김성수의 등장과 인맥형성

김성수는 1891년 전라북도 고부군 부안면 인촌리에서 출생했는데, 당시는 이미 김요서가 일선에서 물러나고 김기중, 김경중 형제가 실직적인 사업을 주도하고 있었던 시기이다. 김성수는 김경중의 사남四男으로 태어나 세 살 때, 그때까지 자식이 없었던 김기중의 후계자가 된다. 또한, 그에게는 '두 사람의 아버지'가 있었다. 이에 본 장에서 이러한 출생배경에 대해 확실히 해두어야 할 점은, 먼저 그가 태어나서 자란 시기는 울산 김씨 일족이 대지주로서의 위치를 이미 확보했던 시기였다는 점, 또한 이 시기가 한국근대사에 있어서 조선왕조의 말기부터 대한제국까지, 즉 일본이 한국을 점차 식민지화하고 있던 시기에 해당한다는 점일 것이다.[27]

첫 번째로, 김성수는 태어날 때 이미 대지주의 자제로 태어나 자랐기에, 서울에서 멀리 떨어진 지방에서 자란 그의 부친과는 달리 수준 높은 교육의 혜택을 누릴 수 있었다. 그가 학교생활을 시작한 것은 7세 때로, 이때는 전통적인 서당교육을 받았다. 그는 16세가 되자 13세 때 결혼한 아내의 친정인 창평으로 거처를 옮겨, 의부義父인 고정주가 개설한 영어

---

27 김성수의 유년시절은 앞서 말한 다른 김성수의 전기를 참조했다.

학원에서 교육을 받는다.[28] 이 영어학원은 고정주가 자신의 차남인 고광준과 김성수에게 신학문을 가르치기 위해 특별히 세운 것이니, 이 사실만 보아도 김성수가 재지사회在地社會에서 얼마나 특별한 존재였는지 알수 있다.

대지주의 자제로 태어나고 자랐다는 사실이 그에게 미친 영향은 이것뿐만이 아니다. 그는 재지사회에서 특별한 존재였기 때문에, 이후 그의 측근으로서 활약하는 인물들과 교우관계를 맺을 수 있게 된다. 송진우宋鎭禹와 백관수白寬洙 등이 바로 그들이다. 이후 그들의 관계에서 알 수 있듯이, 김성수는 이 두 사람에게 친구이기도 하면서 때로는 경제적인 도움을 주는 후원자였다. 당시 지방 출신 명사들이 과거를 보기 위해 유년 시절에 서울로 이사를 가고, 인간관계를 맺을 때에도 '서울의 명사'들에게 종속된 위치에 머무를 수밖에 없었던 것과는 확연히 다르다. 김기중과 김경중이 경제적으로 충분한 여유가 있었음에도 불구하고 아들인 김성수를 서울에서 공부시키지 않은 점을 보더라도 이들의 '서울의 명사'에 대한 태도를 확인할 수 있다.

다음으로 시대배경이 그에게 미친 영향에 대해 설명하고자 한다. 이 시기에 김성수의 생활기반은 전라북도라는 좁은 지역에 한정되어 있었다. 따라서 우리는 여기서 전체적인 한국 근대사의 흐름은 당연하거니와, 이 시대에 이 지방이 어떠한 상태에 놓여있었는지에 주목해야 할 것이다. 여기서 쉽게 알 수 있는 점은, 이 전라북도 고부 지역이 이른바 동학농민전쟁에서 제2차 의병운동에 이르기까지 한국근대사의 격동의

---

28 이 영어학원에 대해서는 김성수의 각종 전기 또는 박찬승 「한말 호남학회 연구」 150쪽 참고.

시절을 직접 겪은 지역이라는 점이다. 김성수와 그 일족의 전기傳記는 이 점에 대해 그리 많이 다루고 있지는 않으나, 김성수가 이 지방을 떠난 다음 해인 1909년, 제2차 의병운동 중 김기중이 보관하고 있었던 도조賭租 백석百石이 의병들에 의해 '집류執留'되었다는 기록을 찾아볼 수 있다.[29] 자세한 사정은 확실치 않으나 이 시기에 호남지방의 많은 지주들이 의병에게 재산을 '차압差押'당했으며, 김기중도 아마 그들 중의 하나였을 것으로 보인다.

한마디로 그는 대지주의 자제로서 특별한 환경 속에서 자랐으며, 이러한 환경은 의병운동과 같이 농촌에 기반을 둔 운동세력이나 전통적인 재경在京양반들과는 전혀 다른 것이었다. 시대적 배경이 그에게 준 영향에 대해 설명하기 위해서는, 이 시대에는 이미 일본이 한반도에서 가장 유력한 열강으로 대두했다는 점도 지적해야 할 것이다. 그가 영어학원에 다니기 시작했던 시기는 이미 일본이 한국을 보호국保護國으로 삼은 시기이며, 그 때문에 일본의 영향력은 상인들을 통해 이 지역에도 침투해 있었다. 사실 김성수가 다니던 영어학원은 영어, 산수 등과 함께 일본어도 가르치고 있었다.[30]

이러한 시대에 태어나서 자란 김성수는 당연히 일본에 대해 느끼는 감정이 그의 부친들과는 전혀 달랐다. 이 점에 관해서는 일본제품에 대한 그의 조부 김요서와 그의 재미있는 일화가 있다. 김요서는 일본제품을 '삼강오륜을 어지럽히는 것'으로 간주하여 가까이 두지도 못하게 하

---

29 홍순권『한말 호남지역 의병운동사연구』(서울대학교 출판부, 1994) 210쪽. 이 시대의 호남지역 지주와 의병운동의 일반적인 관계는 이 책의 여러 곳 및 박찬승「한말 호남학회 연구」146쪽을 참고했다.

30 『인촌 김성수전』 49쪽.

였으나, 김성수는 유년기에 다양한 일본 제품들을 접하고 이것저것 써 보며 재미있어 했다고 한다. 그에게 일본 상인은 '침략의 촉수觸手가 아 니라 새로운 문명의 전달자'였다.[31]

서울에 대한 의구심과 일본에 대한 어느 정도의 친근감을 갖고 있 던 그는 고등교육의 장소로 서울이 아닌 도쿄를 선택하게 된다.[32] 그는 1908년에 일본으로 건너가 일본이 가진 '새로운 문명'의 힘을 한층 더 실감하게 된다. 도쿄에 도착한 그는 정식 영어 학교를 거쳐, 1910년 4월 에는 와세다대학 예과豫科에 입학한다. 따라서 한일합방은 그가 예과에 다니고 있던 무렵 일어나게 된다. 그는 도쿄에서도 역시 대지주의 아들 이었다.

이후 동아일보, 한국민주당의 양대 축軸으로 활약하게 되는 송진우[33], 장덕수[34]는 도쿄에서 유학생활을 하던 이 시기에 김성수에게 금전적인 도움을 받으며 유학생활을 한다. 김성수는 한때 도쿄 이치가야에 집을 빌려 송진우, 양원모(후에 동아일보 전무가 된다), 정노식 등과 함께 생 활했는데, 당시 이 집은 많은 조선인 유학생들의 거처였다고 한다. 이 외에도 그에게 자금 지원을 받은 조선인 유학생이 많았다고 한다.[35] 김 성수는 조선인 유학생들의 공통적인 후원자와 같은 존재였으며, 자연히 그의 주위에는 일정한 인맥이 형성되었다. 앞서 말한 송진우와 장덕수

---

31 『인촌 김성수전』 59쪽.
32 『수당 김연수전』 37~41쪽. 김성수는 송진우가 권한 서울 유학과 백관수가 주장한 일본 유 학 중 일본 유학을 자신의 의지로 선택하였다. 그는 송진우에게 이렇게 이야기했다고 한다. "아니, 서울에 가는 게 아니라 나는 일본에 갈꺼야!!"
33 『인촌 김성수전』 75쪽.
34 『인촌 김성수전』 78쪽.
35 『인촌 김성수전』 78쪽.

는 물론 현상윤, 최두연, 양원모(이상 와세다대학), 박용희, 김준연(이상 도쿄제국대), 이강현(구라마에고등공업학교)과 같은 이들은 이후 동아일보와 경성방직 등 김성수의 곁에서 활약하게 되는 인물들이다. 또한, 이후 그들과 동시대의 유력한 민족운동가로 활동하는 조만식, 김병노, 현준호, 조소앙(이상 메이지대학), 김도연(게이오대학), 유억겸, 김우영(이상 도쿄제국대학) 등과의 관계도 이 시기에 형성된다. 이광수와 주요한(이후 이들은 동아일보 편집국장을 역임)이 초기 문학활동의 무대로 삼았던 학우회學友會도 이 시기 이들이 함께 만든 모임이다.[36]

이렇게 형성된 김성수와 그를 둘러싼 인맥은 이윽고 그의 정치적 자산이 되어 하나의 그룹으로 합쳐지게 된다. 즉 '풍부한 인맥을 가진 동아일보그룹'이 형성된 것이다. 그러면 김성수를 중심으로 한 인맥과 울산 김씨 일족의 자산은 어떻게 정치적, 경제적 집단으로 발전하게 된 것일까. 다음에서는 이 점에 대해 살펴보기로 하자.

3. '동아일보그룹'의 등장

중앙학교 인수

김성수는 6년간의 일본 유학을 통해 근대적 교육 의식을 갖게 되었다. 여기서 우연한 일이라고는 해도 그가 제일고교第一高校나 도쿄제국대학이 아니라 와세다대학에 유학을 가게 된 것은 중요한 의미를 갖는

---

36 이 당시 김성수의 교류 관계에 대해서는 김성수, 송진우, 장덕수 전기의 여러 곳, 박태균 「해방 직후 한국민주당 구성원의 성격과 조직개편」, 『국사관논총』 68, 94쪽 이하를 참고.

다. 이 점에 대해 그는 후에 다음과 같이 말했다.

> 그러나 나는 자신이 '당시 와세다에 다니는 학생들의 대부분이 그러했던 것처럼' 오쿠마 시게노부를 존경하는 사람들 중 하나임을 부인하지 않는다. 나는 그의 사상과 학식보다 세상을 위해 헌신하는 우국경세가로서의 뜻을 존경한다. [중략] 이 교문에서 훗날 일본 행정을 주도하게 될 수백 명의 유명한 정치가와 사회 각 방면의 인재가 배출되고 이들이 일본 문명을 건설한다는 사실을 국가적 공로로 생각한다면 그에게 감탄할 수밖에 없다. 오쿠마의 공적은 길이길이 남을 것이다.[37]

많은 조선의 명망가들과 운동가들이 대한제국 말기부터 이 시기에 걸쳐 정치적, 사상적 활동의 하나로서 사학을 세운다.[38] 오쿠마가 그에게 준 영향에 대해 알아보기 위해서는 그가 일본에 유학을 떠나기 이전에 조선사회에서 퍼져있던 이러한 '사학열'에 대해 생각해보아야 할 것이다. 어쨌든 일본을 떠나 조선으로 돌아오게 되는 1914년, 김성수의 머리에 있던 생각은 먼저 '조선의 와세다대학'을 만드는 것이었으며, 그는 이를 통해 조선근대화에 기여하고자 했다.

귀국한 김성수는 바로 이 과제에 임하게 된다. 당초 그가 생각했던 것은 오쿠마처럼 자신의 손으로 학교를 창설하는 것이었다. 그러나 '백산학교白山學校'라는 학교명까지 만들어 놓았던 이 사립학교 신설계획은 총독부의 허가가 나오지 않은 탓에 좌절되고 만다. 김성수는 다음 대책을 세울 수밖에 없었으나, 다행히도 그의 새로운 대책은 그가 생각할 필요도 없이 저절로 굴러들어오게 된다. 당시 서울 최고의 명문 사립학교

---

37 김성수 「대학시대의 학우들」, 「삼천리」 (1935). 『인촌 김성수전』 87쪽에서 재인용.
38 '사학열'은 오천석 『한국 근대교육사』(고려서림, 1979) 181쪽 이하.

였던 '중앙학교'가 경영난을 이유로 김성수에게 학교의 재건을 의뢰해온 것이다. 이 경우라면 새삼 총독부로부터 학교설립 허가를 받지 않아도 되었다. 김성수는 바로 이 제안을 받아들인다.[39]

여기서 중앙학교와 이를 둘러싼 당시 사립학교의 상황에 대해 설명해 둘 필요가 있다. 이미 언급한 바와 같이, 대한제국 말기에는 조선 전역 으로 '사학열'이 확산되어 여러 단체와 지식인들이 조선 각지에 사학을 창설하였다. 이들 중 대부분은 이른바 '학회', 즉 재지, 재경지식인 그룹 —이 중 많은 수는 전통적인 왕조 지식인의 흐름을 계승한다—에 의해 설립되었고 이 그룹의 지원을 받았다. 그러나 일본의 통치가 시작된 이 시기의 사립학교들은 학교의 모체인 학회들과 마찬가지로 대부분 심각 한 경영난에 직면하게 된다. 물론 중앙학교도 예외는 아니었다. 중앙학 교는 재경지식인들이 만든 기호흥학회畿湖興學會가 설립한 기호학교와 재경지식인들이 만든 또 다른 단체인 흥사단이 설립한 융희학교隆熙學校 의 흐름을 이어받았다. 더 정확히 설명하자면, 경영난에 처한 두 학교가 경영 합리화를 위해 합병을 한 결과 탄생한 학교라고 할 수 있겠다. 중 앙학교의 '중앙'이라는 이름은 이 학교의 경영모체인 '중앙학회'에서 유 래한 것이나, 이 '학회'도 재정난에 시달리는 여러 '학회'가 경영합리화를 위해 대거 합병을 행해 생겨난 것이었다. 중앙학회에 합류한 학회 중에 는 앞서 언급한 기호흥학회와 흥사단은 물론, 교남학회嶠南學會나 관동 학회關東學會, 그리고 김경중도 평회원으로 참가해 있던 호남학회 등도 포함되어 있었다.[40]

39 『인촌 김성수전』 91쪽 이하.
40 『인촌 김성수전』 98~99쪽.

한마디로 이야기하면, 중앙학교란 당시 전통적 지식인층이 형성한 최대 교류조직, 즉 중앙학회가 경영하는 학교였다. 그러나 이 합병과정에서 보이는 경영합리화 노력에도 불구하고, 1914년 당시 중앙학교의 경영난은 여전히 심각한 수준에 이른다. 바로 이때 등장한 자가 호남 대부호의 아들이며 교육사업에 관심을 갖고 있는 김성수였다. 그러나 전통적 지식인들과 김성수는 중앙학교 재건에 대해 서로 다른 견해를 갖고 있었다. 이 점에 대해 '인촌仁村 김성수전'은 다음과 같이 쓰고 있다.

> 내부 사정을 알고 있던 인촌김성수의 아호은 중앙학교에 대해 무조건적인 인수를 요구했다. 이 요구는 학회의 해산을 의미하는 것이었다. 학회의 의도는 이와 달랐다. 학회는 그대로 존속되고 인촌은 출자자로서 학회에 가입하여 학회 운영만을 담당하게 한다는 것이 바로 학회의 의도였다. 그러나 인촌은 그렇게 할 수 없었다. 중앙학교의 문제는 학교 자체에 있는 것이 아니라 학회의 구성이 복잡하여 비능률적이라는 점에 있었다. 그렇기 때문에 학회를 그대로 유지한 채 출자를 하는 것은 의미가 없는 일이었다.[41]

'자금을 제공받고 주도권은 유지한다.' 중앙학회 측이 김성수에게 요구한 것은 종래의 지방 부호들과 전통적 지식인층의 사이에서 쉽게 찾아볼 수 있는 관계였다. 앞서 말한 바와 같이 중앙학회는 대유학자인 김윤식이 회장이었으며, 이상재, 유근, 유성준 등이 주요 멤버였다. 즉 중앙학회는 당시 조선사회에서 이름을 떨치던 전통적 지식인들로 구성된 집단이었으며, 이에 비해 김성수는 이때 겨우 25세의 청년에 지나지 않

---

41 『인촌 김성수전』 100쪽.

았기 때문에 사회에서 이 둘의 '위신'의 차이는 매우 컸다고 할 수 있겠다. 이 점을 고려해 보면, 전통적 지식인들이 기껏해야 '지방부호의 아들'에 지나지 않는 김성수에게 주도권을 넘겨주지 않으려 한 것은 어떠한 의미에서 당연했다고 할 수 있을 것이다. 그럼에도 불구하고 김성수가 학회에게 사형선고와 다름없는 요구를 했으니, 이는 조선사회의 중진들을 아연실색하게 했음이 틀림없다. 그러나 학회와 중앙학교는 이미 '존폐의 기로'에 서 있었다. 결국 명망가들은 이 요구를 받아들여 중앙학교를 완전히 김성수의 손에 넘겨주게 된다. 이는 조선사회에 있어 전통적 지식인층의 권위가 '경제의 힘'에 굴복한 순간이었다.

김성수는 중앙학교를 얻음으로써 학교경영이라는 그의 꿈을 실현했을 뿐 아니라 전통적 지식인들로 이루어진 인적 네트워크를 갖게 되었으며, 또한 단번에 그 네트워크의 정점에 설 수 있게 된다. 1919년의 3·1운동에서 김성수와 중앙학교가 '3·1운동의 후방기지[42]'로 선택된 이유를 고찰할 때 이 점을 간과해서는 안 될 것이다. 바로 김성수는 조선에서 가장 큰 네트워크 중 하나를 산하에 두고 있었던 것이다.

'경제의 힘'을 이용한 지배권 획득. 이는 '동아일보그룹'을 이해하는 데에 가장 중요한 포인트 중 하나이다. 그러나 이 단계에서는 아직 출발점에 지나지 않았다. 그렇다면 이 '경제의 힘'과 '동아일보그룹'의 형성과정은 어떠한 관계에 있을까. 다음에서는 이 점에 대해 구체적으로 살펴보기로 하자.

---

42 『인촌 김성수전』 119쪽. 오늘날 동명의 비석이 중앙학교부지 내에 세워져 있다.

경영권 독점과 '동아일보 인맥'의 성립

중앙학교의 사례에서 볼 수 있듯이, 김성수가 기업이나 법인 등을 경영할 때 가진 일관된 방침은 자신이 경영권을 독점하는 것이었다. 종래의 전통적 지식인이 중심을 이루었던 '학회'와 비교해 볼 때, 재지지주층은 단순히 금전적 출자를 하는 데에 머물러 있었던 점을 고려해 보면이는 확연하게 구별된다. 앞서도 언급하였으나 이때 김성수와 울산 김씨 일족의 '경제의 힘'이 비로소 전통적 지식인층의 '권위'보다 우월한 위치를 차지했다고 할 수 있겠다.

그러면 김성수의 '경영권'은 각 단체의 사례에서 구체적으로 어떠한형태로 나타났을까. 확실한 것은 김성수가 각 단체에서 절대적인 인사권을 행사했다는 사실이다. 오늘날 고려대학의 전신인 보성전문학교를인수할 당시, 김성수가 요구한 내용을 보면 이 점이 잘 나타나 있다. 김성수는 인수 시 다음과 같은 세 가지 조건을 내걸었다.

> 1. 현재의 이사, 감사는 총사퇴한다.
> 2. 후임 이사, 감사는 김성수의 지명으로 선임된다.
> 3. 재단법인의 평의회를 폐지하기 위한 기부행위규정을 개정한다.[43]

김성수가 인수하기 전 보성전문학교의 규정에 따르면, 거액의 기부를한 자에게는 종신이사로서의 대우가 보장되어 있었다. 김성수가 내건세 번째 조건은 이러한 종래의 규정을 무효로 돌리고, 인수 이전에 종신이사직을 확보하고 있던 사람들도 예외 없이 퇴임하도록 하는 것이었다. 이 조건에도 나타나 있듯이, 김성수가 여러 단체를 인수할 때 요구

---

43 『인촌 김성수전』 342쪽.

한 것은 해당 단체에 대한 절대적인 지배권, 즉 구체적으로는 절대적인 인사권이었다. 오늘날까지 김성수는 전면에 나오는 것을 꺼려하는 '관유寬裕와 관노寬怒의 인격'의 보유자로 알려져 있는데,[44] 이에 대해 이야기하자면 그는 굳이 사장이나 이사장과 같은 '겉으로 드러난 직무'에 취임할 필요가 없었다고 하는 것이 적절할 것이다. 모든 이사들을 그가 자유롭게 선임할 수 있다면, 직책은 명목적인 것에 지나

김성수(동아일보 사장 당시 1992년 초)
출전: 인촌기념회 편저 『인촌 김성수전』(인촌기념회 [한국], 1978) 34쪽

지 않게 된다. 이 때문에 김성수가 법적 책임을 져야 하는 위험을 감수하면서까지 굳이 공식적인 지위를 가질 필요는 없었던 것이다.

　김성수는 일본 식민지 시대에 중앙학교, 보성전문학교, 경성방직, 동아일보, 삼양사 등 여러 단체를 이른바 지배하게 된다. 여기서 그가 이 단체들을 지배하는 형태는 크게 두 가지로 나눌 수 있다. 첫 번째 형태는 지금까지 살펴 보았듯이 전통적 지식인층이 설립한 단체가 경영난에 빠지면, 이를 인수하여 절대적인 지배권을 확보하는 형태이다. 이 형태의 지배권 확보는 이미 중앙학교와 보성전문학교에서 살펴본 대로이다.[45] 이미 만들어져 있는 단체를 인수함으로써, 김성수는 창업의 어려움을 겪지 않고도 단번에 조선사회의 중요한 지위를 차지할 수 있었다. 비슷한 예로는 그가 후에 경성방직을 설립하기 위해 이용한 경성직유 인수를 들 수 있다. 두 번째 형태는 보다 단순한 형태로, 그가 직접 단체

---

44 『인촌 김성수전』 387쪽.
45 보성전문학교의 성립과 김성수의 인수에 대해서는 고려대학교 60사편찬위원회가 펴낸 『60년지』(고려대학교, 1965년)에 자세히 나와 있다.

를 설립하는 것이다. 대표적인 예는 경성방직과 동아일보이다. 여기서 우리가 주의해야 할 점은 이 두 사례의 설립을 구상한 사람은 김성수가 아니었다는 점이다. 사실 경성방직은 일본에서 방적학紡績學을 전공한 이강현이 설립을 제안하였으며,[46] 동아일보 설립을 김성수에게 제안한 것은 총독부계 조선어 신문인 매일신보에서 편집부장을 지내고 있던 이상협이었다.[47] 두 사람은 해당 분야의 전문가로서 각각 세계에서 '조선인을 위한' 사업 실현을 주도하고자 하는 포부를 갖고 있었다. 그러나 이들은 전문가로서의 기량은 있으나 자금이 없었으므로 자신들의 '꿈'을 실현하기 위해 김성수의 경제력을 이용하려고 한 것이다.

이러한 경위를 거친 결과, 경성방직과 동아일보는 첫 번째 형태를 거친 단체와는 달리, 당초 이상현과 이상협이라는 두 명의 '전문가'가 큰 영향력을 발휘하게 된다. 사실 경성방직의 초대 지배자는 이강현이며, 동아일보의 초대 편집부장 겸 정치부장 겸 발행인은 이상협이다. 이러한 의미에서 김성수의 지배력은 적어도 초기에는 중앙학교와 보성전문학교에 비해 약한 편이었다.[48]

그러나 김성수는 이들 단체에서도 점차 지배권을 강화해 나아갔다. 경성방직은 비교적 단순한 경위를 거쳤다. 설립한 지 얼마 후, 공장기기를 구매하기 위해 일본에 건너간 이강현은 일확천금을 노리고, 가져간

---

46 경성직유 인수와 경성방직 설립의 이상현의 역할에 대해서는 『경방70년』 62쪽, 그리고 권오기가 펴낸 '인촌 김성수' 135쪽 이하.

47 동아일보 설립초기 이상협의 주도적인 역할과 경위에 대해서는 김상만의 『동아일보사사』 1, 68쪽 이하. 단, 후에 서술하고 있듯이 이 후 이상협은 송진우와 대립하여 동아일보를 떠났기에, 그의 역할이 여기서 과소평가되어 있을 수도 있다. 대한언론인회가 펴낸 『한국언론인물사화』 8.15전편(상)(대한언론인회, 1992년) 436쪽 이하.

48 각각 『경방70년』, 『동아일보사사』 1을 참조. 중앙학교와 보성전문학교에 대해서는 인수 당시부터 김성수와 그의 측근이 요직에 있었음을 상기하고자 한다.

자금을 '삼품시장三品市場'에 털어 넣는다. 그러나 그는 투기에 실패해 모든 자금을 잃었고, 경성방직의 재정에는 큰 구멍이 뚫리게 된다. 결국 김기중이 토지를 담보로 조선식산은행朝鮮殖産銀行에서 자금을 빌려 김성수에게 주고, 김성수가 이 자금으로 손실을 메우게 된다. 결과적으로 이강현은 자신의 실수로 인해 지배권을 상실하였고, 지배자의 지위는 김성수의 친 형인 김연수에게 넘어간다. 그 후, 김성수의 도움을 받아 실수를 만회한 이강현은 경성방직의 중역을 맡아, '이 일이 있은 후 회사 일에 모든 것을 바치는 헌신적인 경방경성방직의 약칭인이 되었다.'[49]고 전해진다.

김성수의 지배의지와 더욱 확실히 대립한 인물은 이상협이다. 동아일보는 당초 박영효를 명목적인 사장에 등재하고 있었고, 그 아래에서 발행인 겸 편집국장인 이상협이 실질적인 신문발행 및 편집을 하는 형태였다. 박영효, 그리고 사장직을 물러난 그의 뒤를 일시적으로 이은 김성수 자신도 이러한 이상협의 지위에 직접적으로 손을 대지는 않았다. 그러나 그 상황은 김성수가 사장직을 물러나고, 송진우가 그 뒤를 이은 후 크게 변화하게 된다. 당시 이상협은 '신문을 아는 자는 이 조선에 나밖에 없다.[50]'라는 강한 자부심을 가지고 있었는데, 그러한 그의 위에 민족의 '원로'도 아니고, 자금제공자도 아닌 단순한 '신문 문외한'이 버티고 있다는 것은 이상협의 자존심을 크게 상처 입히는 일이었다. 결국 송진우와 이상협의 대립은 이른바 '식도원 사건'을 계기로 표면화되었고, 이상협은 동아일보를 떠나게 된다. 이후 그는 조선일보 편집고문을 거쳐 중외일보를 창간하게 되나, 동아일보와 같은 강력한 경제적 기반이 없

49 『경방70년』 71쪽.
50 『동아일보사사』 1, 233쪽.

었던 이 신문사는 결국 도산하게 된다. 그는 결국 총독부계의 매일신보
에 '치욕의 복귀'[51]를 할 수밖에 없었다.[52] 이는 김성수의 경영권이 신문
편집 '전문가'를 누르는 과정이었던 것이다.

어쨌든 본 장에서 중요한 점은, 김성수가 위와 같은 과정을 거쳐 자신
이 출자한 단체의 실질적인 지배권을 확보했다는 점일 것이다. 김성수
는 이를 기반으로 자신이 교우를 맺고 있던 사람들을 순차적으로 지배
하게 된다. 여기에 '풍부한 인맥을 가진 동아일보그룹'은 실태를 동반한
하나의 집합체가 된다. 결과적으로 이들 단체의 이사직은 모두 김성수
계열의 인맥이 차지하게 된다. 표 1 - 1은 이를 나타낸 것이다. 그러나
여기서 주목해야 할 점은 이렇게 김성수에 의해 기용된 사람들이 모두
그와 동 세대 사람이며, 김성수와 동향同鄉이거나, 혹은 일본 유학 시절
에 교류를 맺은 사람들이었다는 점이다. 그리고 이러한 인맥은 이윽고
해방 후의 정국에서 한국민주당의 주류파로서 등장하게 된다.[53] 그런데
그들 중 대부분은 김성수에 견줄 수 있는 거대한 자산이나 종래 양반지
식인층과 같은 절대적인 권위를 갖고 있지 못했다. 그들은 단순히 김성
수가 경영하는 여러 단체를 통해 자신들의 생활을 꾸려 나가는 사람들
이었다.[54] 바꿔 말하면 그들은 각 개인이 맡게 된 경영, 편집, 교육, 문학

51 『한국언론인물사화』 8.15전편(상), 443쪽.
52 이상협이 동아일보를 떠난 후 동아일보는 그에게 필적하는 편집, 문장능력을 가진 인재가
   필요했다. 그래서 발탁된 사람이 임시정부와 대립한 끝에 기관지인 '독립신문'을 떠나 한반
   도에 돌아온 이광수와 주요한이었다. 그러나 결국 이들도 김성수로부터 자립하기 위해 동
   아일보를 떠나게 된다. 『한국언론인물사화』 8.15전편(상), 401쪽 이하(이광수), 『한국언론
   인물사화』 8.15전편(하) (대한언론인회, 1992), 19쪽 이하(주요한). 「나의 이력서 21」(한국
   일보, 1975. 10. 7). 후일 주요한의 회고 내용이다. 또한, 마찬가지로 「나의 이력서 19」(한
   국일보 1975. 10. 3)에는 송진후의 주벽(酒癖)과 김성수의 '편집에는 간섭하지 않았으나 경
   비삭감에는 신경썼다'는 경영방침에 대한 언급이 있다.
53 이 점에 대해서는 박태균 「해방 직후 한국민주당 구성원의 성격과 조직개편」 90~99쪽을
   참조함.
54 이 점에 대해서는 동아일보 그룹에 속한 기업 및 단체의 출자 액수 등을 보더라도 미루어

일제통치기 동아일보사 사원들의 모습
(1930년 4월 1일 촬영, 앞쪽에서 2열, 오른쪽에서 6번째가 송진우)
출전: 김상만 『동아일보사사』 1(동아일보새[한국], 1975) 44쪽.

등에 전문지식을 갖고 있었으나, 김성수에게 도전할 만한 능력도 의지도 갖고 있지 않은 사람들이었던 것이다.

'풍부한 인맥을 가진 동아일보그룹'은 이렇게 형성되어, 하나의 실체로 귀결된다.[55] 일본의 식민지 통치 시대, 그리고 광복 이후의 제1공화국 시기에 '동아일보그룹'으로 지목받은 사람들은 거의 예외 없이 이렇게 김성수가 발탁하여, 그의 경제적인 비호 아래에서 실력을 발휘한 사람들이었다.

모든 것은 김성수의 경제력과 절대적 지배권하에서 만들어진 것이다. 그렇다면 그는 그 기반이 된 자신의 경제력을 어떻게 유지해온 것일까. 다음에서 그 점에 대해 살펴보기로 하자.

짐작할 수 있다. 경성방직의 초기 대주주이며 재단법인 중앙학원의 주요 자금제공자 중한 사람인 박용희를 예외로 하면, 여러 기업 및 단체에 대주주 등의 위치에 오른 사람은 없다. 이러한 의미에서 이들과 김성수를 대등한 관계라 보기는 어렵다.

55 동아일보그룹 산하에 있는 사람들의 이상적 경향에 대해서는 지금까지 다양한 형태로 논의해 왔으나, 필자는 이를 쉽게 논하기는 어렵다고 생각한다. 왜냐하면 일본 통치기의 동아일보그룹에 관한 인물 중에는 이광수, 주요한과 같이 총독부와 밀접한 관계를 가진 사람들도 있는가 하면, 여운형과 같은 '진보적 지식인', 그리고 후에 조선공산당의 지도자가 되는 박헌영과 같은 인물들도 있었기 때문이다. 이 점에 관해서는 『역대사원명록』, 『동아일보사사』 1, 418~433쪽을 참고하였다.

표 1-1 동아일보 그룹내 주요 단체의 임원 일람

동아일보

년도	사장	고문	부사장	전무	상무	취체역	취체역	취체역	취체역	취체역	취체역	취체역	취체역	취체역	발행인	편집장	동맹리
1920	박영효 김성수	(결원)	(결원)	(결원)	(결원)	(결원)	(결원)	(결원)	(결원)	(결원)	(결원)	(결원)	(결원)	(결원)	(결원)	이상협	(결원)
1921	송진우		장덕수	신구범	이상협	송진우	김성수	장덕수	신구범	이상협	이운	성원경	장두현	정재완	이상협 한기악		
1923														(결원)	정재완		
1924	이승훈 김성수	김성수 송진우		이승훈 김성수	이승훈 김성수	홍명희	이승훈 김성수		허헌	엄홍섭	양원모	(결원)			설의식 김철중	홍명희	한기악
1925	이승훈	이승훈				송진우				임정엽					(결원)		(결원)
1926																이광수	
1927	송진우			(결원)	(결원)										양원모 김상중	김준연	최원순
1928																	주요한
1929		(결원)					이광수									주요한 이광수	설의식
1930									이광수			김용무			송진우		
1933								(결원)								(차천)	
1935																설의식	
1937	배관수	송진우	(결원)	양원모		현준호	배관수								배관수	배관수	
1938								(결원)									
1939					임정엽											고재욱	
1940	송진우	(결원)			(결원)	송진우			(결원)						임정엽		

경성일보

연도	사장	전무	상무	상무	상무	취체역	취체역	취체역	취체역	취체역	취체역	취체역	취체역	지배자	지배자	지배자
1919	박영효	박용희				박영효	박용희	이강현	신우전	윤상은	인종건	김성수	(결원)	이강현		
1920										김진영						
1921			이강현								(결원)					
1922			김이수						김연수				조성현	김연수		
1923	김연수	김연수	(결원)				(결원)						최두선	이강현		
1928						박홍식				현준호		김제수				
1935				(결원)			최창학									
1936															윤주복	
1939							(결원)							김용원		곽기현
1941	최두선											(결원)				
1942	김용원							고원훈								
1943	장세형															
1944	최두선	최두선														
1945	김용원	조인장				진제충	황금모		(결원)							
1946			이준목				(결원)		이준목							
1948-50			(결원)													

연도		
1943		
1944		(결원)
~48	(결원)	(결원)

보성전문학교 임원

	교장	주무이사	이사	이사	이사	이사	이사	이사
1932	김성수	김성수	박용희	현상윤	최두선	김연수	김영주	장현식
1935	김용무							
1937	김성수							
1938								이강현
1939			변영태					
1946	현상윤						(상무이사)	
1950	유진오 (대리)		소병곤					이활

중앙학교

년	교장
1915	유근
1917	김성수
1918	송진우
1919	최두연
1922	현상윤
1925	최두연
1931	박용희/김성수
1932~1945	현상윤

토지에서 총독부계 자금으로

'풍부한 인맥을 가진 동아일보그룹'은 소속 단체에 대한 김성수의 지배권하에 만들어졌다. 그러나 그것만이라면 이 인맥은 그의 '경영'의 실패와 함께 세력을 잃고, 결국 대한제국말기의 학회 등과 마찬가지로 해체될 수밖에 없었을지도 모른다. '동아일보그룹'이 일본 식민지 시대 그리고 제1공화국 시대 때 일정한 영향력을 유지한 배경에는 그룹의 경제적 안정이 있었다는 점을 간과해서는 안 된다. 그러면 이 그룹의 경제적 안정은 어떻게 일구어진 것일까. 또한, 그 기반은 어디에 있을까.

그림1-1 동아일보그룹 소속단체 파생도

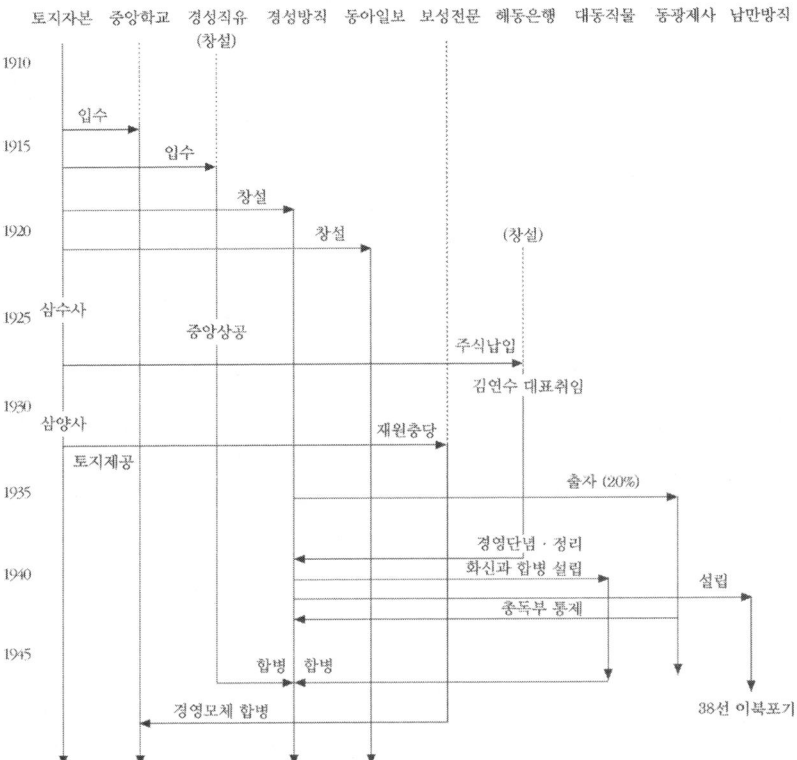

첫 번째로, 그때까지 정치적 활동을 해온 단체와는 달리, 이 그룹은 '실업 부문'을 운용하여 부를 창출할 수 있었다는 점을 지적하고자 한다 (그림 1 - 1). 대한제국 시대와 일본 식민지 시대 때, 대부분의 단체는 설립 초기에는 풍부한 기부금에 의해 운영되었으나, 이 자금을 다 써버리고 난 뒤에는 활동이 침체되는 운명을 겪게 된다. 이에 비해, '동아일보그룹'에는 자금을 운용하는 장이 있었다. 말할 필요도 없이 자금 운용의 중심적인 무대는 경성방직이었으나, 이러한 방식으로 실업부문을 경영하여 여러 단체 운영의 자금을 확보하고자 했던 자세는 중앙학교 인

수 과정에서도 찾아볼 수 있다. 주의해야 할 점은 김성수가 중앙학교를 인수할 당시의 경제적 지원은 '자금의 제공'에 의해서가 아니라 그의 집안이 소유하고 있었던 농장, 정확히는 농장에서 나온 이익 공출供出이라는 형태로 이루어졌다는 점이다. 즉 중앙학교는 농장이라는, 울산 김씨 일가의 '실업'에서 나온 수입으로 유지되었다.

그러나 이러한 토지의 공출과 경영을 통한 그룹 유지는 '풍부한 자본을 가진 동아일보그룹' 그리고 이후 '호남 재벌'이 경제적인 성장을 해감에 따라 차차 바닥을 드러내게 된다. 사실 1920년대부터 해방까지 김성수 일가가 소유한 토지의 규모는 겨우 약 8배(11.8만석→15만석)가 증가[56]한 반면, 경성방직의 자본금 규모는 13배(100만엔→1300만엔),[57] 차입금은 무려 500배 이상(8만엔→4200만엔)[58]으로 불어나, 이러한 경제 규모의 확대를 모두 울산 김씨 일가 소유의 토지 자본에 의해 지원하는 것은 불가능해졌다.

여기서 김성수가 이용한 수단은 다음의 두 가지이다. 첫 번째 수단은 경성방직과 동아일보의 '1인 1주 운동'으로 잘 알려진 바와 같이 주식공모(예를 들면 경성방직에서는 표 1 - 2)를 실시한 것이다.[59] 언뜻 이러한 시도는 김성수에 의한 경영권 독점과 상반되는 것처럼 보일 수 있으나, 김성수와 그 일가는 이 주식공모를 효과적으로 이용하여 자신들이 경영하는 기업의 규모를 확대하였으며, 동시에 장기적으로는 자본집중

---

56 삼양사가 펴낸 『삼양60년』(삼양사, 1985) 72쪽(1924년 수치) 및 126쪽(동 1948년). 김성수 일족의 토지자산 내용에 관해서는 김용섭 「한말일제하의 지주제」 87쪽의 표 및 『다시 쓰는 동아일보사』 37쪽의 표 참조.
57 표1-2 참조. 『경방70년』 579쪽.
58 표1-2 참조.
59 김성수는 주식모집에서 일본인 주주의 존재를 배제하지 않았다. *Offspring of Empire*, 78쪽.

정도를 오히려 늘려갔다. 그들은 당초부터 이들 기업의 대주주였으나, 증자 시에도 현 주주와 중역, 연고자에 대해 주식을 우선적으로 할당하여[60] 지배권을 유지 및 강화해 갔다. 또한, 주식을 발행한 후에는 주식실권 절차 등의 수단을 통하여 이를 뒷받침하였다.

그러나 김성수 일가가 그룹의 경제적 확대를 실현하는 데에는 다른 요소도 작용하였다. 표 1 - 3은 중앙학교 인수부터 조선전쟁 발발까지 '동아일보그룹'의 주요 자금이동을 나타낸 것이다. 이 표를 보면 '동아일보그룹'이 확대되는 과정에서 조선식산은행[61]으로부터의 차입이 중요한 역할을 했다는 것을 바로 알아챌 수 있다. 이는 경성방직의 급성장기에 해당하는 1930년대 이후에 특히 현저하게 나타난다. '동아일보그룹'에서도 경제적 핵심이었던 경성방직은 자금 조달 면에서 조선 총독부의 식산흥업을 위한 정책은행이었던 조선식산은행을 주거래은행으로 삼고 있었다.[62] 우리는 여기서, 왜 많은 조선인 자산가들이 금융업무에 발을 들여놓았던 이 시대에 조선인 최대 자본인 '동아일보그룹'이 유독 금융기관을 소유하거나 경영하는 특단의 의지를 보이지 않았는지를 이해할 수 있다. 1930년대 해동은행을 둘러싼 막간극[63]은 예외라고 할 수 있겠

---

60 『경방70년』 101쪽. 제2회 신규주주모집 시 일반공모 비율은 겨우 10%(4만 주 중 4천 주)였다.
61 조선식산은행과 역할에 대해서 김옥근 『일제하 조선재정사논고』(일조각, 1994) 20~22쪽. 또한 藤戸計太 『朝鮮金融経済研究叢書』(大東学会, 1922) 492호, 509~521쪽.
62 표1-2에도 기록되어 있는 바와 같이 1940년 경성방직이 조선식산은행, 그리고 만주에 있던 이와 비슷한 기관인 만주흥업은행에서 받은 융자는 총 4200만엔에 달했다. "조선인은 물론 일본인들 중에서도 이러한 거액의 융자를 받을 수 있는 자는 아무도 없었다", 『수당 김연수 전』 153쪽 참고. 여기서 우리는 일본정부계 금융기관과 동아일보그룹과의 밀접한 관계를 알 수 있다.
63 동아일보그룹은 한때 해동은행을 인수하여 경영하고자 했던 적이 있었다. 그러나 총독부의 권유와 경영난 때문에 1938년에 이를 단념하게 되고, 해동은행은 한성은행에 합병되고 만다. 이에 울산 김씨 일족은 경영으로부터 손을 떼게 된다. 이는 그리 많지 않은 경영실패의 예이기도 하다. 『삼양60년』 113쪽. 또한 *Offspring of Empire*, p. 90. 여기서 다음과 같은 김용완(경성방직 제5대사장)의 발언이 기록되어 있다. "해동은 작은 은행이었다. 고객도 많

으나, 동아일보그룹은 이미 한반도 내 최대급의 금융기관과 강력한 연
계를 가지고 있었기에 금융기관을 경영할 필요가 없었던 것이다.

표 1-2   경성방직 증자/불입표

년	자본금	불입액	주주당 추가불입	총 주수	증자/추가 불입 이유	비고
1919.10.	1,000,000	250,000	12.5	20,000	설 립	
1922. 4.		400,000	7.5			實 73215 → 失權처리 등 10,529 경매양도 7,928 失權경매 1,701 무상양여 850 상속 50
1928. 1.		500,000	5			
1931. 3.		750,000	12.5			
1933. 4.		1,000,000	12.5			
1935. 3.	3,000,000	1,000,000		60,000	증 자	현주주 20,000주 중역/연고자 16,000주 일반공모 4,000주
1935. 6.		1,500,000	12.5(1)			
1936. 1.		2,000,000	12.5(1)		방적공장신설	
1938. 3.	5,000,000	2,000,000			해동금융(주) 합병	
1938. 3.		2,800,000	40(2)			
1940.10.		3,800,000	25(1)		남만방적 출자	
1940.10.		5,000,000	60(2)		남만방적 출자	
1942. 3.	10,000,000	5,000,000			시설확장/ 남만방적 출자	
1942. 3.	10,000,000	7,500,000	25		시설확장/ 남만방적 출자	
1944.10.	13,000,000	10,500,000	50		동광제사/ 중앙상공 합병	동광 22,900/26,000주 경성방직 소유

주: 위 표의 작성은 『경방70년』을 참고로 함.

지 않았으며 예금액도 적었다. 그러므로 경방이 해동에 의지하기는 불가능했다. 너무 작았
기에 우리는 식산은행과 거래를 할 수밖에 없었다."

그러면 '자본으로서의 동아일보그룹'이 조선식산은행과 밀접한 관계를 구축할 수 있었던 이유는 무엇일까. 이 점을 이해하기 위해서는 박영효의 역할에 주목해야 할 것이다.[64] 종래 김성수 계열의 기업에서 박영효가 담당하던 역할은 '명목적인 역할' 또는 '총독부와의 창구 역할'에 지나지 않았다.[65] 그러나 경성방직에서는 1934년까지 사장이었으며, 사장에서 물러난 후에도 그가 생을 마감할 때까지 고문으로 재임하였다. 또한, 동아일보에서는 초대 사장을 지냈으며, 이 모든 기간을 통틀어 조선식산은행의 이사로서 재임했다는 사실에 주목해야 할 것이다.[66] 사실 1939년에 그가 사망하자 다음 해인 1940년에는 조선식산은행으로부터 경성방직으로 나카토미 게이타라는 일본인[67]이 감사로 파견되었는데, 이 사실만 보더라도 박영효가 그때까지 해온 역할을 짐작할 수 있다.

이 점을 이해하기 위해서는 당시 박영효의 미묘한 입장을 설명할 필요가 있겠다. 이미 알려진 바와 같이 박영효는 1884년 갑신정변을 김옥균과 함께 주도한 19세기 후반 조선개화파의 대표적인 인물이며, 그의 권위는 3·1운동 당시에도 여전히 '민족대표자 제1후보[68]'로 지목될 정도였다. 그러나 한편, 그는 개화라는 대 목적을 실현하기 위해 갑신정변

---

64 박영효의 약력은 大垣丈夫『朝鮮紳士大同譜』(朝鮮紳士大同譜発行事務所, 1913) 14쪽 참조.

65 예를 들면『경방70년』67쪽,『동아일보사사』1, 107~108쪽.

66 같은 견해를 가진 예로 *Offspring of Empire*, pp.98~99를 들 수 있다. 에케르트가 말한 바와 같이 박영효의 역할은 명목적 역할을 초월한 '그 이상'의 것이었다. 또한, 에케르트는 조선식산은행에서 박영효를 비롯한 조선인 이사들의 역할이 컸다고 주장했다. 본 절의 내용은 *Offspring of Empire*, p.651 이하와 거의 일치한다.

67 中富는 조선식산은행의 심사과장이었다. 동경흥신소가 펴낸『은행회사요록』(동경흥신소, 1933), '조선' 1쪽.

68 현상윤『3·1운동의 회상』「신천지」1946년 3월호,『고하 송진우평전』109쪽 재인용. 3·1운동에서 박영효와의 절충역을 송진우가 맡았다. 또한 이 경위에 관해서는 市川正明가 펴낸『3.1独立運動』(原書房, 1984) 24쪽.

이후에도 계속하여 일본의 힘을 이용하려 했던 인물이며, 그의 행동은 결과적으로 한반도에 일본의 영향력을 끌어들이게 되었다. 또한, 그는 한일합방 당시에도 백작 작위를 받아 이른바 '조선 귀족'의 필두에 이름을 올린 존재였다.[69] 즉 그는 민족의 '원로'와 '친일파'라는 두 개의 얼굴을 가진 인물이며, 그 두 개의 얼굴은 그의 내면에서 확실히 공존하고 있었다.

어쨌든 박영효는 이 시기 총독부와 민족진영 양쪽에서 영향력을 가진 희귀한 존재였으며, 김성수 등은 이러한 박영효를 자기 진영으로 끌어들여 그룹 경영에 필요한 윤택한 자금을 확보하는 데에 성공했다. 본 장에서 중요한 점은 김성수가 '동아일보그룹'을 운영하기 위해, 박영효를 통해 조선식산은행과 총독부로부터 자금을 확보하였으며, 당시 조선사회의 모든 가능성을 총동원하여 경영의 건전성을 유지했다는 것이다. '풍부한 자본을 가진 동아일보그룹'은 실로 이러한 경영노력을 통해 이루어진 결과이며, 이 중 어느 한 요소만 없었더라도 성립될 수 없었을 것이다.

---

69 박영효를 친일파라고 비판하는 대표적인 문헌으로는 林鍾国 『親日派』 (御茶ノ水書房, 1992) 86~87쪽을 참조하였다.

표 1-3 동아일보그룹 관련자금 이동표

년	출자·대출者등	수자(受資)·차입者 등	이동액	내용	이유	비 고
1915. 4.	김기중	중앙학교	3,000 마지기 토지		중앙학교 인수	
1919.10.	김경중	경성방직	2,000주		경성방직 설립	최대주주 1주=50엔 전 20,000주 1회납입 12.5엔
1919.10.	김기중	경성방직	800주		경성방직 설립	제3위 주주 1주=50엔
1919.10.	김성수	경성방직	200주		경성방직 설립	제4위 주주 1주=50엔
1920. 7.	김기중	조선식산은행	?	토지담보	삼품사건	
1920. 7.	조선식산은행	경성방직	80,000엔	융자	삼품사건	
1921.	민영달	동아일보	5,000엔	긴급융자	경영난	
1921.10.	김경중	중앙학교	?	교사서관	증축	
1922. 4.	김연수	중앙학교	?	운동장	확장	
1922. 8.	김연수	중앙학교	6,300평	학교뒷산		
1924. 2.	총독부	경성방직	?	보조금		31년까지 매년
1926. 3.	김기중	동아일보	25,000엔	송금	사옥신축	
1926. 3.	총독부	경성방직	28,000엔	보조금		
1927. 3.	총독부	경성방직	27,008엔	보조금		
1928.	김연수?	해동은행	300,000엔?	출자	경영권 양도	
1928. 3.	총독부	경성방직	29,653엔	보조금		
1929. 1.	조선식산은행	경성방직	250,000엔	융자	공장/직기 증설(증자 부족분)	10년 연부상환
1929. 2.	삼양사	중앙학교	1,500석 수확농장	명고농장	재단설립	
1931. 4.	총독부	삼양사	156,000엔	보조금	咸平간척	
1932 이후	총독부	경성방직	폐지	보조금	경영호전	
1932	김연수?	삼양동제회	200,000엔	기부		
1932. 3.	김경중	중앙학원	화전 5,000석		학교인수	보성전문학교 경영자금원
1932. 3.	김기중	중앙학원	화전 500석 대지 6,000여평		학교인수	보성전문학교 경영자금원

1932. 3.	삼양사	보성전문학교	5,000석 수확농장	신태인농장	인수기금	관리 삼양사 계속
1932.	중앙학교	보성전문학교	24,700엔	경비보완		
1932~41	김연수?	삼양동제회	958,000엔	기부		3회 분할
1932.	조선식산 은행	경성방직	500,000엔	융자	공장확장	
1933.	총독부	경성방직	?	보조금		이후 보조금無
1935.	김성수	보성전문학교	20,000엔	교사 등	캠퍼스 이전	
1936.	김연수	보성전문학교	20,000엔	교사 등	캠퍼스 이전	
1936.	조선식산 은행	경성방직	695,000엔	융자	방적공장 신설	
1937.	조선식산 은행	경성방직	1,500,000엔	융자	방적공장 신설	
1938. 1.	해동금융(주)	경성방직	2,000,000엔	합병		
1939.12.	삼양사	삼탁기업(주)	1,000,000엔	입수금	매매	
1940. 4.	동아일보	보성전문학교	20,000엔	대여	유휴자금	
1940.	조선식산 은행	경성방직	2,800,000엔	융자	남만방적 출자	당시 총 차입 조선식산은행 3,000만엔 만주흥업은행 1,200만엔
1942.	경성방직	남만방적	5,000,000엔	출자		
1942.	조선식산은행	경성방직	2,500,000엔	융자	남만방적 출자	
1944.	동광제사/ 중앙상공	경성방직	3,000,000엔	합병		
1945.	경성방직	한국민주당	3,000,000엔	정치자금		당해 단계차입 조선식산은행 2,200만엔 그 외 불명
~1948.	김연수	장성중고등 등 17교	629町步 화전 3,700,000엔	기부금 등		
~1948.	김연수	해외유학생	3,290,000엔	보조비		

주: 1. 위 표의 작성 시 『경성70년』, 『삼양60년』, 『동아일보사사』 1, 『仁村 김성수전』, 『秀黨 김연수』, *Offspring of Empire*를 참고로 함.
2. 위 표는 자료에서 확인한 내용을 정리한 것이며, 동아일보그룹에 관한 모든 자금이동을 기록한 것은 아니다. 또한 자금 차입 등의 상환 내역은 불분명하다. 그러므로 비고에 기록한 차입 총액 등은 이동액의 총계와 일치하지 않는다.

이미 언급한 바와 같이 '풍부한 자본을 가진 동아일보그룹'이었기에 '풍부한 인맥을 가진 동아일보그룹'을 만들 수 있었으며, 구성원들은 김성수의 지배권 독점 체제하에서 개인의 역할에 질서정연하게 배치되어 간다. 송진우는 동아일보에서 김성수의 대리인 역할을 담당하였으며, 경성방직의 대리인은 김연수였다. 현상연은 중앙학교를 관리하였고, 최두연은 이러한 여러 단체에서 '담당'이 자리에 없을 때 대리임무를 하는 멀티 플레이어로 활약하였다. 백관수는 송진우가 표면에 나올 수 없을 때 그의 대역을 담당하였으며,[70] 장덕수는 탁월한 문장능력과 분석능력으로 보성전문학교와 동아일보를 오가는 참모역을 담당하였다. 말할 필요도 없이 이들을 총괄하는 위치에는 김성수가 있었으며, 그 자신은 보성전문학교에 본거지를 두고 있었다. 그는 거대한 '자본으로서의 동아일보그룹'이라는 방벽 안에서 보호되고 있었다. 그들을 지키는 것이 박영효의 역할이며, 조선인 사회, 총독부 양쪽에 대한 거대한 영향력이야말로 그들에게 정치적 비호와 풍부한 자금을 제공해 주는 밑거름이었다.

일본 식민지 통치 시대 당시 '동아일보그룹'은 위와 같은 존재였다. 그러면 우리는 이에 대해 어떻게 정리해 볼 수 있을까. 마지막으로 이 점에 대해 다루면서 맺음말을 대신하고자 한다.

---

70 표 1-1 참조.

4. 운동의 기반과 자금

> 잘 들어라, '임시정부'의 요직에 있는 양반들아. 정부가 걷어가는 세
> 금에는 애국자의 돈도 있고 수전노나 죄인의 돈도 있다. 지금 '임시정
> 부'는 진정한 정부의 형식을 갖출 수가 없으며, 그렇기 때문에 세금 형
> 태로 활동자금을 걷을 수도 없다. 이 점을 고려하여 뜻있는 자들이 개
> 인의 재산을 제공하고자 하는 데에 대해, 이를 부정한 돈이다 뭐다 불
> 평하는 것은 도대체 무슨 말인가!![71]

식민지 통치 시대는 한국이 자력으로 개화를 추진하다 실패한 개화기
와 눈부신 발전을 이룬 대한민국 시대의 가운데에 위치해 있다. 실패한
근대화와 성공한 근대화. 한국 근대사를 살펴보는 데에 있어 일본 식민
지 통치 시대가 중요하다는 것은 물론 아니다. 그러면 대체 '동아일보그
룹'이 생겨난 일본 식민지 통치 시대는 어떠한 시대였으며, 훗날 한국에
어떠한 영향을 미쳤을까.

먼저 경제적인 면부터 언급하면, 조선사회는 급속도로 변화하여 비록
종속적인 변화였다고는 해도 눈부신 '자본주의'의 발달을 이룬 시대이
다.[72] 그 배경에는 종래 경제 및 사회 구조의 급속한 해체와 그 결과로
서 생겨난 유동적인 사회가 있었다. 당시 사람들은 농촌을 떠나 서울로,
만주로, 그리고 일본으로 흘러 들어가 혼돈스러운 사회상황이 벌어지고
있었다.

그러나 물론 일본 식민지 통치 시대의 조선사회를 이것만으로 다 설

---

71 동아일보사 편 『설산 장덕수』(동아일보사, 1981) 328쪽.
72 堀和生 『朝鮮工業化の史的分析』(有斐閣, 1995) 등

명할 수는 없을 것이다. 여기서 주목해야 할 것은 총독부 그리고 총독부
가 거느리고 있던 거대한 관료조직의 존재이다. 1920년 이후 '문화 통치'
를 시작한 총독부는 그때까지의 '무단 통치'에서 벗어나 한반도에서 '동
화정책'을 적극적으로 추진하기에 이른다. 그 결과, 한반도 각지에서는
여러 단체가 생겨나게 된다.[73] 동화정책은 조선인에게 일본 문화를 강요
했을 뿐 아니라, 근대화의 관점에서 볼 때 '뒤처져 있던' 조선인을 '앞서
가고 있던' 일본인에 가깝게 만든다는 의미가 포함되어 있었다. 1920년
대 이후 총독부의 적극적인 한반도 경영은 이러한 관점에서 이해해 볼
수 있으며, 1930년대의 '자본주의 발전' 중 어느 정도는 이에 따른 결과
였다고 할 수 있을 것이다.

　이렇게 생각하면 우리는 '동아일보그룹'이 실로 이러한 일본통치의
'부산물[74]'이라고 생각해 볼 수 있다. 동아일보그룹은 그 전前시대와의
연결고리에서 개화기의 다양한 '실패한 근대화'의 유산을 이어받아 역사
의 무대에 등장하게 되었다. 그러나 동아일보그룹은 이를 단순히 그대
로 계승한 것이 아니라 근대적인 경영이념을 가지고 운영함으로써 재정
적 재건에 성공할 수 있었다. 이러한 의미에서 그들은 과거의 유산을 계
승 및 이용하였으나, 새로운 요소도 확실히 추가했다고 할 수 있다. 그
들이 새롭게 추가한 것, 그것은 예전의 전통적 지식인층에서는 결여되
어 있던 '경제 감각'이었다.

　중요한 점은 그들이 이러한 활동을 하는 데에 있어 모든 수단을 불사
했다는 점일 것이다. 총독부의 보조금[75], 조선식산은행으로부터의 차입,

---

73 이러한 '문화통치'기 조선사회의 변화에 대해서는 김옥근 『일제하 조선재정사논고』 68쪽
　이하, 진용하 『한국근대사회사연구』(일지사, 1987) 258쪽 이하를 참고함.
74 *Offspring of Empire*, 타이틀.

'조선 귀족'이 보유하고 있던 총독부와의 유대. '부정한 돈'이든 아니든 그들은 경제적이고 합리적인 사고로 자신들의 활동에 이용할 수 있는 것은 모두 이용하여 사업과 세력을 확대해 나아갔다. '동아일보그룹'은 이렇게 해서 얻어낸 안정적인 경영 기반하에서 동아일보라는 민족 운동의 장을 제공하였다. 그들의 이러한 방식에는 어쩌면 비난받아야 할 점이 있을지도 모른다. 그러나 이러한 경제기반 없이 활동을 계속 하는 것이 얼마나 어려운지는 이상협과 이광수, 주요한 등 동아일보와의 대립 끝에 자립을 선택한 이들이 그 후 친일파로 전락해버린 점에서 여실히 드러난다.

'동아일보그룹'은 이렇게 생겨나 성장해 나아갔다. 그리고 대한민국 광복 이후, 한반도 내 '최대의 자본' 및 '최대의 인맥'으로서 부상하게 된다. 즉 한국민주당이 등장한 것이다. 이들이 그 후 어떠한 운명을 걸었는지에 대해서는 다음 장에서 논해보고자 한다. 어쨌든 '동아일보그룹'은 위와 같은 집단이었으며, 해방 후 그들의 역사는 여기서부터 시작된다.[76]

---

75 이에 대해서는 표 2-3 및 *Offspring of Empire*, pp.79~84.
76 광복 후 동아일보그룹에 대해서는 본서 제2장, 제3장 참조.

제 2 장

'정통보수야당'의 탄생
미군정부기의 '동아일보그룹'

일제치하에서 '동아일보그룹'이 성공하게 된 요인. 이는 그들이 가진 경제적 합리성과 이를 바탕으로 하는 냉철한 기업지배였다. 동아일보그룹은 자신들의 활동에 필요하다면 조선 총독부까지도 교묘하게 이용했다.

그러면 이처럼 급성장한 '조선인 최대의 자본'과 이를 중심으로 모인 사람들은 광복 후의 상황에 어떻게 대처하고 있었을까? 다음으로 이 점에 관해 살펴보도록 하자.

1. 미군정기와 '정통보수야당'

1997년. 이 해는 대한민국 역사에서 오래도록 기억되는 해가 될 것이다. 이전부터 우려되던 한국 경제는 동남아시아국가들의 외환위기가 터지면서 점차 심각한 수준에 이르렀으며, 결국 11월에는 원화 가치 폭락사태를 몰고 왔다. 한국은행의 외환보유고는 바닥을 드러냈으며, 연말이 되자 한국 정부가 디폴트를 선언할 것이라는 소문까지 떠돌았다. 1960년대 이후 눈부신 발전을 이룩해온 한국은 전환기에 접어들고 있었다.

1997년은 한국에서 5년에 한번 있는 대통령 선거가 실시된 해이기도 했다. 환율위기가 절정을 이루던 12월에 실시된 이 선거에서 한국 국민이 선택한 대통령은 강한 지도자, 김대중이었다. 그 배경에 한국국민의 어떠한 의지가 있었는가는 제쳐놓더라도, 이는 바로 한국이 1948년 이후 계속해서 추구해온 '민주화' 과정이 정치분야에서도 막바지 단계에 접어들고 있음을 의미하고 있다. 노태우 대통령의 87년 민주화 선언은 한국 민주화의 마지막 장이 시작한 것에 불과했다. 87년 대통령 선거에서는 전두환 군사정권의 전면적인 지지를 받은 노태우가 당선되어, 한국 정치의 주류는 여전히 군사정권의 흐름을 이끄는 세력이 점령하게 되었다. 그 뒤 1992년 김영삼의 승리도 민주화의 진정한 종결을 의미하는 것은 아니었다. 김영삼은 국회 내에서 민주화 투쟁에 힘쓴 '정통보수야당'의 사상을 잇는 세력을 대표하고 있었다. 그러나 김대중을 지지하는 국회 밖의 '재야' 세력과 호남세력은 여전히 권력의 중심에서 밀려나 있었다. 이러한 의미에서 김대중의 승리는, 김영삼의 승리와는 다른 의미를 가지고 있었다. 그의 승리로 인해 한국의 주요 정치세력은 모두 한 번 이상 정권을 잡은 셈이 된다. 이로써 한국의 민주화는 하나의 중요한 종착점에 도달했다고 할 수 있을 것이다.[1]

민주화 시대의 종언, 이 새로운 시대의 도래는 원래 한국의 민주화가 무엇이었는지를 재고해야 하는 시기에 우리가 접어들고 있음을 의미하고 있다. 이는 도대체 무엇이며, 어떻게 시작되었을까. 그리고 오늘날까지 왜 해결되지 못한 것일까.

위의 문제를 생각할 때 잊어서는 안 되는 것은, 원래 한국의 '민주화 투쟁'은 박정희 군사정권에 앞서 이승만 정권 시절에 이승만의 뜻을 따르는 여당 세력과 이에 대항한 야당 세력 간의 정치적 투쟁으로서 시작되었다는 점일 것이다. 문제는 이와 같은 여야당 대립이 어떻게 시작되었으며, 왜 김대중의 승리[2]가 '진정한 의미의 선거에 의한 여야당 정권교체'가 되지 못했는지 일 것이다. 기존의 연구에서 이 문제를 고찰하는 데 중요시된 것은 정권 측의 문제였다. 지금까지는 이승만, 박정희, 전두환으로 이어진 역대 '권위주의적' 정권이 야당을 비롯한 반정부 세력을 탄압한 사실과 그 결과 민주화 달성이 저해된 사실이 강조되었다. 당연히 그 배경에는, '원래 야당이 당연히 승리했어야 했다'라는 대전제가 있을 것이다.

물론 극히 단기간의 직접 군정시대도 있었으며, 선거의 형태가 바람직하지 못한 경우가 있었다는 점은 부인하지 않겠다. 그러나 오늘날의

---

1 이 점에 대해서는 필자의 '한국 대통령의 리더십과 정치적 기반', 五百旗頭真가 펴낸 『アジア型リーダーシップ』(TBSブリタニカ, 1998).
2 한국일보, 1997년 12월 19일.

관점에서 해방 이후의 한국정치사를 대략적으로 살펴보면, 한국에서는 어쨌든 대통령 선거와 국회의원 선거가 실시되었으며, 그 대부분의 선거에서 역대 '권위주의적' 정권이 패배의 벼랑 끝까지 내몰렸던 사실을 알 수 있다.[3] 한국의 역대 '권위주의적' 정권은 '강함'과 이에 상반되는 연약함을 동시에 가지고 있었던 것이다. 그런데 선거도 무사히 실시되고, 당시의 지도자를 패배의 벼랑 끝까지 내모는 데도 성공했으면서, 왜 한국의 야당과 반정부 세력은 맨 마지막에는 승리를 거두지 못한 것일까? 물론, 정권 측의 아슬아슬한 승리를 지탱한 것은 때때로 탄압과 부정부패였다는 점을 필자 또한 부정하는 것은 아니다. 그러나 동시에 우리는 여기서, 이와 같은 정치 투쟁 속에서 패배한 사람들에 대해서도 관심을 가질 필요가 있을 것이다. 우리는 이 문제를 한번 더 재고해볼 필요가 있는 것이다.

문제는 왜 야당이 패배했는가이다. 이 문제를 생각할 때 간과해서는 안 될 점은, 한국에서는 이승만, 박정희, 전두환과 같은 역대 '권위주의적' 정권이 비교적 그 세력과 인맥에서 단절되기 쉬웠던 반면, 이에 대항하는 야당은 해방 이후 하나의 명확한 흐름을 이끌고 있었다는 점일 것이다. 한국의 야당, 특히 그 주류파의 끊임없는 흐름은, '정통보수야당[4]'이라 불린 점으로부터도 알 수 있을 것이다. 그렇다면, 이 '정통보수야당'이란 무엇이며, 왜 그들은 실로 거대한 존재감을 가지고 있었음에도 불구하고, 제2공화국 시절의 막간극을 제외하고 계속해서 패배한 것일까?

---

3 이승만의 동반자였던 이기붕은 제3대 부통령선거에 패했고, 박정희는 제5대, 제7대 대통령선거에서 패하여 벼랑 끝에 내몰린다. 윤경철 『분단 후의 한국정치』(목탁사, 1986)의 여러 곳.
4 예를 들면 최인영(민권당, 1983).

본 장은 이러한 문제의식하에서 한국의 '정통보수야당'의 실태와 그 성격에 대한 분석을 시도하고자 한다. 그러나 이 거대한 존재의 모든 것에 관해 논하는 것은 불가능하기에, 여기서는 일본의 패전부터 대한민국 정부 수립기까지의, 이른바 미군정기 한국 '정통보수야당'의 형성과 그 특성에 관해 주로 논하도록 하겠다.

구체적으로는 아래의 순서에 따라 의견을 전개해 나아가고자 한다.

첫째, 한국 '정통보수야당'의 창시라고 일컬어지는[5] 한국민주당의 성립 과정에 관해 논하도록 하겠다. 주지하는 바와 같이, 한국민주당 창당의 중심이 된 것은 '동아일보그룹'이라 불리는 사람들이었다. 일제치하의 '동아일보그룹'의 모습에 관해서는 이미 앞 장에서 논한 대로이나, 광복 이후 그들은 어떻게 활동했으며, 어떻게 한국민주당 결성에 이르렀는가? 둘째, 물론 한국민주당에는 '동아일보그룹' 이외에도 많은 사람들이 참여했다. 그러면 이들 '동아일보그룹'과 합류해 그들과 함께 한국민주당을 형성한 사람들은 어떠한 사람들이었을까. 셋째, 한국민주당이 광복에서 대한민국 정부수립까지의, 이른바 '미군정기'에 실시한 정치활동과 타 세력과의 대항관계에 관해 명확히 하도록 하겠다. 그들의 정치활동의 최대 과제는 무엇이었으며, 이는 결국 그들을 어떠한 입장으로 몰아넣었는가?

마지막으로, 본 장에서 주로 참고한 사료史料에 관해 간단히 언급하도록 하겠다. 미군정기는 한국 연구에서 가장 사료의 제약이 많은 시대 중 하나이며, 이를 연구하면서 필자는 주로 한국의 기존 연구

---

5 윤경철 『분단 후의 한국정치』 44쪽, 최인영 『민권당(소사)』의 여러 곳을 참고함. 그 외.

성과를 참조하였다. 또한, 이 시대에 한국민주당의 중심부에서 활약했던 많은 정치가들이 남긴 회고록과 전기 사료도 참고로 하였다. 회고록과 전기의 내용에 대해서는 정치적인 의도에서 비롯된 사실 왜곡을 최대한 피하기 위해, 동일한 정치적 사상에 관한 복수의 회고록과 전기를 비교 조사함으로써 가능한 한 당시의 실상에 근접하기 위해 노력하였다. 마지막으로 정확도를 기하기 위해 당시의 신문 자료와 오늘날까지 남아 있는 다양한 정치 팜플렛 그리고 당시의 정부 간행물 등을 참고했다.[6]

  이상으로, 본론에 들어갈 준비는 모두 끝났다. 그럼 바로 본론에 들어가 보기로 하자.

2. 해방 직후의 '동아일보그룹'

조선총독부로부터의 권유

  생각해보십시오. 내가 중국의 왕자오밍汪兆銘이나 프랑스의 페탕과 같은 사람이 된다면 좋겠다는 말이 아닙니다. 이는 내가 사퇴하겠다는 것이 아닙니다. 만약 내가 왕자오밍이나 페탕과 같은 사람이 되고 만다면, 나는 일본이 떠난 후 조선 민족들에 대한 발언권이 없어져 버리는 것입니다. 이웃나라인 조선과 일본은, 언젠가는 수교를 맺어야 합니다. 눈앞의 이익만을 좇다가, 이로 인해 국가의 대계大計를 망치게

6 본 연구를 수행하기 위한 자료 수집에 즈음하여 한국 국제교류재단으로부터 자금을 지원받았다. 동 재단에 감사하는 바이다.

된다면 어찌할 도리가 없습니다. 일본에 대해 알고 있는 사람을 한 명 정도는 남겨두어도 좋지 않겠습니까.[7]

주지하는 바와 같이, 한국 '정통보수야당'의 시조와 같은 존재로 여겨지고 있는 것은 1945년에 결성된 한국민주당이며, 그 중심적인 역할을 담당한 것은 이른바 '동아일보그룹'이라 불리는 사람들이었다. 제1장에서 이미 자세하게 설명한 바와 같이[8] 그들은 일본통치기의 정치, 경제, 사회적인 상황을 교묘하게 이용하여 대두한 신흥세력이었으며, 이러한 의미에서 명백하게 그 이전의 재경양반들과 구별된다. 그들의 가장 큰 특징은 고유의 경제적 자원과 이를 뒷받침한 경제적 감각이다. 그들은 과거와 자신들의 활동 속에서 확보한 네트워크를 이용해 조선총독부 및 그 부속기관에 대한 발판을 확보하였고, 이를 총동원하여 자신들의 정치, 경제, 사회적 지위를 구축했다. 이렇게 하여 그들은 일제치하 때 높은 사회적 지위를 얻을 수 있었으며, 일본이 패전했을 무렵, 그 세력은 조선총독부라 할지라도 무시할 수 없을 정도의 존재로 성장했다.

본 절의 모두冒頭에서 인용한 송진우 전기傳記의 한 구절에서도 나와 있듯이, '동아일보그룹'과 조선총독부와의 관계는 미묘한 것이었다. 그들은 분명, 경제적 자원을 확보할 때에는 조선총독부 및 그 부속기관과의 접촉을 주저하지 않았다. 하지만 그렇다고 해서 그들이 조선총독부와 의견을 같이했었다고 한다면, 그 또한 과장되었다고 할 수 있을 것이다. 이러한 현상은 일본이 패전하기까지 마지막 10년 동안 더욱 현저히

---

7 고하선생전기편집위원회 편 『고하 송진우 평전』(동아일보사[한국], 1992) 290쪽.
8 본서 제1장 참조.

나타난다. 극단적 황국신민화 정책이 추진되었던 이 시기에 김성수, 송
진우, 장덕수 등은 일본의 총력전 수행에 동원되었으며, 그 결과, 그들
은 수많은 '친일적' 성명을 발표하게 된다.[9] 그러나 이는 그들과 조선총
독부의 관계가 원만했었음을 의미하는 것은 아니다. 그들과 조선총독부
사이의 긴장관계는 그들의 정치활동의 중심이었던 동아일보가 이미
1940년에 조선총독부로부터 폐간을 명령받았던 사실에서도 알 수 있다.
한편, 그들의 경제활동은 이 시기에도 순조롭게 진행되었다. '막대한 자
본을 가진 동아일보그룹'의 핵심인 경성방직은 일본의 만주 진출에 맞
추어 비조선인 자본과 공동으로 남만방적을 출범시켰으며, 남만방적은
1930년대에 들어 급속한 성장을 달성하기에 이르렀다. 그룹의 규모는
1940년에 차입액 규모만 4,200만 엔이 넘어 모든 조선인 자본을 능가하
는 크기로 성장하였다.[10]

　그러나 이런 그들에게도 1945년의 광복은 갑작스러운 것이었다. 태평
양전쟁이 종반에 가까워진 시기에도, 일본이 패전한 이후 중요한 한반
도의 장래는 불투명했으며, 한반도 내부의 모든 세력들도 '패전 후'를 대
비한 준비가 충분하지 못한 상황이었다.[11] 이에 더해 당시의 민족주의
세력은 좌우 대립과 함께, 좌우 양파派의 내부대립도 심각했다. 해외에
는 각자 '대한민국 임시정부'(이하 '임시정부')의 정통임을 자부하는 복

---

9 가령, 민족정경문화연구소 『친일파 군상(상)』 (삼성문화사[한국], 1948). 여기에는 김계수,
　장덕수, 김동원 등의 이름이 거론되고 있다. 또한, 동아일보그룹의 친일행위에 대해서는
　위기봉 『다시 쓰는 동아일보사』(녹진[한국], 1991) 92쪽 이하에 상세히 기술하고 있다.
10 이 시기의 남만방적에 대해서는 경방70년사편찬위원회 편 『경방70년』 (동 위원회 [한국],
　1989) 104쪽 이하.
11 해방 직전 및 직후의 정치 상황에 대해서는 森田芳夫 『朝鮮終戦の記録』 (巌南堂書店,
　1963), 또한 森田芳夫・長田かな子 편 「朝鮮終戦の記録 資料編」一(巌南堂書店, 1979)
　등 여러 곳.

수의 강력한 세력들이 존재했으며, 그들과 한반도 내 모든 세력과의 관계 또한 밀접하지 못했다. 이상의 상황들에도 불구하고, 1945년도 8월에 접어들자, 한반도에서도 전후 처리 대책을 진지하게 검토할 수밖에 없었다. 가장 처음에 움직인 것은 조선총독부였다. 카이로 선언과 포츠담 선언에 명시된 바와 같이, 일본의 패전은 바로 일본의 한반도 철수를 의미했다. 조선총독부의 최대 임무는 한반도에서 거주하고 있는, 70만 명을 훨씬 넘는 일본인들을 안전하게 본국으로 철수시키는 것이었다.[12] 그러나 경찰관의 80% 이상이 조선인이었던 당시의 조선총독부가 조선인들의 협력 없이 이 과제를 단독으로 수행하기는 힘들었다. 8월 9일의 패전과 동시에 이미 한반도의 북쪽에는 소련군이 침입하기 시작했으며, 조선총독부는 빨리 조선인 '협력자'를 찾아야만 했다.

이에 조선총독부가 자신들의 '협력자' 후보로서 세 명의 인물을 지목했다.[13] 그들은 바로 송진우, 여운형, 안재홍이었다. 흥미로운 사실은 이들 세 명이 각각 1940년대에 폐간을 명령받기 이전의 조선어朝鮮語 신문 3사의 사장을 역임했다[14]는 사실일 것이다. 일제치하 조선어신문은 민족운동을 수행하는 데에 가장 중요한 기관 중 하나였으며, 민족운동에 가담하는 거의 대부분의 사람이 이들 조선어신문 3사 가운데 어느 한 곳과는 모종의 관계를 가지고 있었다. 조선어신문은 당시의 조선 민족운동에서 중심적인 지위를 차지하고 있었으며, 필연적으로 민족운

---

12 총독부의 대응에 대해서는 森田『朝鮮終戰の記錄』 및 『同 資料編』 一.

13 森田『朝鮮終戰の記錄』 68쪽.

14 송진우·동아일보(1927~36년), 여운형·동아일보(1933~36년), 안재홍·동아일보(1931~32년). 대한언론인회 편『한국언론인물사화』 8.15전편(상)(대한언론인회 [한국, 1992], 342쪽 이하, 303쪽 이하, 394쪽 이하. 물론 그들이 여기에서 후보로 거론된 배경에는 그들의 다른 경력도 있을 터이나, 이 3명 모두 조선어신문의 사장직 경험자임은 우연이 아닐 것이다.

송진우(1940년대)
출전: 김상만 『동아일보
사사』1(동아일보사
[한국, 1975) 5쪽.

동에서 그 중심적인 지배자로서 신문 관계자들의 지위는 매우 큰 것이었다.

이러한 점을 생각해 본다면, 여기서 조선총독부가 지명한 인물들 가운데, 조선어신문 3사 중에서도 최대의 규모를 자랑한 동아일보의 전 사장이며, 그 후속기관이었던 동본사의 사장을 역임한 송진우의 이름이 있었다는 것은 우연이 아니었다. 주지하다시피, 송진우는 '동아일보그룹'에서 사실상의 오너였던 김성수의 바로 아래에 있었던 인물이었으며, 수많은 김성수의 측근들 가운데서도 동아일보를 통해 정치활동을 맡게 된 인물이었다. 송진우가 조선총독부로부터 처음 호출을 받았던 것은 8월 10일이었다.[15] 여기서 조선총독부는 본국의 정치적 정세를 알려주지 않은 채, 그에게 일방적으로 치안유지를 위한 '협력'을 요청하게 된다. 이후 조선총독부는 송진우와 총 네 차례의 협상을 가지게 되나, 송진우는 계속해서 그 요청을 거부했다. 이는 그가 다음과 같이 상황을 이해했기 때문이었다.

일본은 틀림없이 멸망한다. 그들은 정세가 악화되면, 우리 조선인들에게 자치를 부여할 것이며, 사태가 더욱 악화되면 독립을 허용할 것이라고 말할 것이다. 자치를 부여할 것이라고 할 때, 물론 그에 응하지 않을 것이나, 독립을 허용하겠다고 할 때에도, 우리들은 결코 여기에 응해서는 안 된다. 그 때가 우리들의 최대의 위기인 것이다. 멸망하고

---

15 송진우에 대한 총독부와의 절충에 대해서는 기본적으로 『고하 송진우 평전』에 따랐다. 동서 291쪽 이하에서는 이러한 점에 관한 선행연구의 상세한 검토가 이루어졌다.

있는 자들로부터 정권을 넘겨 받은들 무슨 의미가 있는가? 프랑스의 페탕 정권을 보라. 그들은 결국, 괴뢰정권에 지나지 않으며, 민족 반역자라는 오명을 쓰지 않았는가?[16]

그는 여기서 스스로를 프랑스의 페탕[17]에 비유하고 있다. 페탕은 1940년, 패전 후의 프랑스에서 나치스 독일과의 사이에서 '종전 처리'를 맡았으며, 그 후 독일과 협력관계에 있었던 비쉬 정권의 핵심을 담당한 인물이다. 1945년 8월, 그는 이미 전범으로서 한창 재판을 받고 있었다.[18] 송진우는 자신들이 '페탕'이 되는 것을 두려워하고 있었다. 광복 직전이라고는 하나, 일본으로부터 '정권 이양'을 받는 것은, 진정한 광복을 이룬 후 그들에게 반기를 드는 사람들이 그들을 '친일파'로 비난하는 데에 좋은 구실을 부여할 가능성이 있었다. 또한, 이는 결과적으로 광복 이후의 한반도에서 그들의 정치적 입장을 어렵게 할 것이라 판단되었다.

결국, 그를 움직이지 못한 채 궁지에 몰린 조선총독부는 15일 이른 아침, 송진우와 함께 협상을 하던 여운형에게 정식으로 '치안 유지'를 위한 '측면으로부터의 협력'을 요청했다.[19] 여운형은 이를 즉각 받아들였으며, 여기에 안재홍이 가담함으로써 이날 '조선건국준비위원회'(이하, '건국준비위원회')가 출범하게 되었다.[20] 훗날 '건국준비위원회'는 '조선인민공화국[21]'(이하, '인민공화국')으로 발전하게 된다.

---

16 『고하 송진우 평전』 286-287쪽.
17 비시 정권하의 페탕에 대해서는 우선 アンリ・ミンエル 저, 長谷川公昭 편 『ヴィシー政権』(白水社, 1979).
18 아이러니하게도 그에 대한 판결이 내려진 것은 한반도 해방의 날인 8월 15일. 판결은 사형이었다. 이 판결은 드골에 의해 즉시 종신형으로 각하되었다.
19 가령 森田 『朝鮮終戦の記録』 69쪽.
20 '건국준비위원회'에 대해서는 Bruce Cumings, *The Origins of the Korean War*(Princeton, NJ: Princeton University Press, 1981) 71쪽 이하.

원래 조선총독부의 송진우에 대한 공작은 이로써 끝난 것이 아니었다. 조선총독부는 15일까지도 그를 설득했으며, '당시 조선인 지사들 가운데 가장 실천력 있던' 김대우 경북지사를 경성으로 불러, 17일에 여운형, 송진우의 '합작'을 요청하도록 했다. 여운형은 이에 동의했으나, 송진우는 '개인적으로, 여운형 씨와 함께할 수 없음을 양해해 달라'며 이를 거절하는 대신에, 같은 '동아일보그룹'에서 장덕수, 백관수, 김준연, 이 3명을 '건국준비위원회'에 추천하게 된다.[22]

이러한 송진우에게 여운형은 '프랑스의 페탕과 필리핀의 라우렐의 모습을 보았다[23]'고 말한 것으로 전해진다. 하지만 그렇다면, 송진우와 여운형의 이러한 차이는 어디에서 생겨난 것일까? 양자의 차이는 일제치하에서 여운형이 총독부와 일정한 거리를 두고 활동하고 있었음에 반해, 송진우, 그리고 그가 속해있었던 '동아일보그룹'은 조선총독부와 밀접한 협상을 가지면서 활동을 계속하고 있었다는 점이었다. 바꿔 말하면, 원래 조선총독부와의 협상이 적었던 여운형에게는 일본으로부터 사실상의 정권 양도를 받더라도, 그가 '페탕'의 신세로 전락할 위험성은 적었다. 그러나 그 방향성과 의도는 차치하고, 일본 치하에서 일본과 밀접한 관계를 가지고 있었던 '동아일보그룹'의 활동에는, 적어도 그를 '친일파'로 '오해'할 여지가 많았으며, 그들에게는 이러한 위험을 주의 깊게 피해야 할 필요가 있었다. 페탕도 왕자오밍[24]도, 그리고 라우렐[25]도 스

---

21 한반도의 북쪽에 이윽고 성립되는 '조선민주주의인민공화국'과는 완전히 별개의 조직이다.
22 森田 『朝鮮終戦の記録』 71쪽.
23 『고하 송진우 평전』 286~287쪽.
24 왕자오밍에 대해서는 古厩忠夫 『"漢奸"の諸相』, 大江志乃夫 외 편 『地域と屈従 近代日本と植民地』六(岩波書店, 1993) 등을 참조할 것.
25 라우렐에 대해서는 中野聡 『フィリピン独立問題史』(龍渓書舎, 1997)의 여러 곳.

스로가 원해서 일본과 독일에 협력한 것은 아니었다. 그들은 적어도 주관적으로는 각자의 나라를 지키기 위해 굳이 일본, 독일과 타협한 것이었다. 그러나 결과적으로 그들은 친독파, 또는 친일파라는 신랄한 규탄을 받게 되었다.

'동아일보그룹'에 속한 사람들, 그중에서도 특히 송진우는 자신이 '폐탕'의 역할을 강요받는 것을 철저하게 피하고자 했다. 송진우가 '동아일보그룹'의 정치활동에서 '간판'이었음은 잘 알려진 사실이며, 이러한 그의 '건국준비위원회' 참가는 단순히 송진우 개인의 참여 그 이상의 의미를 가지고 있다고 간주될 가능성이 있었다.

송진우가 참여한다면, 일제치하의 '지위'를 볼 때 그가 여운형과 나란히 위원회의 모든 책임을 져야 할 존재로 추대받을 것임은 쉽게 예측할 수 있으며, 이는 만일 '일본으로부터의 정권 물려받기'가 실패할 경우, '동아일보그룹'이 그 실패의 책임을 떠안아야 함을 의미하는 것이었다.

이를 생각해 보면 송진우가 자신을 대신해 '아랫사람'인 장덕수를 굳이 '건국준비위원회'에 참가시킨 의미를 알 수 있다. 장덕수라면 '지위면에서 보더라도 그들이 위원회의 '얼굴'이 될 위험성은 없으며, 이로 인해 만일 '건국준비위원회'가 실패하더라도 '동아일보그룹' 자체가 피해를 볼 가능성은 훨씬 작아지는 것이다. 이 경우 실패의 '책임'은 여운형과 안재홍이 지게 될 것이다. 그러나 동시에, 앞날이 불투명한 이 시기에 '건국준비위원회'가 성공할 가능성이 확실히 없는 것은 아니었다. 장덕수 등의 참가는 아마 이를 위한 보험을 드는 행위였으나, 그래도 '건국준비위원회'가 진정으로 정권 물려받기에 성공한다면, 광복을 실현한 조선의 주도권은 여운형과 안재홍이 거머쥐게 될 것이다. 사실 일본이 패전한 날부터 '건국준비위원회' 그리고 '인민공화국'의 세력은 급속히 확대되어,[26] 결국 그들의 기우는 현실이 되었다. 그러면, '동아일보그룹' 이 이를 해결하기 위해 취한 수단은 어떠한 것이었을까? 다음에서는 이 점에 관해 구체적으로 살펴보도록 하겠다.

'동아일보그룹'의 정치활동 재개

송진우의 '협력' 요청 거부는 '동아일보그룹'이 해방 후의 정치적 활동을 단념한 것을 의미하지는 않는다. 그 해 9월 미군이 한반도에 진주하게 되면서 그 세력이 확실하게 조선총독부를 대신하는 때가 되자, 이제는 그들이 정치활동을 재개해도 곧바로 '일본으로부터 정권을 물려받았다'는 오명을 쓸 가능성은 크게 줄어들었다. 이에 그들은 정치적 활동을 재개하게 된다.

이 시대 그들의 활동을 이해하기 위해서는 먼저 이 시기에 그들의 주요 정적政敵이었던 '건국준비위원회'와 '인민공화국'의 동향을 이해할 필요가 있을 것이다. 말할 필요도 없이, 이 정치세력의 중심인물은 여운형이었으나, 당시 그의 정치적 자세에 관해 필자가 중시하고 싶은 것은 해외세력에 대한 그의 자세이다. 이는 어느 저자가 인용한 다음과 같은 그의 말에 여실히 드러나 있다.

> 왜 해외에 있는 사람들에게 정권을 내주어야만 하는가? 고하송진우의 호와 내가 손을 잡는다면, 이에 필적할 수 있는 세력은 없을 것이다. 해외로부터 돌아온 세력들도 우리들과 손을 잡을 수밖에 없을 것이며,

---

26 '건국준비위원회'나 '조선인민공화국'의 세력확대 과정에 대해서는 Bruce Cumings, *The Origins of the Korean War*, p.71 이하.

그 세력도 문제가 되지는 않을 것이다.[27]

앞서 나온 조선총독부와의 협상 경위를 보면 적대적인 태도를 취했던 '동아일보그룹'과는 달리, 여운형 자신은 대립적인 자세를 취하지 않았다. 여운형에게 있어 최대의 가상 정적政敵은 '동아일보그룹'이 아닌 '해외로부터 돌아오는 세력'이었다. 여운형이 '친일파'로서 배척당할 위험성이 있었던 조선총독부로부터의 정권 이양을 단행한 최대 동기 중 하나는 바로 여기에 있었다. 즉, 곧 귀국할 것으로 예상되는 해외망명 세력에 대해, 일본치하에서 운동을 전개한 '국내파'가 광복 후 정국의 주도권을 잡는다는 사실을 중시한 것이다. 이러한 의미에서, '온건 좌파'인 여운형이 이데올로기적으로 더 가까운 해외 세력과의 연계보다 '우파'인 송진우와의 연계를 모색한 점은 상징적이다. 사실 두 사람의 관계는 일본통치기부터 밀접하였으며, '동아일보그룹' 측도 여운형 개인에 대해서는 혐오감보다 강한 친근감을 가지고 있었다.[28]

이에 비해 송진우를 대표하는 '동아일보그룹'의 선택은 여운형과는 다른 것이었다. 그는 말한다. "이러한 시기에 정권을 양도받는다면, 페탕처럼 될 가능성이 크다." "정권은 국내에 있는 우리들이 아니라, 연합군이 오고, 일본군이 철수한 후, 해외에 있는 선배들과 손을 잡고 순서를 밟아" 만들어가야 한다.[29] 송진우는 국내 '좌파'와의 연계보다 해외 세력들과의 연계를 중시했다. 물론 그 배경에는 '동아일보그룹'이 보유하고

27 『고하 송진우 평전』 305쪽.
28 양자 사이에는 본디 밀접한 관계가 존재했다. 동아일보사 편 『설산 장덕수』(동아일보사 [한국], 1981) 118~141쪽, 인촌기념회 편 『인촌 김성수전』(동 기념회 [한국], 1976) 471~474쪽.
29 『고하 송진우 평전』 305쪽.

있는 거대한 '자본'의 존재가 있었을 것이다. 이 시기에 그들이 두려워한 것은 '친일파'로 처단되는 것뿐만이 아니었다. '좌파'의 정권 획득은 그들의 거대한 자본을 위험에 빠트릴 수 있으며, 사실 '건국준비위원회' 및 '인민공화국'은 점차 좌경화되어, 그들 '봉건적 잔재세력[30]'과의 투쟁을 표명하게 된다.

그러나 광복 직후에 그들이 전면에 나서는 것은 위험하였기에, 그들은 한동안 모든 정치적 권유를 물리치고[31] '기다림'을 선택하게 된다. 그들이 '기다린' 것은 두 개의 세력이었다. 그중 하나는 여운형 등이 경계한 '해외로부터 귀국하는' 세력, 그중에서도 특히 중경에서 활동을 계속하는 김구가 이끄는 '임시정부'의 세력이었다. 해방 후 한동안 사태를 지켜보고 있던 송진우가 처음으로 일으킨 정치적 행동은 9월 1일의 '대한민국 임시정부 환국환영회' 조직이었으나, 여기서 그들은 '건국준비위원회'가 아닌, '임시정부'를 자신들의 위에 받들 것임을 명확히 했다.[32] 이 조직은 4일, '대한민국 임시정부 및 연합군 환영 준비위원회'로 발전하게 되나, 이틀 후인 6일, '건국준비위원회'가 '전국인민대표자대회'를 개최한 '인민공화국'을 출범시키자 '동아일보그룹' 측의 움직임도 가속화되었으며, 7일에는 '국민대회준비위원회'가 출범하여 조직을 구체화하게 된다. 얼핏 보기에 전국민적 조직의 외형을 갖추었으며, 후에는 안재홍의 국민당[33]과 장안파 공산당[34]도 참가하게 되는 이 조직의 실태는, 그

---

30 송남헌 『한국현대정치사』 1(성문각 [한국], 1976년) 471~474쪽.
31 송진우는 조선민족당에 대한 참가 권유도 받았으나 이 또한 거절했다. 장덕수 또한 송진우, 김성수 등에게 조기 정치활동 재개의 필요성을 주장했다. 송남헌, 『한국현대정치사』 1(풀빛[한국], 1983) 169쪽 이하.
32 송남헌, 『한국현대정치사』 1, 85~86쪽, 심지연 편 『한국민주당연구』 1(풀빛 [한국], 1983) 169쪽 이하.
33 안재홍은 여운형 및 공산당계 세력과의 대립으로 9월 4일에 '건국준비위원회'와 결별하고,

본부가 동아일보사 강당에 위치하고 있으며, 송진우가 의장을 역임한 사실을 보아도 명백하다. 준비위원회가 내건 강령은 다음 네 가지였다. (1)연합국에 감사한다. (2)국민대회를 개최해 국내외 민족의 모든 세력을 총결집시킨다. (3)중경의 '임시정부'가 3·1운동의 법통을 계승하는 것임을 승인한다. (4)보수와 진보 두 세력을 중심으로 하는 정당을 만들어, 민주주의에 기반을 둔 정당정치를 실현한다.[35]

'동아일보그룹'이 '기다린' 것은 '임시정부'만이 아니었다. 위에 예로 든 강령에서도 알 수 있듯이, 그들이 기대한 또 하나의 세력은 '연합국', 더 구체적으로 말하면 미국이었다. 이러한 의미에서 그들이 활동을 개시한 시기가 미군이 서울에 진주한 시기[36]와 일치한다는 점은 큰 의미를 가진다고 할 수 있다. 그들의 정치적 활동은 국내의 세력을 향한 것이었으며, 동시에 '연합국'에 대한 자기현시自己顯示로서의 의미도 가지고 있었다. 연합국의 눈앞에서 자신들의 존재를 과시하고, 자신들이야 말로 연합국의 충실한 '협력자'임을 보여주었다. 이것이야말로 '국민대회준비위원회'의 또 다른 목적이었다.

'국민대회준비위원회'는 그 후, 이듬해인 1946년 1월 10일에 '국민대회'를 개최하기로 결정[37]하고, 준비작업을 계속했다. 이후 한국 정치는 급속하게 움직였으며, 개최 예정일까지 위원장이었던 송진우가 암살당하자 대회는 무산되고, '국민대회준비위원회'도 해체되기에 이르렀다.

9월 24일에는 국민당을 결성하기에 이른다. 송남헌 『한국현대정치사』 1, 73~74쪽.
34 동 당의 참여에 대해서는 송남헌 『한국민주당연구』 1, 86쪽 등.
35 『고하 송진우 평전』 315~316쪽.
36 미군의 한반도 남쪽 진주에 대해서는 森田 『朝鮮終戰の記録』 266쪽.
37 송남헌 『한국민주당연구』 1, 87쪽.

이 무렵 '국민대회준비위원회'는 이미 사명을 다했으며, '동아일보그룹' 정치활동의 중심은 새로운 조직으로 발판을 옮겨가고 있었다.

그렇다면 그들이 새로이 결성한 조직이란 무엇이며, 이는 어떻게 형성되었을까? 다음에 한국민주당이 형성되기까지의 과정에 관해 구체적으로 살펴보도록 하자.

3. 한국민주당의 성립

반 '인민공화국' 세력의 합류

해방 직후, 송진우, 그리고 '동아일보그룹'의 실질적인 주인이었던 김성수 등이 아직 본격적인 정치활동 재개를 주저하고 있을 무렵, '동아일보그룹'의 다른 구성원들은 이미 활발한 활동에 나서고 있었다. 송진우의 추천에 따른 장덕수 등의 '건국준비위원회' 참가에 관해서는 이미 앞서 나온 대로이나, 그들의 정치적 활동은 그처럼 수동적 범위에 머무른 것은 아니었다. 특히 장덕수는 해방 직후부터 활발하게 움직였으며, 그는 이미 일본이 패전한 다음날, 미국 유학 시절 친한 친구였던 허정과 접촉해 '민주정당'의 창당 방안을 논의하고 있었다. 이후, 광범위한 인맥을 가진 그는 당시 아직 정치적으로 활발하지 못했던 송진우, 김성수 등과 연락을 하면서 정치활동을 전개했으며, 안재홍, 윤보선 등 그룹 외의 세력에도 호소하는 형태로 자신이 원했던 '민주정당'을 출범시켰다. 당의 명칭은 한국민주당으로, 창당준비위원회는 8월 29일, 정식 출범은 9월 4일이었다.[38]

마찬가지로 '동아일보그룹'에서 장덕수보다는 송진우, 김성수 등 '동아일보그룹' 수뇌부와 약간의 거리를 두고 활발히 활동했던 인물이 백관수였다. 그는 여운형이 송진우와의 합작을 모색하고 있었던 시기에 '국내파 단결'이라는 관점에서 이를 지지하는 입장으로 돌아서서, 송진우, 장덕수 등과 정치적인 자세에서 명확한 차이를 보였다.[39] 백관수 등의 의도는 '건국준비위원회'의 또 다른 주요인물인 안재홍과 연합해, '건국준비위원회' 그 자체를 개조하는 데 있었던 것 같다. 그러나 백관수와 '건국준비위원회'의 협력은 좌경화를 추진하는 '건국준비위원회' 측의 거부로 좌절되었으며, 그들은 어쩔 수 없이 독자적으로 조선민족당을 출범시키게 되었다. 발기대회는 8월 28일이었다. 당에는 이미 '우익진영으로서는 해방 후 최초의 정당[40]'으로 출범한 고려민주당의 원세훈과 김병로 등, '동아일보그룹'과는 정치적인 입장이 다소 다른 사람들이 포함되어 있었다. 이들이 후에 출범하는 한국민주당 내부에서 비주류파를 형성하게 된다.

해방 직후에 만들어진 이 두 개의 정당에는 몇 가지 공통되는 성격이 있었다. 첫째, 이들 정당을 설립한 것은 모두 '국내파' 사람들이었다. 둘째, 이들 정당은 모두 '건국준비위원회'에 대해 강한 대항의식을 가지고 있었다. 셋째, 이들 정당에는 명확히 중심이 되는 인물이 존재하지 않았으며, 이를 대신하는 형태로 '임시정부'의 '절대지지'가 표명되었다.[41]

말할 필요도 없이, 이들 두 정당이 가졌던 성격은 이른바 '동아일보그

---

38 『설산 장덕수』 296쪽 이하 및 허정 『내일을 위한 증언』 (샘터사한국, 1979) 95쪽 이하.
39 『고하 송진우 평전』 299~300쪽. 또한, 송남헌 『한국민주당연구』 1, 124쪽.
40 송남헌 『한국민주당연구』 1, 123쪽.
41 양 당의 정책에 대해서는 송남헌 『한국민주당연구』 1, 123쪽 이하.

룹' 또한 가지고 있었다. 양당은 함께 단독으로 '건국준비위원회'에 대항 하기에는 약했으며, 이 때문에 그들에게는 더욱 강한 대동단결이 필요 했다. 9월 4일, 양당과 '국민대회준비위원회'는 이들 세 세력의 통합과 한국민주당의 창당을 결정하게 된다. 창당대회는 9월 7일, 이 부서의 필 두에는 명목적인 '영수領袖'로서 이승만, 김구, 이시영 등의 이름이 열거 되었으나, 실질적인 당수는 수석총무였던 송진우가 맡았다. 당 본부도 종로국민학교 등을 임시로 사용한 후, 결국 동아일보사 3층에 정착하게 되었다. 송진우 이외에도 백관수, 서상일(이상 총무), 나용균(사무국장), 장덕수(외무부장) 등, '동아일보그룹'에 속한 사람들이 당에서 대부분의 요직을 차지했다.[42]

　그렇다면 한국민주당에 모인 사람들은 어떤 사람들이었을까? 다음에 서 이 점에 관해 살펴보도록 하자.

주류파와 비주류파

　앞서 나온 바와 같이, 한국민주당은 '동아일보그룹' 정치 부분의 중심 인물인 송진우를 사실상의 당수로 세우고, 그 외의 요직에도 다수의 '동 아일보그룹' 관계자들이 취임하면서 만들어진 정당이었다. 그러나 물론 정당이 단순히 '동아일보그룹'만으로 구성되었다는 것은 아니다. 사실 출범 초기의 한국민주당 총무는 송진우, 원세훈, 백관수, 서상일, 김도 연, 허정, 조병옥, 백남훈 등 총 8명이었으며, 이 가운데 '동아일보그룹'

---

42 당초 한국민주당의 수뇌부에 대해서는 심지연 『한국현대정당론』, 『한국민주당연구』 2(창 　작과 비평사[한국], 1984) 207쪽 이하. 한국민주당에 관해 심지은이 쓴 2권의 책에는 한국 　민주당에 관한 1차 자료가 다수 수록되어 있으며, 매우 유익하다. 본 장 또한 이에 의거하 　였다.

과 직접적으로 관계가 있었던 것은 송진우, 백관수, 서상일, 이 세 명[43]
에 지나지 않았다. 한국민주당은 '동아일보그룹'을 핵심으로 하면서도,
그들 이외의 많은 세력들도 참가함으로써 만들어진 정당이었던 것이다.

그러면 이 정당에 참가한 인물들은 어떤 사람들이었을까? 이 점에 대
해서 한국민주당의 간부에 관한 기존의 연구를 단초로 말하면 다음과
같다. 이는 심지연 저著『한국현대정당론』에 수록된 '한국민주당관계자
인명록'을 참조하였다. 1947년 당시 한국민주당은 86만 5,706명의 당원
수를 자랑하고 있었는데, 심지연은 이들 가운데 당시 한국민주당의 정
책 결정에 큰 역할을 한 것으로 보이는 간부 989명의 이름과 그중 일부
에 대한 경력을 밝히고 있다.[44] 이러한 심지연의 분석에 따라 한 논자는,
이들 한국민주당의 간부를 서로 겹치는 '주류파'와 '비주류파' 두 그룹으
로 분류하고 있다.[45]

'주류파'의 최대 특징은 대부분이 유학 경험이 있다는 점이다. '한국민
주당관계자인명록'에 기재된 사람들 가운데 유학 경험자는 87명, 그 내
용을 보면 일본 60명, 미국 14명, 중국 6명, 유럽 각국(소련 포함) 6명으
로 되어있다.[46] 여기서 특히 눈에 띄는 것은 송진우, 김성수 등과 같은
시기, 즉 1910년대에 일본, 게다가 도쿄제국대학, 와세다, 메이지, 게이
오 등 도쿄권東京圈의 대학에서 유학한 경험이 있는 사람들이 다수를 차
지하고 있다는 점일 것이다.[47] 마찬가지로, 한국민주당에 참가한 미국

---

43 백관수는 1937~40년에 동아일보사장, 비슷한 무렵 서상일은 동아일보 대구지국장이었다.
44 심지연 편『한국현대정당론』99쪽.
45 박태균「해방 직후 한국민주당 구성원의 성격과 조직개편」,『국사관논총』58(1994), 94쪽
   이하.
46 박태균「해방 직후 한국민주당 구성원의 성격과 조직개편」94쪽.
47 박태균「해방 직후 한국민주당 구성원의 성격과 조직개편」95쪽.

유학파 역시 대부분 유학 시기와 유학 지역이 같은 사람들이었다. 그들 대부분은 1920년대에 미국에서 유학을 한 자들이며, 유학을 한 곳은 컬럼비아대학을 비롯한 뉴욕 근교의 대학에 집중되어 있었다.[48] 일본유학팀과 미국유학팀의 사이를 이어 준 것은 1910년대에 와세다대학, 1920년대에 컬럼비아대학에서 수학을 한 장덕수였다. 그는 조병옥과는 컬럼비아대 동창이었으며, 김도연, 허정 등과는 1926년 '삼일신문' 발행에 협력했던 사이였다.[49]

이러한 '주류파'는, 유학 이후의 활동이라는 관점에서, 서로 겹치는 두 하위 그룹으로 나눌 수가 있다.[50] 첫 번째 하위 그룹은 귀국 후, 보성전문학교와 동아일보 등 '동아일보그룹' 계열의 교육, 언론기관에서 질적 활약한 사람들이다. 이 가운데 대다수를 차지한 것이 동아일보 관계자들이었으며, 발기인 명부에는 실제로 50명 이상의 회사 간부, 기자, 직원, 지방 지부장 등의 이름이 올라있었다.[51] 두 번째 하위 그룹은, 흥사단계열의 '동우회'와 YMCA계의 '흥업구락부'라는 두 기독교계 단체를 주 활동무대로 삼았던 사람들이었다.

간략하게 말하자면, 일본 유학 경험자 대부분이 '동아일보그룹' 관계자였으며, 반대로 미국 유학 관계자 대부분이 기독교 관련 조직에서 활동한 경험을 가지고 있었다. 또한, 이들 두 기독교계 단체는 '동아일보그룹'과 다양한 관계를 맺고 있었다. 일제치하에서 흥사단의 중심이었던

---

48 박태균 「해방 직후 한국민주당 구성원의 성격과 조직개편」 96쪽.
49 박태균 「해방 직후 한국민주당 구성원의 성격과 조직개편」 99쪽. 또한, 『설산 장덕수』 240쪽, 허정 『내일을 위한 증언』 62쪽, 김도연 『나의 인생백서』(상산회고록출판동지회[한국], 1967) 110쪽.
50 박태균 「해방 직후 한국민주당 구성원의 성격과 조직개편」 97~99쪽.
51 심지연 편 『한국현대정당론』 100~102쪽.

이광수, 주요한 등은 동아일보 편수국장을 지낸 경험이 있으며, 주요한
은 해방 이후에도 이 두 조직에 강한 영향력을 미치고 있었다.[52] 또한,
흥업구락부에는 김준연과 최두연이라는 '동아일보그룹'의 중심인물 두
명이 참가하고 있었으며, 한편 YMCA계의 중심인물 중 한 명이었던 허
정은 앞서 말한 바와 같이 장덕수와 절친한 친구 사이였다. 이러한 경력
에서도 알 수 있듯이, 그들 중에는 많은 '자산가'와 관계자들이 다수 포
함되어 있었다. 이는 그들로 하여금 사회주의, 공산주의에 대해 강한 경
계심을 품게 했다. 또한, 그들 대부분은 일본치하 때 자신들의 실업, 종
교활동 과정에서 조선 총독부와 모종의 관계를 맺고 있었다.

'비주류파'를 구성하는 사람들은 이들과 달랐다.[53] 가장 큰 차이점은,
공통된 유학경험과 직업활동 속에서의 교류, 나아가 종교적 배경 등을
이유로 일본통치기에 이미 밀접한 관계를 가지고 있었던 '주류파'의 사
람들과는 달리, 원세훈, 김병로, 이인, 김약수, 이극로 등 '비주류파'를
구성하고 있던 사람들의 배경이 다양했으며, 이로 인해 그들이 일본통
치기에 어떠한 활동을 함께한 경험이 적었다는 점이다. 그러나 이것이
그들 사이에 공통되는 점이 없었다는 의미는 아니다. 그들 대부분은 과
거에 사회주의계 세력과 협력한 경험이 있었으며, 또한 '주류파'와 비교
해보면, 조선 총독부의 극심한 탄압 아래에서 자신들의 정치적, 경제적,
사회적 활동을 지키기 위해 조선 총독부에 일정한 타협을 하기보다도,
오히려 활동 자체를 단념하고 '침묵을 지키는' 선택을 한 사람들이었다.

---

52 흥사단계 세력에 대해서는 우선 흥사단 편 『흥사단 운동 70년사』(흥사단출판부[한국],
　1983)의 여러 곳.
53 박태균은 여기에서 추후 '좌우합작운동'에서 대립으로 탈당한 세력을 비주류파라고 하였는
　데, 이 분류가 어느 정도 유효한지에 대해서는 검토가 필요할 것이다. 박태균 「해방 직후
　한국민주당 구성원의 성격과 조직개편」 104쪽 이하.

이러한 그들이 한국민주당에 참여한 계기는 '주류파'가 중시한 반사회주의, 반공산주의라는 이데올로기적인 부분보다도, 오히려 같은 국내파인 '주류파'와의 교우관계에 있었다. 분명 그들은 좌우합작공작의 좌절로 인해 '인민공화국'에 대한 강한 불신감을 안고 있었으나, 이는 그들이 사회주의 이데올로기 그 자체에 대한 불신감을 갖고 있었음을 의미하는 것은 아니었다. 이는 후에 그들의 상당수가 한국민주당을 탈당하는 한 원인이 된다.

'주류파'가 학생 시절 이래, 서로 오랫동안 교우관계를 맺어왔던 것에 비해, '비주류파'는 이데올로기적 자세야말로 그들의 공통점이었으나, 공통된 배경도 밀접한 인간관계도 없었다. 바꿔 말하면, '주류파'의 사람들에게 있어 같은 '주류파' 사람들은 이데올로기적인 공통성은 말할 것도 없으며, 학생 시절부터 현재에 이르기까지의 경험을 공유한 '친한' 사람들이었다. 그 중심에는 '동아일보그룹'이라는 '핵'이 존재했으며, 직접, 간접을 불문하고 그들의 대부분은 이 그룹과 어떠한 관계를 가지고 있었다. 이에 비해, '비주류파'에는 그러한 '핵'은 존재하지 않았다. 분명, 원세훈, 김병로 등 '비주류파' 주요 인물들의 '민족주의자'로서의 업적에는 무시할 수 없는 것이 있었으나, 그들은 자신들의 정치활동을 지탱하는 고유의 경제, 사회적인 조직을 갖고 있지 않았으며, 상호 간에도 밀접한 유대관계가 없었다. '비주류파' 사람들에게 다른 '비주류파' 사람들과의 관계는 '주류파' 사람들과의 관계와 큰 차이가 없었다.[54]

다양한 사람들의 참여에도 불구하고 '주류파'가 주류파가 될 수 있었

---

[54] 한국민주당 결당 이전, 주류파 및 비주류파 구성원 간의 교류에 대해서는 본 장에서 사용한 다양한 전기, 회고록, 사사 등을 참조하길 바란다.

고, 또한 그 '주류파' 속에서도 '동아일보그룹'계의 사람들이 중심이 될 수 있었던 것은 이처럼 그들이 인맥과 경제적인 면에서 핵심적인 존재였기 때문이었다. 이러한 '동아일보그룹'의 조직, 경제력은 특히 한국민주당의 지방조직에서 현저하게 발휘되었다. '동아일보그룹'은 동아일보의 판매 네트워크를 그대로 한국민주당의 조직으로써 활용했으며, 수많은 동아일보 지국, 지사가 당 지구 지부의 역할을 대행했으며, 동아일보 지구장의 대부분이 그대로 지구의 총책임자로서 한국민주당에 참가했다.[55] 또한, 동아일보 그 자체를 말하자면, '한국민주당의 대변인' 역할을 담당함으로써 당의 정책과 존재를 사람들에게 알리는데 중요한 역할을 하고 있었다. 한국민주당에서 '동아일보그룹'의 압도적인 지위에 관해서는, 송진우 암살 후의 한국민주당 주석총무 선임에 관해 백남훈이 한 다음의 말에 상징적으로 나타나 있다.

> 주석총무라는 것이 당수 격임은 틀림없으며, 적어도 한 정당의 당수가 되려고 한다면, 어느 정도의 재정적인 능력이 있어야 하나, 나는 언제나 재산과는 인연이 없는 존재였다. [중략] 그렇다면 어떠한 사람이 주석총무에 선출되어야 하는가? 이 문제에 대해, 더 많은 시간을 들여 토의를 거듭한 결과, 김성수 씨가 이에 적합하다는 결론에 도달했다.[56]

'토의'에 참가한 간부는 장덕수, 윤보선, 김도연, 서정, 그리고 이 말을 한 당사자인 백남선이었다. 흥미로운 것은, 이 5명의 간부 가운데 '동아일보그룹'의 직접적인 당사자는 오직 장덕수뿐이었으므로, 그들에게는

---

55 심지연 편 『한국현대정당론』 102쪽.
56 백남훈 『나의 일생』 (해온 백남훈 선생 기념사업회[한국], 1968) 229쪽.

다른 선택을 할 여지도 충분히 있었다는 점일 것이다. 그럼에도 불구하고, 그들은 결국 그 자리에 참석조차 하지 않은 김성수를 후계자로 지명할 수밖에 없었다. 한국민주당에서의 '동아일보그룹'의 존재는 그 정도로 압도적이었으며, 그 누구도 '동아일보그룹'이 없는 한국민주당은 생각할 수 없었다.

그렇다면, 이렇게 해서 결성된 '정통보수야당'인 한국민주당은 그 후 어떠한 길을 선택해 나가게 될 것인가? 다음에 절을 바꾸어, 이 점에 관해 구체적으로 살펴보도록 하자.

4. 한국민주당의 선택

밀월관계에서 대립으로

앞서 말한 바와 같이, 한국민주당에 합류한 모든 세력이 당초 공통적으로 내건 정책 가운데 하나가, '인민공화국'의 배척과 '임시정부'의 절대적인 지지였다. 그럼, 그 후 한국민주당과 '임시정부'의 관계는 어떻게 발전해 나갔을까?

중도 '임시정부' 주석인 김구 등이 한반도로 돌아온 것은 1945년 11월 23일이었다. 한국민주당과 '임시정부' 요인들 사이의 공식적인 접촉은 같은 달 27일에 있었으며, 김성수, 송진우 등 한국민주당의 수뇌들과의 비공식적인 접촉은 이보다도 더 빨리 이루어졌다.[57] 그러나 양자의 관계

---

57 심지연 편 『한국현대정당론』 213쪽.

는 첫 접촉부터 이미 원활하지 못했다. '임시정부' 요원들과의 접촉을 마친 한국민주당의 한 간부는 다음과 같이 말했다고 한다.

> '임시정부'를 절대시해 왔으나, 실제로 만나보니 대단한 인물은 없는 듯하다.[58]

한국민주당의 간부들은 그 후에도 '임시정부'의 수뇌들과 빈번한 접촉을 계속했으며, 한국민주당의 입장과 한국의 정치적 정세를 '설명'했으나, 양자의 관계는 악화되기만 했다. 관계악화를 상징적으로 나타내는 것이 '환국지사후원회 정치자금'을 둘러싼 양자의 대립이었다. 한국민주당의 간부들은 '임시정부' 요원들의 귀국에 앞서, '환국지사후원회'를 결성해 이 안에서 '임시정부'의 '정치자금'을 모으고 있었다. 송진우는 27일 김구와의 단독 회담에서 이 자금을 김구에게 전달했으나, 김구는 이 자금을 받지 않았으며, 자금은 '임시정부' 재정부장인 조완구를 통해 한국민주당 측에 되돌려 주게 된다. '임시정부' 측의 설명은 아래와 같았다. "'환국지사회'에는 친일행적이 있는 실업가들이 다수 포함되어 있기 때문에, 이 돈은 '부정'한 돈이다." 다음 달, 이 문제를 둘러싸고 양측은 동아일보 사옥에서 논의하게 된다. 여기서 전개된 것은 양자의 격렬한 논쟁이었다. 회담은, 장덕수의 "'임시정부'의 요원은 편협하다"라는 한 마디를 둘러싸고 분규가 일어나, 송진우의 다음과 같은 한 마디로 인해 막을 내렸다.

> 앞으로 큰일을 하려고 하는 사람은, 작은 일에 대해 왈가왈부해서는

---

58 『설산 장덕수』 325쪽.

안 된다. 그보다 큰 문제가 산적해 있으며, 우리는 거기에 신경을 써야
한다. 백범김구의 호선생도 뭔가 오해를 하고 계신 듯하니, 여러분들께
서 돌아가서 잘 말씀 드려 주시길 바란다.[59]

얼핏 보면 양자의 대립은 불가피한 것처럼 보인다. 왜냐하면, 만일 이
'정치자금'에 친일행적이 있는 실업가들의 '부정한 돈'이 포함되어 있어,
이것만이 '임시정부'가 이 자금을 거부한 이유였다면, 한국민주당은 이
자금 제공을 철회하기만 하면 문제가 없었다. 그러나 이 배경에는 더욱
심각한 대립이 존재했다. '임시정부' 측의 본심은 12월 중순에 열린 회담
에서 드러나게 된다. '임시정부'의 내무부장인 신익희는 다음과 같이 말
했다.

　　　국내에 있었던 세력들은 크던 작던 모두 친일파다.[60]

'임시정부'가 한국민주당을 '내친' 가장 큰 이유는 바로, '임시정부' 측
이 주장한 '친일행적이 있는 실업가'라는 데에 있었다. 이 말이 시사하고
있는 것은 한국민주당에 참가하고 있는 많은 '국내파' 실업가들 그 자체
였으며, 당연히 이 연장 선상에는 한국민주당의 주류를 차지하고 있는
'동아일보그룹'에 속한 사람들이 있었다. '국내에 있었던 세력'이 모두 친
일파이며, 또한 '국내에 있었던' 실업가 모두의 '돈이 부정하다'고 한다
면, '국내파'로 구성된 한국민주당의 자금은 마땅히 부정한 돈이 되는 것
이다. 한국민주당, 특히 '동아일보그룹'의 김성수, 송진우, 장덕수 등이

---

59 『설산 장덕수』 326~328쪽에 실린 기사에 따름.
60 『설산 장덕수』 329쪽.

이 같은 '임시정부'의 주장을 받아들이지 못하는 것은 당연했다. 신익희의 발언에 대해 장덕수는, "해공신익희의 호, 그 말은 나야말로 숙청되어야 한다는 뜻인가"라는 말로 받아쳤으며, 이에 대해 신익희는 다음과 같이 대답했다고 한다. "설산장덕수의 호 자네뿐이겠는가." 회담이 이 이상 무의미하다는 것은 명확했으며, 이 회담은 송진우의 다음과 같은 말로 막을 내렸다고 한다.

정국의 동향을 알리는 벽보를 올려다 보는 사람들(1947년 6월 12일경)
출전: Horace Bristol, *Korea* (Tokyo: East-West, 1953) p.55

> 광복을 이룬 우리 국민이 '임시정부'를 환영한 것은, 3·1운동 이래의 '임시정부의' 법통이었다. 그럼에도 불구하고 모든 형제들은 자신들을 환영한 것이라 여기고 있는 것은 아닌가[61]

문제는, 양자 사이에 왜 이와 같은 대립이 생겨났느냐는 것이다. 여기서 먼저 지적할 수 있는 것은, 앞서 예로 든 송진우의 말에 상징적으로 나타나 있는 것처럼, '임시정부'에 대한 한국민주당의 자세 문제다. 한국민주당은 "임시정부' 절대지지'를 내걸었으나, 그들이 '절대지지'한 것은 김구나 신익희 같은 '임시정부'의 요인들이 아니었다. 그들에게 있어 중요한 것은 3·1운동 이래 맥맥히 이어져 온 '임시정부'의 법통이었으며, 그 정통성을 자신들이 이어받음으로써 결정적으로 자신들에게 없었던 광

---

61 『설산 장덕수』 331쪽.

복 후 한국을 지배하기 위한 정통성을 얻는 것이었다. 이러한 의미에서 재고해 보아야 할 것은, 그들이 '한국의 페탕'이 되는 것을 두려워하고 있었다는 점일 것이다. 일제치하에서 '일본과의 관계를 이용'해 민족운 동을 벌여왔던 그들에게는, 조선 총독부와의 관계로 인해 친일파로 지 탄받을 위험이 있었다. 이러한 그들에게 있어, "임시정부'를 받든다'는 것은 절대적인 의미를 지니고 있었다. '한국의 페탕'은, '한국의 드골'을 받듦으로써, 광복 후의 정치적 발판을 확보하고자 한 것이었다. 당연히, 이처럼 '우리가 '임시정부'의 귀국을 도왔으며, 지금은 그들을 먹여 살리 고 있는 것이다'라는 태도를 한국민주당이 내보인 것은, 결국 '임시정부' 측의 반발을 초래함으로써 양자를 심각한 대립상태로 몰고 갔다.

문제는 당시의 한국민주당, 특히 '동아일보그룹'을 둘러싼 상황이었 다. '인민공화국'의 배척에 주력하던 '동아일보그룹'에 속한 사람들이 실 제로 친일파로 신랄한 규탄을 받기에 이르렀다. 이 시기에 '동아일보그 룹'에 속한 사람들을 친일파라며 비난하는 극들이 몇 가지 출판되었으 며,[62] '임시정부'에게도 이러한 혐의를 쓴 세력과의 연합은 위험한 것이 었다.

이와 같은 당시의 한국민주당에 대한 '친일파' 비판이 얼마나 심했는 가에 관해 구체적인 예를 들어 살펴보자. 1946년, 한반도 남쪽에서는 미 군정부로부터 정권을 물려받기까지의 과도적인 조치로 '조선과도의회' 가 설치되었으며, 12월에는 선거가 실시되었다. 한국민주당도 이 선거 에 참가해, 서울시 선거구에서는 송진우 사망 후 한국민주당의 중심인 물이었던 김성수와 장덕수, 그리고 당 간부인 김도연이 입후보했다. 그

---

62 가령 저자, 출판사 등 미상 『한국민주당의 생성과 그 분열』[한국].

들 세 명은 당의 조직력을 활용해 한번은 당선되었으나,[63] 당치 않게도, 이들 선거구에서 실시된 선거는 '임시정부' 출신의 '좌우합작위원회' 위원장인 김규식의 주장으로 인해 무효로 돌아갔으며, 재선거가 실시되게 되었다. 김규식이 재선거를 요구한 공식적인 이유는 '선거에서 비합법적인 요인의 발생[64]'이었으나, 여기서 우리는 이 선거에서 '당선자 가운데 친일분자가 있다'는 것에 대한 강한 비판이 있었다는 것을 놓칠 수 없다. 여기에는 한국민주당을 둘러싼 냉담한 여론과 김규식 자신의 의혹도 있었다.

이 선거에서는 소위 '친일전력자'들의 피선거권은 인정되지 않았다. 그러나 실제로 미군정부가 이를 비판하는 기준으로 삼고 있었던 것은 '일제치하에서 도회의원 또는 국장급 이상의 지위에 있었던 사람'이었으며,[65] 당연히 여기에 김성수와 장덕수가 해당할 리가 없었다. 분명 그들이 일제치하기에 어느 정도 친일행위를 한 것은 사실이었다. 그러나 이것이 곧 그들이 실제로 조선 총독부에서 고위 지위를 차지하고 있었다는 것을 의미하지는 않으며, 형식적인 면에서만 말한다면, 그들의 '과도의회의원'으로서의 자격이 부정되는 것은 있을 수 없는 일이었다.

상황을 복잡하게 한 것은 미군정부의 기술적인 실수였다. 앞서 나온 '도회의원 또는 국장급 이상의 지위'에 해당하는 일제치하의 직위 중 하나로, 조선총독부 자문기관이었던 중추원의 '참의'가 있었다. 그리고 그들은 모두 미군정이 시작된 후에 그 직위에서 해임되었으나, 그들의 해

63 대동신문[한국] 1946년 10월 31일.
64 동아일보[한국] 1946년 11월 9일. 본디 이 설명에 대하여 한국민주당 측은 납득하지 못하였다. 『설산 장덕수』 360~362쪽.
65 대동신문[한국] 1946년 10월 3일.

임을 명한 '이동사령移動辭令'에 '김성수'라는 이름이 있었던 것이다. 이에
주목한 일부 신문은 김성수가 당선된 직후, 그가 의원자격 결격자임을
시사하는 기사를 게재했다.[66] 실제로 이는 '김승수'라는 전혀 다른 사람
의 이름을 로마자로 표기한 Kin Sung-Su를 미군정부가 한자로 고칠 때
일어난 단순한 실수였다.[67] 그러나 이 때문에 한국민주당에 대한 '친일
파' 의혹은 급속하게 확대되어, 재선거에 입후보한 김성수와 장덕수는
어이없게도 낙선의 고배를 마셔야 했다.[68] 중요한 것은, 당시 한반도 남
쪽에서는 이런 사소한 사건으로 인해 김성수와 장덕수의 전력을 의심하
는 '분위기'가 있었다는 점일 것이다. '그들이라면 혹시 그럴지도 모른다'
고 여기게 하는 '분위기'야말로, '임시정부'로 하여금 한국민주당을 '내치
기'에 이르게 한 최대의 요인이었다.

　한국민주당을 둘러싼 상황은 험난했으며, 이는 그들과 '임시정부'와의
연합을 저해하게 되었다. 그러나 진정한 의미에서 그들과 '임시정부' 간
의 대립에 결정적인 역할을 한 것은, 소위 '신탁통치 반대운동' 즉, 한반
도의 UN 신탁통치안에 대한 반대운동이었다. 그러면 이 '신탁통치 반대
운동'이란 무엇이었나. 다음에 이 점에 관해 살펴보도록 하자.

신탁통치 반대운동

　'신탁통치 반대운동'을 둘러싼 한국민주당과 '임시정부' 간의 대립에
관해 말하기 전에, 이 문제에 관해 간단하게 정리해 두기로 하자.

---

66 대동신문[한국] 1946년 10월 31일.
67 동아일보[한국] 1946년 11월 2일. '김승수'의 약력에 대해서는 조선총독부관보 3021호를 참
　조할 것.
68 심지연 편 『한국현대정당론』 84쪽.

연합군에 의한 한반도의 신탁통치 실시계획이 일반적으로 알려지게 된 것은 1945년 10월 20일, 미 국무부 극동국장인 빈센트가 미 외교정책 협의회에서 미국 극동정책의 전체 구상을 밝혔을 때였다. 미국은 이 구상을 예전부터 가지고 있었으며, 카이로 선언에 앞선 1943년 3월, 미국의 루스벨트 대통령과 영국의 이든 수상과의 회담에서 이미 루스벨트 측이 제안한 것이었다. 이 방침은 루스벨트 대통령이 서거한 후에도 계승되어, 트루먼 정권은 정권을 계승한 지 한 달 후인 1945년 5월, 스탈린과의 사이에서 이 구상을 확인하고, 6월에는 또 다른 당사국인 중국과의 협상을 개시해, 9월에는 SWNCC 극동소위원회에서 이에 대한 구체적인 방안에 관해 검토가 이루어졌다. 그 후, 미국은 정식으로 이 구체안을 소련 측에 알리고, 12월에는 미국의 방안을 수정한 소련의 방안이 제5차 모스크바 3상회의에 제출되었다. 미국은 소련의 방안을 수정 없이 받아들였으며, 미영소 3국은 최고 5년간의 신탁통치실시를 내용으로 하는 조선문제 처리안을 결정했다.[69]

한반도 남쪽의 모든 정치세력은 일제히 이에 반발했으며, 한반도 남쪽의 정치 정세는 혼란 상태에 빠져들게 된다. 그리고 이러한 혼란 상황에서 발발한 사건이 한국민주당 주석총무인 송진우의 암살사건이었다. 암살사건의 배경에 어떠한 조직이 있었는지는 분명치 않다. 그러나 당국에 체포된 범인들이 범행을 저지른 동기로 내세운 것은, 송진우가 "솔선하여 굴욕적인 신탁통치에 찬성했으며, 신탁통치를 반대하는 당연한 민족적 요구에 대해 탄압까지 했다"[70]는 것이었다.

---

69 윤경철 「분단 후의 한국 정치」 50쪽 이하.
70 『고하 송진우 평전』 357쪽.

한국민주당과 송진우 측에 선 사람들은 이와 같은 암살범의 주장을 지금도 '오해'라며 무시하고 있다.[71] 사실 송진우가 암살되기 이틀 전인 29일, 송진우는 '국민대회준비위원회위원장'이라는 명의로 '마지막까지 투쟁하자[72]'라는 담화를 동아일보에 발표했으며, 분명 이러한 송진우의 일련의 발언만을 본다면, 송진우가 '신탁통치에 찬성'하고 있다는 것은 '오해'처럼 보이기도 한다. 그러나 본 장에서 중요한 것은, 이러한 일련의 송진우 및 한국민주당의 공식적인 정치적 성명에도 불구하고, 한국민주당에는 '신탁통치에 찬성'하고 있는 것으로 보여도 어쩔 수 없는 점 역시 존재하고 있었다는 점이다. 그러면 이는 도대체 무엇이었을까.

여기서 단서가 되는 것은 앞서 나온 암살자들이, 송진우는 '탄압까지 했다'고 말한 것이다. 당연히 1945년 12월이라는 시기는 대한민국 정부가 수립되기 훨씬 이전인 미군정기가 한창일 때였으며, 이와 같은 상황에서 송진우와 한국민주당이 신탁통치 반대운동의 '탄압'에 나서는 것은 얼핏 보기에 말도 안 되는 것처럼 여겨지기도 한다. 그러나 여기서 간과해서는 안 될 점은, 사전 준비와 인적 자원의 부족함으로 인해 한반도 통치에 고심하고 있었던 미군정부가, 자신들의 통치력 보완을 위해 행정기구 상층부에 다수의 한국인을 등용하고 있었다는 점이다.[73] 그리고 1945년 12월이라는 시기에 치안유지를 담당하는 경무국장에 취임한 것은 다름 아닌 한국민주당의 조병옥이었다.[74] 미군정부의 총책임자였던

---

71 동아일보그룹 관계자의 전기나 반드시 그와 같은 입장에 있는 것은 아니나 박태균 또한 같은 견해를 갖고 있다.
72 동아일보[한국] 12월 29일.
73 미군정부의 기구 등에 대해서는 김운태『미 군정의 한국통치』(박영사 [한국], 1992).
74 아래의 조병옥 경무국장 취임 경위에 대해서는 조병옥『나의 회고록』(민교사 [한국], 1959) 149쪽 이하에 따랐다.

하지 중장은 10월 17일, 자신의 고문인 윌리엄스 대령을 동아일보 사옥으로 파견해 송진우와의 회담을 요청했다. 이날 밤 이루어진 양자 회담에서 토의된 것은 경무국장의 '추천'에 관한 것이었다. 송진우의 자택에서 이루어진 회담에는 윌리엄스와 송진우 외에 원세훈, 조병옥이 참석했다. 다음 날, 송진우는 한국민주당에서 조병옥을 경무국장에 추천했으며, 조병옥은 21일에 경무국장 자리에 취임하게 된다. 이상의 경위에서도 알 수 있듯

조병옥(1959년경)
출전 조병옥 『民主主義와 나』(영신문화사[한국], 1959) 책 첫머리에 게재된 사진

이, 조병옥의 경무국장 취임은 그의 개인적인 자질에 의한 것이라기보다는 한국민주당의 추천에 의한 것이었으며, 사실 그는 경무국장에 취임한 후에도 미군정부로부터 한국민주당을 탈당할 것을 권고받았으나 이를 거부하고[75], '한국민주당 대표'로서의 입장을 계속 유지해 나갔다. 조병옥은 미군정 기간 중 3년 동안 이 자리에 있었으며, 한반도 남쪽의 치안유지의 책임자가 되었다. 한국민주당은 경찰 권력을 장악한 것이다.

경무국장으로서 조병옥의 '활약'은 눈부신 것이었다. 조병옥은 당시의 혼란상황을 수습해야 했으며, 2만 5,000명의 '국립경찰'을 정비해, '병력'을 미군을 모방한 '사단제'로 편성했다.[76] 경찰조직을 파악한 그가 지향한 것은 다음 두 가지였다. 첫째는 말할 필요도 없이, '인민위원회와 인민공화국과 같은 집단, 단체를 불법화하는 것[77]'이었다. 간과해서는 안

75 조병옥 『나의 회고록』 151쪽.
76 조병옥 『나의 회고록』 152쪽.
77 조병옥 『나의 회고록』 154쪽.

될 점은, 최초로 이 문제를 경찰 차원에서 적극적으로 나서야 한다며 거론한 것이 미군정부 측이 아닌 조병옥 측이었다는 점이다. 미군정부에 대한 그의 진언으로 인해 12월 12일, 하지는 "한민족의 자유독립 달성을 방해하는 것[78]"이라며 '인민공화국'의 해체를 명령하게 된다. 조병옥의 좌파 탄압은 이에 멈추지 않고, 지방의 인민위원회에 대해서도, 정치적인 자유를 이유로 망설이고 있던 미군정부를 설득해 그들을 해체시켰다. 그는 "스스로 지방을 순찰하며, 직접 인민위원회의 간판을 떼기"까지 했다.[79] 동시에 그는 좌익 세력을 탄압하기 위해 우익청년단의 육성에 힘썼으며, 이를 '국립경찰'의 보조적인 조직으로 활용했다. 여기에 한국민주당의 정치적인 입장이 명백히 나타나 있다.[80]

조병옥이 탄압에 힘쓴 또 다른 그룹은 '모 군사단체[81]'였다. 현재 남아있는 그의 회고록에 이 '모 군사단체'가 구체적으로 무엇을 가리키는지는 명확히 나와 있지 않으나, 여기에 '임시정부'계의 모든 세력이 포함되어 있었을 가능성은 높은 것으로 보인다. 당시의 '임시정부'는 자신들의 정통성을 강하게 주장하며, 미군정부에 시정권의 즉각 이양을 요구했으며, 이를 거부하는 미군정부와 심각한 대립을 겪고 있었다. 조병옥은 '임시정부'와 미군정부와의 대립을 교묘하게 이용해 한국민주당의 이익을 좇게 된다.

이와 같은 상황에서 신탁통치반대운동이 발생한 것은 한국민주당, '임시정부' 쌍방에 있어 절호의 기회였다. '임시정부'는 신탁통치 반대운

---

78 조병옥 『나의 회고록』 154쪽.
79 조병옥 『나의 회고록』 155쪽.
80 조병옥 『나의 회고록』 156~157쪽.
81 조병옥 『나의 회고록』 158쪽.

동을, 자신들의 정통성을 부정하는 미군정부에 대한 영향력을 과시하기
위한 절호의 기회로 여겼으며, 다시 시정권의 즉각 이양을 강하게 주장
하기에 이른다. '임시정부'의 요인들은 곧바로 '전국반탁국민투쟁위원회'
를 조직해 '외국군정의 철폐'를 주장했다.[82] 이와 같은 상황에서, 여태까
지의 신탁통치반대에서 소련의 의사에 따라 신탁통치 찬성으로 돌연 전
환한 좌파 세력의 행동도 더해져, 한반도는 큰 혼란에 빠졌으며, 미군정
부는 이를 해결하기 위해 고심했다. 그러나 이와 같은 혼란상황은 한국
민주당에 있어서도 역시 큰 기회였다. 당시 상황에 대해 조병옥은 다음
과 같이 말하고 있다.

> 그러나 '임시정부'의 신탁통치 반대운동은 공안 질서를 문란하게 하
> 고, 미군정부로부터의 정권 이양을 실현해, 미군을 군정부로부터 몰아
> 내고자 꾀한 것이었다. 즉 '임시정부'의 내무부 제1호 포고에서, 그들은
> 군정경무부의 이양을 규정하고 있으며, 또한 '임시정부'의 내무부 제2
> 호 포고에서는 서울의 경찰청 이양을 요구했다. 나는 이에 동요하여
> 부화뇌동한 10명의 경찰서장을 파면했다. 이유는, 상사인 나의 지시사
> 항에 따르지 않았기 때문이다.[83]

이와 같은 결정을 한 배경에는 무엇이 있었을까. 조병옥은 계속해서
다음과 같이 말했다.

> 경무부장의 지위에 있었던 나로서는, 또한 한국민주당의 입장에서
> 보더라도, 한민족 전체의 절대적인 반대의사를 합법적이고 자유롭게

---

82 송남헌 『한국민주당연구』 1, 281~292쪽.
83 조병옥 『나의 회고록』 168쪽.

범민족적으로 표명하는 것 그 자체에는 쌍수를 들고 찬성할 수 있다. 그러나 만일 이 운동이 공안 질서를 파괴하고 미군정부로부터 권력을 **빼앗으려는** 것이라면, 이는 오히려 한국의 자주독립을 지연시키고 독립의 장애물이 될 것이라고 생각할 수밖에 없다. 중요한 것은, 제한된 신탁통치 반대운동을 하는 것이다. 나는 위와 같이 말하고, 이와 함께 미군정부와의 협조 필요성을 역설했다. 내가 설득한 결과, '임시정부'는 미군정부에 협력하기로 결정했다.[84]

중요한 것은 조병옥이 미군정부가 지시한 것 이상으로 '한국민주당의 입장에서' 행동하고 있었다는 점이다. 한국민주당에는 송진우에 의해 당의 '겉으로 드러난 얼굴' 이외에, 이와 같은 미군정부와의 밀접한 관계를 이용해 자신들의 우위를 확립하고자 하는 '또 다른 얼굴'이 존재했다. 한국민주당은, 송진우로 대표되는 '겉으로 드러난 얼굴'로는 신탁통치에 대한 반대 입장을 분명히 하는 한편, 동시에 과격한 신탁통치 반대운동에 대해서는 미군정부와 협력해 이를 탄압하는 측에 섰다. 여기서 흥미로운 점은, 송진우의 일련의 정치적 발언에도 불구하고, 조병옥이 송진우의 정치적인 입장에 대해 다음과 같이 말하고 있다는 것이다.

즉 고하 송진우 선생은 '임시정부'를 중심으로 전개되는 과격한 신탁통치 반대운동에 반대하고 있다. 다시 말하면, 군정으로부터의 시정권 이양을 요구하는 신탁통치 반대운동이란 위험천만한 것이라며 이를 반대하고, 제한된 신탁통치 반대운동을 주장했다. 송진우는 이로 인해 암살당했다.[85]

---

84 조병옥 『나의 회고록』 168~169쪽.
85 조병옥 『나의 회고록』 190쪽.

송진우 암살의 배경은 지금도 밝혀지지 않았다. 그러나 직접적인 관여의 유무에 관계없이, 그의 암살 배경에는 위와 같은 신탁통치 반대운동을 둘러싼 한국민주당과 '임시정부'와의 대립이 존재했다는 것은 명확하다.[86]

그럼, 한국민주당은 왜 이러한 입장에 서게 된 것일까. 또한, 이는 그 후 그들의 정치적 진로에 어떠한 영향을 미치게 되었을까. 다음에 이 점에 관해 고찰해 보도록 하자.

'미군정부 여당'

한국민주당은 경무국장으로 조병옥을 보냄으로써 한반도에 있는 다른 정치 세력과는 명확히 구별되는 정치적 자원을 확보했다. 그렇다면, 그들의 미군정부와의 특수한 관계는 어떻게 얻어진 것일까.

1945년, 한국에 진주한 미군이 당초 통치의 기본 방침으로 삼은 것은, 조선 총독부의 기구를 그대로 이어받는 '현상유지정책'이었다.[87] 미군정부는 일단 조선총독부에 종사하는 일본인 관리를 남게 해 그대로 통치하도록 하는 방침까지 표명했으나, 역시 이 방침은 한국인들의 맹렬한 반발을 사게 되어, 미군정부는 이를 철회할 수밖에 없었다.[88] 결국, 한반도 내의 질서를 회복하고 정상적으로 복귀시키기 위해서는 행정기관의 조속한 편집이 필요했으며, 이에 미군정부는 추방한 일본인 관리의 빈 자리를 메우기 위해 한국인 유력자들의 등용을 적극적으로 추진했다.[89]

---

86 이 점에 대하여 한국민주당은 '임시정부'에 가까운 자의 소행으로 판단하였다. 『고하 송진우 평전』 357쪽.
87 심지연 편 『한국현대정당론』 50쪽.
88 김운태 『미 군정의 한국통치』 188쪽.
89 상동

여기에 적용된 미군정부의 기본 방침 중 하나가 '일본인보다도 미국인을 잘 이해하는 한국인의 등용[90]'이었다. 이러한 가운데 가장 주목받은 것이 일제치하에 미국에서 유학한 적이 있는 자들이었다. 그리고 앞서 말한 바와 같이, 이러한 대부분의 미국 유학 경험자들은 한국민주당에 참가하고 있었다. 미군정부는 갑자기 한국민주당의 존재를 중시하게 되었다. 한국민주당의 미군정부에 대한 요청도 활발했다. 이미 9월 초 '국민대회준비위원회'에 의한 연합국 '환영'을 결정한 그들은, 같은 달 22일, 중앙집행위원회에서 '명망과 식견이 있는 인사들로 구성된 중앙위원회를 조직해, 행정과 인사에 대해 자문할 수 있도록 할 것[91]'을 결의하고, 아직 체제도 정비되지 않은 미군정부에 그 취지를 제안했다. 미군정부는 이러한 한국민주당의 제안을 수용해 10월 5일에는 '행정고문'을 임명하게 되나, 11명의 고문 가운데 9명을 한국민주당계의 사람들이 차지하게 된다.[92] 위원장에는 관계자 내부의 선거를 통해 김성수가 선출된다.

고문회의의 대다수를 한국민주당계의 세력이 차지했다는 사실의 중요성은 곧바로 밝혀지게 되었다. 앞서 말한 바와 같이, 미군정부가 행정 고위 관직에 한국인을 등용하는 데 있어 고문회의의 자문은 큰 의미를 가진 것이었다.[93] 12월에는 한국인과 미국인으로 구성된 양국장 제도가 정비되어, 이후 다수의 한국민주당원이 행정 각 부서의 부장과 차장에

90 Richard E. Lauterbach 『한국미군정사』, 국제신문사 역(국제신문사 출판부[한국], 1947) p.45.
91 심지연 편 『한국민주당연구』 1, 138쪽.
92 김운태 『미 군정의 한국통치』 189쪽. 여운형은 이러한 인선을 의도적이었다고 하여 회의에 참여하지 않았다.
93 심지연 편 『한국현대정당론』 56쪽. 본디 김운태는 이 고문회의는 '일제시대의 중추원 같은 한국국민에게는 거의 유명무실한 어용기관'이라고 하여 중시하지 않았다. 김운태 『미 군정의 한국통치』 190쪽.

임명된다. 1947년에는 미군정부 행정부의 부처에 해당하는 13개의 '부部'와 5개의 '소所' 가운데 7개의 '부, 소'의 장이 한국민주당 관계자들이었으며, 이에 더해 그들은 대법원장과 검찰청장의 자리도 확보했다. 그들의 진출은 중앙부처에만 머무르지 않고, 지방의 행정기관과 각종 행정위원회에서도 다수가 고위직을 차지하기에 이르렀다.[94]

이상에서도 알 수 있듯이, 한국민주당은 조병옥뿐만이 아니라 미군정부에 당원 다수를 보냄으로써 행정기관 안에서 절대적인 지위를 차지하게 되었다. 그들은 말하자면 미군정부의 '여당'적인 존재였으며, 미군정부 측도 한국미주당의 영향력과 조직력에 크게 의존하고 있었다. 한국민주당이 미군정과의 관계를 얼마나 중요하게 생각했는지에 관해서는 여러 일화에서 알 수 있다.[95]

그럼, 한국민주당은 미군정부에 대한 협력을 통해 도대체 무엇을 실현하고자 한 것일까. 이 점에 관해 조병옥은 다음과 같이 회고하고 있다.

> 그러나 당시의 국제정세를 생각해 본다면, 한국은 군정이라는 이름의 정치적인 훈련 기간 없이는 치안을 유지하기 힘들며, 또한 그 없이는 한반도 전체의 공산주의화를 피할 수 없다. 한국민주당의 수뇌부는 이러한 결론에 달했으며, 와신상담 끝에 군정에 협력하기로 결정했다.[96]

그들에게 있어 '치안유지'가 무엇을 의미했는지는 앞서 본 바와 같다.

---

94 김운태 『미 군정의 한국통치』 192~193쪽.
95 가령, 심지연 편 『한국현대정당론』 226쪽.
96 조병옥 『나의 회고록』 190쪽.

좌파 세력과 '임시정부', 이 두 정적을 배제하고 자신들의 우위를 확보하고 광복 후 정국의 주도권을 장악해 자신들이 원하는 정책을 실행하는 것, 이것이야말로 그들이 미군정부와의 협력을 단행하게 된 동기였다. 그들은 이렇게 좌우 양파派로부터 '친일파'라는 신랄한 비판을 물리치고, 착실하게 광복 후를 위한 준비를 계속해 나갔다.

그렇다면, 그들은 결국 어디에 도달한 것일까. 마지막으로 이 점에 관해 살펴 본 후, 본 장을 끝내도록 하겠다.

5. 이승만과의 연합

한국민주당과 '임시정부' 간의 대립은 그 후에도 계속되었다. 제3라운드는 '4당 합동문제'를 둘러싼 갈등이었다. 1945년 말에 본격화된 '임시정부' 주도의 신탁통치 반대운동은 1946년 5월에 예정되어 있던 제1차 미소공동위원회[97]를 앞두고 다시 거세졌으며, 그들은 신탁통지 찬성을 내건 좌파 세력에 대항하고, 또한 미소 양대국에 자신들의 입장을 피력하기 위해 신탁통치 반대세력의 '통합'을 모색하게 된다. 중심이 된 것은 한국독립당('임시정부'계)이었으며, 국민당[98](안재홍계), 신한민족당과 함께 한국민주당도 같은 '신탁통치 반대세력'으로서 이 협의에 참가했다. 그러나 한국민주당은 결국 합당에 참가하지 않았으며, 남은 세 당은 국민, 신한민족 양당이 한국독립당에 흡수되는 형태로 합당이 이루어졌

---

97 제1차 미소공동위원회와 그 결렬에 대해서는 송남헌 『한국민주당연구』 1, 266쪽 이하.
98 먼저 장덕수 등에 의해 결성된 한국국민당과는 별개의 정당이다.

다. 이제는 한국민주당과 '임시정부' 간의 균열은 회복 불가능한 수준에까지 이르렀다.[99]

'임시정부'와의 대립은 결과적으로 한국민주당의 정치적 고립 상황을 초래했다. 그리고 이러한 한국민주당의 고립 상황은 같은 해 7월부터 10월에 걸쳐 열린 '좌우합작운동' 속에서 더욱 선명해졌다. 제1차 미소공동위원회가 결렬된 후, 미군정부는 한반도 남쪽의 안정을 확보하기 위해 각종 정치 세력의 통합을 원했으며, 중도파인 김규식을 중심으로 '좌우합작'을 각 정치 세력에 강하게 권유하기에 이른다.[100] 한반도 남쪽의 주요 정치 세력 가운데 하나인 한국민주당도 이에 참여했으나, 한국민주당은 이 운동에서도 최종단계에서 '당내 불일치'로 인해 참가를 거부하게 된다. 이유는, '좌우합작위원회'가 10월 7일에 발표한 '좌우합작7원칙' 때문이었다. '7원칙'의 제3항의 내용은 다음과 같다.

토지개혁에 있어서는, 몰수, 유조건 몰수, 체감매상 등의 수단을 이용해 토지를 농민들에게 무상으로 나누어주고, 시가지의 기지, 큰 건축물을 적정하게 처리해 중요산업을 국유화하고, 사회노동법령 및 정치적 자유를 기본으로 하는 지방자치제도의 확립을 신속하게 실시해, 통화 및 민생문제 등을 가능한 한 빨리 해결함으로써 민주주의 건국의 과업 완수에 매진한다.[101]

---

99 4당 합동 문제에 대해서는 우선 송남헌 『한국민주당연구』 1, 166쪽 이하. 또한, 이 문제를 둘러싼 한국민주당의 일련의 성명에 대해서는 심지연 편 『한국민주당연구』 1, 187쪽 및 대동신문 1946년 4월 11일, 19일 등.
100 '좌우합작운동'에 대해서는 송남헌 『한국민주당연구』 1, 293쪽 이하 등. 이 운동에는 미군정부로부터의 강한 지지가 있었다. 또한, 이를 둘러싼 한국민주당의 일련의 성명에 대해서는 심지연 편 『한국민주당연구』 1, 191쪽 이하, 및 대동신문 1946년 10월 8일, 10일 등. 또한, 박태균 「해방 직후 한국민주당 구성원의 성격과 조직개편」 112쪽 이하. 그러나 결국 이 운동은 이승만 및 한국민주당의 반대, 주요인물 중 일인이었던 여운형의 암살 등으로 인해 공중분해되었다.

한국민주당은 실업가를 비롯한 자산가들이 많이 참여하는 정당이며, 그들이 이러한 내용을 포함한 '7원칙'을 받아들이는 것은 힘든 일이었다. 장덕수는 이 조항을 보고 곧바로 김성수에게 당중앙집행위원회를 개최할 것을 요청했다.[102] 중앙집행위원회는 '합작위원회'에 한국민주당을 대표하여 참가한 원세훈과, 합작에 반대하는 장덕수와의 사이에 격렬한 응수가 오고 갔으며, 그 결과 원세훈, 김약수, 김병로 등 한국민주당의 '비주류파'는 탈당하게 된다.[103] 이로 인해 한국민주당은 창당 이래 최대의 위기를 맞게 된다.

궁지에 몰린 한국민주당이 접근한 것은 이승만이었다. 장덕수의 끈질긴 요청으로 인해, 이승만은 '7원칙'에 대한 자신의 성명 가운데 "합작원칙 가운데 민주정책과 모순되는 조건이 있다는 것에 불만족스럽다[104]"라는 문장을 삽입했다. 한국민주당과 이승만의 사이에는 양자가 연합에 이르게 된 충분한 이유가 있었다. 첫째, 양자는 상호 간에 서로 보완해줄 부분을 많이 갖고 있었다는 점이다. 34년 만에 홀로 귀국한 이승만에게는 한반도 남쪽에서 확고한 정치적 기반이 없었으며, 그는 이 시기에 김구 등 중도의 '임시정부'계 세력에 뒤처지고 있는 것처럼 보이기도 했다. 그가 가지고 있던 것은 '대한민국임시정부 초대 대통령'으로서의 카리스마와 정통성뿐이었으며, 이는 한국민주당이 경제력, 조직력, 인맥과 같은 모든 것을 가지고 있으면서 정통성만이 결여된 존재였다는 것

---

101 송남헌 『한국민주당연구』 1, 307쪽.
102 『설산 장덕수』 355~356쪽.
103 원세훈 등의 탈당에 대해서는 박태균 「해방 직후 한국민주당 구성원의 성격과 조직개편」 112~117쪽에 상세히 나와있다. 대동신문 1946년 10월 10일, 13일. 또한, 탈당 시 원세훈의 성명에 대해서는 심지연 편 『한국민주당연구』 1, 197쪽.
104 『설산 장덕수』 357~358쪽.

과 딱 맞아 떨어졌다. 둘째, 양자는 여러 가지 의도에서 함께 '자유로운 경제활동'을 지지하고 있었다. 미국에서 철학 박사 학위를 취득한 이승만은 기본적으로는 자유방임의 경제학을 신봉했으며, 한국민주당계의 사람들은 자신들의 사업을 유지하기 위해서라도 사회주의적인 정책은 옳든 그르든 피하고 싶은 것이었다. 셋째로, 양자는 각각의 입장에서 좌파세력 및 '임시정부'계 세력과 심각한 대립상황에 있었다. 이승만은 '임시정부' 시절부터 좌파와 대립해왔으며, 또한 김구 등과는 "임시정부의 정통성'을 두고 싸우는 대항관계에 있었다. 한국민주당과 '임시정부' 간의 대립은 앞서 말한 바와 같다. 이리하여 성립한 양자 간의 연합은 이후 남조선 단독정부 수립운동에서 이승만이 대통령으로 선출될 때까지 계속되었으며, 이 연합은 좌파 세력과 '임시정부'계 세력 양자에 대해 명백한 승리를 거두게 된다. '대한민국'은 실로 이 두 세력에 의해 완성되었으며, 이 성공의 순간, 그들은 헤어지게 된다. 대통령과 '국내파'인 야당. 광복 후 한국의 정치적 구조는 실로 이 시기에 탄생하게 된다.

그렇다면 우리들은 이러한 한국민주당에 관해 어떻게 이해해야만 할까. 그들의 정치활동의 기반이 되었던 것은 광복 직후 힘든 상황에 직면해 있었던 그들 자신이 '한국의 페탕'으로 전락하는 것을 회피하는 것, 그리고 이로 인해 한반도 남쪽에서 압도적인 기반을 가진 그들이 정치적 주도권을 가지는 것이었다. 다시 말하면, 광복 후 그들에게는 두 개의 정반대되는 가능성이 존재했다. 하나는, '친일파'로서 처벌되어 광복 후 한국에서 매장되는 것. 그리고 또 하나는, 광복 후 한국에서 최대, 최강의 세력으로서 그들 자신이 한국 그 자체가 되는 것이었다. 광복 후 그들은 실로 양극단의 가능성을 숨기고 있는 존재였으며, 대한민국 정부수립 이후에도 그들은 이 사이에서 계속 크게 흔들렸다.

그들이 이렇게 미묘한 위치를 차지하게 된 이유는 한국 광복의 특수성에 있다는 점을 간과해서는 안 된다. 일본의 패전으로 인해 광복을 이룬 한국에는, 광복을 스스로의 손으로 실현한 진정한 '승자'가 존재하지 않았다. 김구와 이승만 등 '한국의 드골'들은 자력으로 파리에 입성할 수 없었으며, 그들에게는 결정적으로 국내에 활동기반이 없었다. 마찬가지로 '한국의 비를라 재벌[105]'은 끝내 '한국의 간디'를 탄생시키지 못한 채, 그들에게 남은 것은 '일본과 관계를 가졌다'는 부負의 유산뿐이었다. '드골'이 되지 못한 해외파와 '비를라 재벌'이 되지 못한 '동아일보그룹'은 함께 자신들에게 없는 것을 찾아 싸우면서, 드디어 '비를라 재벌'은 '한 명의 드골'과의 연합을 실현하게 된다. '드골'은 이로 인해 국내의 정치기반을 확보해 대통령의 자리에까지 오르게 되었으며, '비를라 재벌'은 자신들의 경제활동 기반과 정치적 발판을 확보하기에 이르렀다. '드골'은 '또 다른 드골'을 축출하고, '비를라 재벌'은 자신들이 영향력을 행사하는 '국민회의파'를 기반으로 세력확대를 꾀하게 된다.

한국민주당과 중심세력인 '동아일보그룹'은 이러한 미묘한 입장에 처해 있었다. 그들은 분명 '페탕'과 왕자오밍汪兆銘, 라우렐 등과 같은 변절자도 아니었지만, '간디'나 '수카르노', '티토'와 같은 독립영웅도 아니었다. 오랫동안 국내에서 활동해 온 그들 세력은 강력하긴 했으나 '승리'를 놓친 결과, 국민들에게 '지도자로서의 당위성'을 납득시킬 수 없었다. 이러한 한계를 뼈저리게 깨닫고 있던 그들은 재빨리 '지도자'를 단념하고

---

105 비를라 재벌과 간디의 관계에 대해서는 Bhikhu Parekh, *Gandhi's Political Philosophy*, (London: Macmillan Press, 1989) pp.140-141.

정통성을 가진, 특히 정통성만을 가진 인물을 찾기 시작했다. 무엇보다
도 당시 그들은 이를 '임시정부'와 미군정부에서 찾았다. 그러나 이는 상
황을 더욱 악화시켰다. 미군정부는 어디까지나 과도적인 정부에 지나지
않았기 때문에 그들은 대한민국정부 수립 이후의 대상을 찾아야만 했던
것이다. 이러한 과정을 거쳐 그들은 이승만이라는 결과에 이르게 된다.

　대한민국정부 수립 이후 이승만과 한국민주당이 어떠한 관계를 맺고
있었는지에 대해서는 다음 장에서 자세하게 살펴보도록 하자. 여하튼
대한민국은 이렇게 해서 탄생하였다. 정통성을 독점한 대통령과 강력한
야당의 대립은 바로 이때 시작된다.

제 3 장

'정통보수정당'의 변질과
'동아일보그룹'의 정치적 해체
'권위주의적' 체제 성립의 전제조건

미군정기. '동아일보그룹'을 중심으로 모여든 사람들은 동아일보의 거대자본과 인맥을 십분 활용함으로써 사실상 '미군정부여당'이라는 지위를 확립했다. 특히 그들은 경찰을 장악한 후 이를 이용함으로써 마치 이미 정권을 지배하고 있는 듯 행동했다.

그러나 이처럼 언뜻 누구도 건드릴 수 없는 강력한 권력을 지니고 있는 듯 보였던 그들은 대한민국 건국 이후 '야당'이라는 지위에 만족해야만 했다. 도대체 어떠한 상황이, 그리고 무엇이 그들을 정권의 좌에서 축출하였을까. 이 점에 관해서 자세히 살펴보도록 하자.

1. 건국의 이면에서

(내가 제출한 국무총리)임명안이 제출된 후, 국회에서 부결된 사실에서 생각해 보건대 국회에는 일종의 묵약默約이 존재하여 양당이 서로 입을 맞춰 양당 출신의 인물이 아니면 투표로 부결하자는 약속을 교환했다고밖에 생각할 수 없다. 만일 이것이 사실이라면 내가 국무총리를 아무리 임명하든 그들이 선택한 후보가 아니라면 부결될 수밖에 없다. [중략] 한 차례의 토론도 없이 부결된 지금, 나는 다시 각오를 다지지 않으면 안 된다.[1]

1948년 8월 15일 대한민국 정부수립을 선언하는 이승만
출전: 『대한민국건국대통령 이승만』(이화장[한국], 1996) 17쪽.

1948년 8월 15일. 한반도가 남북으로 분단된 가운데, 신생대한민국 정부가 수립되었다. 그러나 화려한 식전 행사가 치러진 구舊조선총독부 ―당시 이곳에는 국회가 자리잡고 있었다― 내부에서는 이미 치열한 권력 다툼이 진행되고 있었다. 독립운동의 원훈元勳으로, 그리고 미군정부의 정통성을 인정하고 이를 계승한 형태로 사실상 남한만의 정부를 수립하자고 주장했던 이승만은 그토록 원하던 초대대통령 자리에 앉게 된다. 그러나 그는 국회 내부의 기반이 약했던 탓에 정권 출범 초기부터, 더욱 정확히 말하자면 출범 이전부터 두터운 장애물에 직면해 있었다. 많은 사람들의 예상을 깨고 이승만이 이윤영李允榮을 국무총리로 임명

---

1 『총리 인준 부결 후 대통령 담화』, 이승만 박사 기념사업회 우남실록편수회 편 『우남실록』 (열화당 [한국], 1971) 559쪽.

하자, 당수 김성수金性洙를 국무총리후보로 옹립하려 했던 한국민주당은 이에 거세게 반대, 임명안은 결국 압도적 다수로 부결된다. 이에 이승만 은 국회와 최대 당파였던 한국민주당을 격렬히 비난하였다. 이처럼 대 한민국 정치사는 대통령과 국회의 첨예한 대립으로 첫 막을 열었다.

국무총리임명을 둘러싼 대립에서 알 수 있듯이, 오늘날과 달리 건국 당시 한국에서는 국회의 권한이 강력하였다. 대통령 임명권과 대통령이 임명하는 국무총리 인준권을 쥐고 있던 국회 때문에, 대통령은 국회의 협력 없이는 행정부를 구성할 수조차 없었다. 건국 당시의 한국은 오늘 날보다 훨씬 국회에 비중을 둔 제도를 채택하고 있었던 것이다.

그러나 주지하는 것처럼 그 후 한국은 국회가 아닌 대통령을 권력의 핵심으로 삼는 길을 걷는다. 제도적인 기반을 갖추고 있었음에도 불구 하고 국회는 왜 대통령에 무릎을 꿇고 말았을까. 이는 제헌국회에서 최 대 세력으로 군림했던 한국민주당, 그리고 그 맥을 이은 역대 '정통보수 야당'들에도 공통되는 점이었다. 막강한 제도적 권한을 지닌 국회를 지 배하는 강력한 당파. 이러한 조건에도 불구하고 왜 '정통보수야당'들은 그 후에도 '야당'이라는 지위에 머물 수밖에 없었을까.

국회가 대통령에, 즉 '정통보수야당'이 이승만에 무릎을 꿇은 결과, 한 국에서는 이승만을 강력한 권력의 핵심으로 하는 독재적인 '권위주의적' 체제가 출현하였다.[2] 다시 말해, 이승만의 '권위주의적' 체제는 이승만이 주도한 '위로부터의' 권력 재구성의 결과였으며, 이와 동시에 국회와 야 당이 패배함으로써 '아래로부터'도 초래되었다 할 수 있다. 제도적인 권 력을 부여받은 국회와 야당이 왜 패배라는 쓴잔을 마셔야만 했을까. 그

---

2 '권위주의적' 체제에 대해서는 본서 서장을 참조할 것.

리고 대국적인 관점에서, 우리는 이러한 한국의 '권위주의적' 체제 성립
에서 어떠한 정치적 시사점을 도출해낼 수 있을까.

본 장은 이와 같은 관점에 입각해 한국에서 출현한 최초의 '권위주의
적' 체제에 관해 역사적으로 그리고 실증적으로 고찰한 것이다. 고찰은
다음과 같은 형식으로 진행된다.

첫째, 제헌국회가 개원했을 때 이승만과 '정통보수야당'의 대립관계에
대해서 고찰하고, 후자가 '야당'으로 전락할 수밖에 없었던 이유를 고찰
해본다. 둘째, 제헌국회의 전개에 따라 건국 직후에 나타난 양자의 대립
관계와 구조에 대해서 살펴본다. 셋째, 제2대 국회, 특히 한국전쟁 발발
이후의 양자 관계를 살펴봄으로써, 당시 대립하고 있던 양자의 힘이 왜
이승만 측의 일방적인 승리와 이승만을 권력의 핵심으로 하는 '권위주
의적' 체제의 성립으로 이어졌는가를 밝힐 생각이다. 그럼 본론에 들어
가보자.

2. '정통보수야당'의 도전

대한민국 성립과 한국민주당의 야당 전락

본론에 들어가기 앞서, 1948년 8월 15일, 즉 대한민국 정부가 수립되
기까지의 이승만과 한국민주당의 관계에 대해 간단하게 정리해보도록
하자.

광복 이후부터 대한민국 정부가 수립되기까지의 시기는 대한민국의
성립 그 자체만을 놓고 보았을 때, 크게 세 시기로 나눌 수 있다. 첫 번

째 시기는 한반도 남쪽에 모두 정통성을 이은 '정부'라 칭하며 서로 다른 뿌리의 정통성을 주장하는 세 개의 조직이 대립했던 시기이다. 즉 이 시기에는 총독부의 '치안 유지' 요청을 계기로 '좌파' 혹은 '온건좌파'로 여겨지는 국내파인사를 중심으로 결성된 '인민공화국', 삼일운동 직후 해외로 망명한 독립운동가의 활동에 뿌리를 두는 '대한민국임시정부', 그리고 일본군의 무조건 항복에 의해 한반도에 진주한 '미군정부'가 서로 자신들이야말로 정통성을 계승한 유일한 정부라 주장하였다. 두 번째 시기는 이 세 '정부'들의 대립관계가 서서히 미군정부의 우위로 바뀌면서, 다가올 한국의 '독립'은 미군정부의 정통성을 계승하지 않고서는 성립될 수 없다는 점이 명백해진 시기이다. 1945년 말에 일어난 신탁통치 반대운동을 시작으로 1946년 가을에 발생한 우익 세력의 도전과 실패까지의 시기가 이에 해당한다. 세 번째 시기는 미군정부의 지배가 종언을 맞이하여 대한민국 정부가 수립되기까지의 시기이다. 미군정부의 퇴장은, 그를 대신해 등장한 대한민국의 모습에 걸맞은 새로운 지배층과 이에 상응하는 이데올로기의 출현으로 이어졌다.[3]

이와 같은 과정에서 주목해야 할 점은 본 장의 주요 분석대상인 두 세력, 즉 이승만을 중심으로 하는 세력과 한국민주당의 계통을 잇는 '정통보수야당'의 핵심 세력이야말로 미군정부 이상으로 대한민국정부 수립을 적극적으로 주도하여 실현한 '승자' 측에 속해 있었다는 점이다. 개화기 이래, 화려한 경력을 자랑하며 대한민국임시정부의 초대 대통령으로 독립운동사에서 중요한 역할을 담당한 이승만과 일제치하, 최대의

---

3 이러한 해방정국의 이해에 대해서는 졸고 『韓国における民主化と"政府党"』, 西村成雄·片山裕 편저 『20世紀東アジア史像の新構築』(青木書店, 2002)을 참조할 것.

민족자본으로서 민족신문인 동아일보를 거점으로 한반도 내부의 민족
운동에서 중요한 역할을 담당했던 '동아일보그룹'[4]. 양자는 서로의 결점
을 교묘히 포착해 나가면서 동맹관계를 유지해 왔다.[5] 망명 독립운동가
였던 이승만은 한반도 내에서 구체적인 지지기반을 확립하지 못하고 있
었으며, 다른 한편, '동아일보그룹'은 일제치하 한반도 내부에서 활동을
전개했던 탓에 생존과 사업 확대를 위해 조선총독부와 일정한 관계를
맺을 수밖에 없었다. 이러한 양자는 광복 후, '친일파'라는 비판에 직면
할 수밖에 없었던 '동아일보그룹'은 이승만이 보증서를 제공함으로써 정
통성을 부여받았으며, 반대로 '동아일보그룹'은 풍부한 자금력과 조직
력, 그리고 국내에 광범위하게 퍼져있는 거대한 인맥을 이승만에게 제
공하는 형태로 협력하게 된다. '미군정부의 정통성을 인정하고, 이를 계
승하는 형태로 한반도의 반쪽에 성립된 대한민국'은 어떤 의미에서 양
자 간의 이러한 상보적 동맹관계에 의해 실현되었다고 할 수 있다.

그러나 양자가 승리를 거둔 순간은 바로 결별의 순간이기도 했다. 양
자의 구상은 이승만이 초대 대통령으로 선출되기까지[6]만 해도 동일한
것이었다. 오늘날 잘 알려져 있듯이 한국민주당이 이를 지지한 이유는
이승만이 한국민주당의 김성수를 국무총리로 임명할 것이라는 기대감
이 존재했기 때문이다.[7] 그러나 앞서 서술한 대로 이승만이 한국민주당

---

4 본서 제1장, 제2장, 및 Carter J. Eckert, *Offspring of Empire: the Koch'ang Kims and the
Colonial Origins of Korean Capitalism, 1876-1945*(Seattle, WA: University of Washington
Press, 1991).
5 본서 제2장 참조.
6 총 196표 중 이승만 180표, 김구 13표, 안재홍 2표, 서재필 1표였다.
7 이승만 또한 이를 잘 알고 있었다. 『제헌의회속기록』1 (선인 문화사[한국], 1999), 645쪽
이하. 그는 이러한 다른 국무총리 후보자로서 독립촉성국민회계 세력이 미는 신익희와 일
부 무소속이 미는 조소앙을 들고 있다.

그리고 여론의 예상을 깨고 국무총리로 지명한 인물은 자신과 마찬가지로 국회에서 독자적인 지지기반을 갖추지 못했던 조선민주당[8]의 이윤영[9]이었다. 이승만은 이윤영의 임명에 대해 다음과 같이 설명하고 있다.

> 가장 어려운 문제는 잘 알려진 바대로 민족 대다수가 현재의 정당이 정권을 잡는 것을 바라지 않는 점이다. 이러한 정당 출신의 유력자가 정권을 잡는다면 서울의 정치가들은 환영할지 모르나, 대다수의 동포들은 실망할 따름이다.[10]

이승만의 갑작스러운 이윤영 총리 임명, 그리고 사실상 국회와 당파의 존재를 부정한 것과 진배없는 이러한 정치 자세는 국회의 거센 비판을 사, 임명은 27대 120이라는 어마어마한 차로 부결된다. 이 사태의 원인은 이승만의 방식이 한국민주당뿐만 아니라 신익희申翼熙와 조소앙趙素昻을 국무총리 후보로 옹립했던 무소속의원들과 여타 의원들의 반감을 샀기 때문이다. 특히 이승만에게 능력을 인정받으며 국무총리라는 자리에 가장 가까운 인물로 평가받았던 김성수를 옹립한 한국민주당은 갑자기 반감을 드러낸다. 이 때문에 이승만과 한국민주당은 대립하기에 이른다.

대통령 이승만과 국회 내의 최대파벌인 한국민주당의 대립. 대통령 선출에 앞서 제정된 당시의 헌법을 글자 그대로 해석한다면 이러한 대

---

8 조만식을 당수로, 한반도 북쪽에 거점을 둔 동 당은 본디 한국민주당과 자매당적인 관계를 갖는 정당이었다. 가령 이윤영은 월남 후, 김성수로부터 서울 선거구를 양보받았다. 백남훈, 『나의 일생』(해온 백남훈 선생 기념사업회 [한국], 1968), 269쪽 이하.
9 이승만이 이윤영을 임명한 배경에는 한반도 북쪽에 주된 기반을 둔 조선민주당을 한반도 남쪽에서 대표하는 그를 한국민주당과의 밀접한 관계에서 떼어놓을 목적도 있었다.
10 「총리 인준 부결 후 대통령 담화」. 또한, 같은 발언으로 『제헌의회속기록』 1, 662쪽.

립은 어찌 보면 한국민주당의 승리로 끝나도 당연한 것이었다. 27대 120이라는 투표 결과가 단적으로 시사하듯이, 이러한 상황 속에서 이승만은 자신의 의지를 관철하기 어려웠으며 양자의 대립은 영원히 사라지지 않을 것처럼 보였다. 제33차 본회의에서 부결된 이윤영의 임명안은 이미 서술한 이승만의 담화까지 더해져 차기 본회의인 제34차에서 다시 거센 비난에 부딪히게 된다.

그러나 사태는 여기서 극적인 반전을 보인다. 불과 1주일 후에 열린 제35차 본회의에서 이승만은 인준을 받지 못한 이윤영을 대신해 다시 국회의 당파와는 전혀 무관한 이범석李範奭을 국무총리로 임명한다. 국회는 이윤영과 별반 나아 보이지 않는 이범석 임명안에 대해 110대 8로 인준한다. 한국민주당은 이에 대해 반대 토론조차 꺼낼 수 없었다.

왜 한국민주당은 이승만의 도전에 이처럼 쉽게 무너질 수밖에 없었을까. 이러한 점에 대해 『우남실록雩南實錄』은 국무총리임명을 둘러싸고 국회 기능이 마비되고 행정부의 성립이 높은 벽에 가로막힌다면 결국 국민들의 비난이 한국민주당에 집중될 수밖에 없음을 우려했기 때문이라고[11] 적고 있다.

그러나 적어도 논리적으로 생각했을 때 이승만 측도 국회의 기능 마비를 이유로 국민의 비난을 받을 가능성은 충분히 있었다. 문제는 왜 똑같이 위험성을 안고 있던 양자 중 유독 한국민주당만이 일방적으로 양보할 수밖에 없었는가 하는 점이다.

이 점을 이해하는 데 가장 중요한 점은 당시 한국민주당이 처해 있던 특수한 환경일 것이다. 제헌국회가 개원했을 때, 한국민주당은 분명 국

---

11 『우남실록』, 299쪽 이하.

회에서 최대의 파벌을 형성하고 있었다. 하지만 이러한 힘은 그들 스스로가 제헌국회 선거에서 따낸 승리의 결과물이 아니었다. 한국민주당은 미군정기, 정부 내 요직에 다수의 당간부를 발탁시켜 사실상 '미군정부 여당'의 지위를 차지하고 있었으나 제헌국회 선거에서는 197석 중, 불과 29석이라는 저조한 성적을 거두었으며 후보자들의 당선율도 무소속을 약간 웃도는 수준에 지나지 않았다. 한마디로 그들은 이 선거에서 국민의 지지를 얻는 데에 실패했던 것이다. 이는 이승만이 국회에서 대통령으로 선출되기는 했으나,[12] 타의 추종을 불허하는 국민적 인기를 얻고 있었다는 점과는 대조를 이룬다.[13]

이 때문에 양자가 궁극적인 대립에 돌입했을 때, 여론이 어느 쪽을 지지할지는 불 보듯 뻔한 일이었다.

앞서 서술한 '정통보수야당'들이 선거에서 패배한 사건에 대해서는 다른 책에서 이미 자세하게 논한 바 있으므로,[14] 본 저서에서는 이를 직접적으로 다루지 않겠다. 제헌국회가 개원했을 때, 한국민주당이 최대 파벌의 자리에 오를 수 있었던 배경에는 특수한 사정이 존재했다.[15] 다시 말해 이 선거에서는 42.5%로 85명의 당선자를 내놓은 무소속과 27.5%로 55명의 당선자를 배출한 대한독립촉성국민회가 가장 많은 의석을 보

---

12 건국 당시 헌법에는 대통령은 국회에 의한 간접선거로 선출되도록 정해져 있었다.
13 해방 이후 실시된 조사에서 이승만은 그 개인적인 인기에서 김구, 김규식, 여운형, 박헌영 등을 누르고 1위의 자리를 차지했다. 가령, 동아일보[한국] 1946년 7월 23일. 또한 김진호, 「이승만의 단정노선에 관한 연구」(서울대학교[한국] 석사학위논문, 1987)의 여러 곳
14 졸고『韓国における民主化と"政府党"』
15 이하 선거와 관련된 데이터에 대해서는 기본적으로 중앙선거관리위원회 편『대한민국선거사』(중앙선거관리위원회[한국], 1986)에 따랐다. 또한 제헌의회 선거 직후의 각 당파 분포는 아래와 같다.

대한독립촉성국민회	한국민주당	한국독립당	대동청년단	민족청년단	무소속	諸 당파
53	29	1	14	6	85	10

유하게 되었다. 대한독립촉성국민회는 이승만 등이 '완전 독립'을 실현
하기 위해 설립한 단체로, 한국민주당도 참가한 초당파적 조직이었다.
하지만 대한민국의 '완전 독립'이 실현된 이후, 당으로서의 구심력을 상
실하며 제헌국회 개원 이전에 이미 해체되었다. 그 결과 제헌국회의 개
원 이전, 과반수에 가까운 무소속의원들과 대한독립촉성국민회 의원들
은 실질적인 소속당파를 갖지 못했던 한국민주당에게 중요한 '스카우트
대상'이 되었던 것이다. 한반도 최대의 민족자본인 '호남재벌'이 뒷받침
하는 풍부한 자금력과 행정조직 내부의 인맥을 형성하고 있었던 한국민
주당은 무엇보다 당수인 김성수가 국무총리로 발탁되어 대한민국정부
수립 이후에도 거대한 영향력을 행사할 것이라 예상되었다. 이 때문에
많은 의원들을 끌어들이는 데 성공하였으며 제헌국회가 개원했을 때는
80명 이상의 국회의원 수를 자랑하기에 이른다.[16] 한마디로 한국민주당
의 거대한 영향력은 국민 지지의 결과물이 아닌 한국민주당 자체의 정
치력과 경제력의 산물이었던 셈이다. 그리고 이승만은 바로 이 점을 공
격했다.

  거대한 세력을 자랑했던 한국민주당의 정치적 후퇴. 이는 실제로 국
무총리 임명을 둘러싼 문제 이전부터 시작되고 있었다. 주지하는 대로,
이 시기 제정된 대한민국헌법 기초의 주역으로 헌법기초위원회의 의장
에 선출된 인물은 유진오兪鎭午였다. 유진오는 일제치하, '동아일보그룹'
의 교육부문 핵심 기관인 보성전문학교[17]의 교수를 역임했으며 광복 후

---

16 대동신문한국 1948년 6월 10일. 제헌의회 개최 당시, 한국민주당 외에는 이청천이 이끄는
  대한청년단계와 신익희를 중심으로 한 독립촉성국민회의 일부가 통합해 만든 3.1구락부,
  조봉암 및 김약수 등을 중심으로 하는 6.1구락부, 경상북도 선출의원들로 구성된 민유 구
  락부, 소장파 의원으로 구성된 청년 구락부 등이 있었는데, 모두 정당으로서의 구심력은
  낮았다.

에는 경성제국대학에서 개편, 신설된 서울대학교의 교수를 겸임한 한국 법학계의 태두였다. 일제치하에 법학교육을 받은 그가 기초한 헌법 초 안에 따르면, 내각은 형식적인 국가 원수일 따름인 대통령이 아닌 국회 에 대해 책임을 지며, 국회는 내각에 대해 불신임권을 가진다고 규정하 고 있는데, 이는 후에 제정된 것보다 훨씬 일본과 비슷한 '내각책임제'의 성격을 뚜렷이 나타내고 있었다.[18] 그러나 이 헌법 초안은 이승만의 강 력한 거부로 인해 '하루 만에' 번복되며, 결국 내각은 대통령에 책임을 지며, 국회는 대통령의 국무총리 임명에 대해 승인만을 할 수 있다는 '대통령중심제'로 모양새가 바뀌게 된다.[19]

유진오가 훗날 술회했듯이[20], 그가 기초한 헌법 초안은 법학자로서의 소신의 산물이었으며 이와 동시에 일제치하 때부터 밀접한 관계를 맺어 왔던 김성수 등 한국민주당 간부들의 의향을 담은 것이었다. '조선인민 공화국'이 정치적으로 후퇴하는 과정에서 박헌영朴憲永 등 조선공산당 계열의 지도자나 온건좌파의 여운형呂運亨 등이 영향력을 상실하고, 또 한 김구金九, 김규식金奎植 등 임시정부계열의 지도자들 대부분도 제헌국 회의원 선거를 보이콧함으로써 '대한민국' 정치무대에서 퇴장했을 때, 이승만은 독보적인 득표율로 대통령에 선출된다. 이처럼 그가 '미군정 부의 정통성을 인정하고 이를 계승하는 형태로 한반도 반쪽 부분에 세 워진 대한민국' 초대 대통령의 자리를 차지하리라는 것은 헌법을 제정

---

17 보성전문학교에 대해서는 우선 고려대학교 60년사 편찬위원회 편 『60년지』(고려대학교 출 판부[한국], 1965).
18 헌법제정에 이르는 과정이나 당초 초안에 대해서는 유진오, 『헌법기초회고록』(일조각[한 국], 1980)에 자세히 나와있다. 또한, 현대일보[한국] 1948년 6월 20일, 자유신문[한국] 1948 년 6월 15일, 동 신문 21일, 유진오, 『양호기』(고려대학교 출판부[한국], 1977), 217쪽 이하.
19 『우남실록』, 184쪽 이하.
20 유진오, 『헌법기초회고록』.

하기 훨씬 이전에 이미 정해져 있었다. 이러한 상황 속에서 앞서 서술한 유진오의 헌법 초안은 한국민주당의 이해관계에서 본다면 명백히 이승만을 '허수아비' 대통령으로 만들기 위한 것이었다.

중요한 점은 제헌국회가 개원하기 이전부터 구상되기 시작한 이 헌법 초안이 단 하루 만에 이승만의 반대에 부딪혀 허무하게도 '내각책임제'에서 '대통령중심제'로 수정되었다는 것이다. 이유는 자명했다. 이승만을 사실상 유일한 대통령 후보로 옹립하고 있었던 한국민주당은 이승만의 협력 없이는 대한민국정부를 수립할 수 없었다. 그리고 이승만이 완강하게 반대하는 문제를 둘러싸고 그의 존재를 부정하면서까지 저항한다는 것은 애당초 불가능했다. 문제는 이승만 개인의 힘이 아니라, 이승만 이외에는 신생 '독립국'에 대해 '독립운동'에 뿌리를 둔 정통성을 부여할 수 있는 인물이 전무했다는 점이다. 이승만을 뺀 대한민국은 성립될 수 없었으며, 결국 그들은 이승만에 완전히 굴복할 수밖에 없었다.

헌법제정, 그리고 국무총리 임명. 이승만이라는 존재를 전제로 한 한국민주당의 전략은 이처럼 종국에는 실패로 돌아갔다. 그렇다면 이처럼 미군정부 '여당'에서 대한민국 '야당'으로 몰락했다는 사실은 한국민주당에 어떤 의미를 지닐까. 다음은 이 점에 대해 구체적으로 살펴보도록 하자.

경찰권을 둘러싼 갈등

제헌국회선거 패배에서 헌법제정, 국무총리 승인. '미군정부여당'으로서 절대 권력을 행사했던 한국민주당의 후퇴는 언뜻 갑작스러운 것으로 보였으며, 이러한 흐름은 그 후에도 한동안 계속되었다. 이범석이 국무총리에 취임하자 이승만은 초대 내각 구성에 착수한다. 하지만 이 과정에서 한국민주당은 이승만이 '국무총리보다 중요한 직책'으로 본래 김성주를 위해 준비해 두었던 재무부 장관[21]에 간신히 김도연金度演을 앉히는 데 성공했을 뿐, 사실상 '거국일치정권'의 변두리로 밀려나고 말았다. 이승만과 한국민주당의 대립, 그리고 한국민주당의 야당으로의 몰락은 한국민주당 내부에서도 친親이승만 세력들의 탈당을 초래했다. 실제로 내각 구성까지 유력간부의 한 사람으로 사실상 이승만의 비서를 맡고 있던 윤치영尹致暎을 포함한 9명이 당을 떠났다.[22] 한국민주당은 와해 직전에 몰려 있었다.[23] 하지만 9명의 탈당보다 더욱 한국민주당을 뒤흔든 것은 탈당한 윤치영을 이승만이 내무부 장관에 기용한 점이었다. 국내 정치기반 부재에 고민하던 이승만은 윤치영 등을 국내에 다양한 인맥을 가진 귀중한 정치적 '말'로 간주하고, 이러한 인맥을 통해 내무부를 장악하고자 하였다.

그렇다면 이승만은 왜 당시 몇 안 되는 귀중한 '말'이었던 윤치영을 내무부 장관에 기용했을까. 이를 이해하기 위해서는 당시 내무부장관이 어떤 직책이었는가를 먼저 알아야만 한다. 내각부는 미군정시절, 경찰국과 토목국, 그리고 중앙선거관리위원회, 중앙소방위원회 및 소속기관을 통합하면서 신설된 거대 관청이었다. 특히 내각부가 경찰사무를 좌지우지했다는 점은 매우 중요하다. 그리고 이 경찰 권력이야말로 과거 한국민주당이 '미군정부여당'이었던 덕택에 향유할 수 있었던 부분이었

---

21 당시 한국에서는 재무부 장관이라는 자리가 후술하는 내무부 장관의 그것에 비해 중요한 것으로 간주되지는 않았다.

22 대한민국 문교부 국사편찬위원회 편 『자료대한민국사』 7 (국사편찬위원회[한국], 1974), 690쪽 이하.

23 「한국민주당은 어데로 가나?」(신천지[한국] 1948년 8월호).

다.[24]

이 점에 대해서는 당시의 사회 상황을 이해할 필요가 있다. 일본의 돌연한 패전으로 실현된 광복은 한반도에 큰 혼란을 야기했다. 일본의 무조건 항복은 한반도에서 일본의 영향력을 완전히 소멸시켰다. 그 결과 일제 치하, 일본과 일정한 관계를 유지하면서 사회활동을 영위해 오던 사람들은 돌연 비호세력을 잃고 '친일파'라는 비난을 받게 된다. 지방에서는 우선적으로 재지사회의 대표자로, 조선총독부와 공적으로 그리고 사적으로 관계를 맺었거나 맺을 수밖에 없었던 일부 재지사회 유력자들, 특히 대지주들이 큰 비난에 직면해야만 했다.

그 다음 비난의 대상은 식민통치의 말단을 담당했던 경찰 관료들이었다. 광복과 거의 동시에 일본인들은 탈출을 시작했으며 그 결과, 행정기능이 마비되었던 지방은 물론, 불완전하나마 미군이 진주할 때까지 총독부가 유지되었던 서울에서조차 경찰기구는 급속히 해체되었다.[25] '일제에 동조했다는' 비난과 처벌이 두려운 나머지 대부분의 경찰관들이 그만두자, 더 이상 경찰의 비호를 받지 못하게 된 유력자들은 거센 비난을 받는 등 막다른 골목에 몰리게 된다.[26]

하지만 이러한 상황에 처한 그들을 구한 것도 경찰이었다. 1945년 10월, 한국민주당의 추천[27]으로 미군정부 경찰국장에 취임한 조병옥趙炳玉은 즉시 경찰조직 재건에 착수하여 국립경찰을 창설한 후 조직 개편과

---

24 본서 제2장 참조.
25 가령, 수도관구 경찰청, 『해방 이후 수도경찰발달사』(수도관구 경찰청 [한국], 1947) 등.
26 가령, 홍성찬, 『한국 근대 농촌사회의 구조변동과 지주층』(지식산업사[한국], 1992), 271쪽 이하.
27 조병옥이 추천을 받은 이유는 그에게 컬럼비아 대학 유학 경험이 있어 영어가 능수능란했기 때문이다. 조병옥, 『나의 회고록』(민교사[한국], 1959), 149쪽.

인원 확보에 힘쓴다. 미군정부는 이렇게 재편된 경찰력을 이용해 광복 후 각지에서 출몰하던 자위적인 성격을 지닌 개인 혹은 단체를 무장해 제시켰다. 결국, 공적인 경찰권력이 다시 한반도의 치안유지를 맡게 되었다. 재지사회 유력자들은 자신들의 안위를 위해 경찰에 접근했으며 이를 통해 경찰[28], 더 나아가 경찰의 수장이었던 조병옥이 일정한 관계를 유지하는 제반 단체[29], 즉 서북청년회 등과 같은 우익단체들[30]과도 관계를 맺게 된다. 이 모든 것의 정점에는 조병옥과 그의 소속 정당이었던 한국민주당이 버티고 있었다.

이승만의 윤치영 빼돌리기와 내무부 장관 임명은 명백히 경찰에 대한 조병옥과 한국민주당의 영향력을 약화시키기 위한 것이었다. 이는 조병옥과 마찬가지로 수도경찰청장으로 서울의 경찰업무를 담당하며 조병옥의 라이벌이었던 장택상張澤相[31]의 경우에도 공통된다. 이승만은 장택상의 열망에도 불구하고 내무부 장관 대신 외무부 장관에 그를 기용하는 등 약간 별난 예우를 하였다. 반면에 조병옥은 신생대한민국에서 훗날 대통령특사로 유엔에서 활동하게 되는데, 이 또한 국외의 '중요한 직책[32]'을 맡김으로써 조병옥의 국내에 대한 영향력을 최대한 약화시키려

---

28 같은 책, 285쪽 이하의 도표에서 당시 유력자가 어떠한 조직에 헌금했는가를 알 수 있다.
29 조병옥은 청년단과도 밀접한 관계를 갖고 있었다. 가령 유세열·김태호, 『옥계 유진산』 상(사칙한국, 1984), 243쪽 이하. 또한 김두한, 『피로 물들인 건국전야』(연우출판새한국, 1963), 97쪽 이하.
30 당시 청년단은 좌익세력 등의 탄압을 위해 경찰과 밀접한 관계를 유지함과 동시에 이를 보완하는 역할을 수행했다. 가령, 한림대학교 아시아문화연구소 편 『주한미군정보일지』 7 (한림대학교 아시아문화연구소[한국], 1989).
31 해방 직후, 한국민주당의 중요 인물 중 한 사람이었던 장택상은 미군정기에 함께 경찰을 관할하던 조병옥과 대항 관계도 있어 이 무렵까지 한국민주당과의 관계를 소원시 했다. 이를 단적으로 보여주는 것이 김성수가 장택상의 내무부 장관 취임에 강하게 반대했다는 사실이다. 『우남실록』, 301쪽. 장택상은 그 후, 이승만 정권하에서 국무총리의 지위까지 오르게 된다.
32 『우남실록』, 301쪽 이하.

는 이승만의 의도를 드러내는 대목이다. 어쨌든 시정권施政權과 경찰권이 미군정부에서 대한민국으로, 그리고 한국민주당에서 이승만으로 이양되었다는 사실은 양측 모두에 특별한 의미를 지닌다. 8월 15일 광복행사가 열린 이후 결국 9월 3일까지 보류된 경찰권 이양문제를 둘러싸고, 내무부 장관에 발탁된 윤치영은 미군정부 시절 경찰부장으로 계속해서 경찰권을 장악하려 했던 조병옥을 거세게 비난하며, '반란자'라는 말을 서슴지 않았다. 이 일화는 윤치영과 이승만 정권이 이 문제를 얼마나 중요하게 여겼으며, 또한 조병옥의 강력한 영향력을 얼마나 우려했는지를 단적으로 보여준다. 어쨌든 조병옥이 경찰권을 윤치영에 넘김으로써 대한민국에 대한 정권 이양이 비로소 끝나게 된다. 이는 또한 이승만이 윤치영과 내무부를 통해 경찰기구를 장악하게 되었다는 점, 그리고 이와 반대로 한국민주당이 이를 잃게 되었다는 점을 의미한다.

　이 점이 훗날 양자의 관계, 더 나아가 한국민주당에 어떤 영향을 미쳤을까. 다음은 이에 대해 살펴보도록 하자.

3. 민주국민당의 공세

'잠시 동안의 안정기'

　대한민국 정부 수립 이후 한국전쟁이 발발할 때까지의 1년 10개월. 유진오가 '잠시 동안의 안정기[33]'라 불렀던 이 시기는 잊혀진 제1공화국

---

33 유진오, 『양호기』.

중에서도 가장 간과되기 쉬운 시기이다.[34] 유진오의 표현에서도 알 수 있듯이, 이 시기는 신생대한민국의 제반 제도가 기능을 시작한 때였다. 그렇기 때문에 이 시기는 이들 제반 제도가 본래 어떤 성격을 내포하며, 그리고 한국전쟁이라는 돌발 사태를 거치면서 어떤 영향을 받았는지를 아는 데 중요한 힌트를 던져준다. 그리고 이는 본 장이 다루는 이승만과 '정통보수야당'의 관계를 이해하는 데도 중요하다.

양자의 관계는 이 시기에도 어김없이 제헌국회 초반부터 형성된 대립 구조가 쭉 이어져 오고 있었다. 이승만에게 계속해서 양보할 수밖에 없었던 한국민주당은 그 후에도 쇠퇴의 일로를 걷고 있었다. 잘 알려져 있듯이 이는 농지개혁과 반민족행위처벌법을 둘러싼 논쟁에서도 여실히 드러난다.[35] 당수 김성수가 대표적 대지주로, 당원과 지지자 대부분이 지주였던 한국민주당은 이 두 법안으로 인해 경제 기반과 사회적 위신에 큰 타격을 입게 되었다. 국민의 강력한 지지를 등에 업고 있던 이 두 법안에 대해 그들은 조건부 저항밖에 선택지가 없었다.

그러나 한국민주당은 소위 '유진산柳珍山사건'을 계기로 반격을 가하기 시작한다. 훗날 1960년대 '정통보수야당'의 당수로 활약하게 되는 유진산은 이 시기, 홍사단, 대한혁신청년회를 조직하는 등 손꼽히는 청년단 지도자였다. 조병옥, 그리고 초대 내각 사회부 장관으로 훗날 비공산주의 계열 노동운동의 지도자로 이름을 날린 전진한錢鎭漢과 밀접한 교류관계를 맺고 있던 그는 이승만이 귀국한 후, 전진한 등과 함께 이승만

---

34 이 시기는 한국전쟁 후의 '실의와 폐색감'이 가득하던 시대와는 다른 독특한 시대였다. 가령, 문학적인 관점에서는 三枝寿勝「三枝寿勝の『韓国文学を味わう』」, http://www.han-lab.gr.jp/~cham/ajiwau/(링크 주소는 2002년 7월 17일 현재), 이동기 편저 『한국문학개설』(어문각 [한국], 1986). 그러한 의미에서 한국전쟁이 한국의 사회적 분위기에 미친 영향은 지대했다.
35 『제헌의회속기록』, 1~10쪽 여러 곳.

이 주도한 '독립촉성' 운동을 돕기 위해 대한독립촉성전국청년총연맹을 결성하여 부위원장직을 맡은 바 있다. 당시의 청년단은 광복 후의 혼란한 상황 속에서, 다수의 복귀 군인 및 군속들 그리고 한반도 이북의 사회주의 혁명을 피해 이남으로 이주한 북부 주민들을 끌어 모은 것이었다. 특히 이는 일제치하에 전개되었던 청년단운동의 잔해가 낳은 '골칫거리'였다. 대한민국정부 수립 이전, 이들 조직들은 경찰조직 등과 협력하여 미군정부의 확립 및 유지에 일익을 담당하는데, 무엇보다도 물리적 강제력을 통해 미군정부와 경찰조직의 결함과 능력 부족을 보완하는 존재였다. 그러나 대한민국 정부 수립과 '안정'으로 인해, 이들 청년단 조직은 국가의 치안 유지라는 면에서 애물단지로 전락해버리며 이로써 급속히 존재의의를 잃게 된다.[36]

청년단들은 국가의 관점에서 본다면 존재의의를 상실한 꼴이 되나, 각각의 정치세력들에게는 여전히 이용할 가치를 지니고 있었다. 이러한 사실을 맨 처음 간파하고 이용한 사람이 바로 이승만이었다. 이 시기, 이승만은 제헌국회선거 이후, 대한독립촉성계열의 모든 조직이 해체되자, 자신의 지지기반을 재구축하기 위해 청년단에 관심을 갖게 된다. 그가 전국 각지에 퍼져있는 청년단을 하나로 규합해야 한다는 성명을 내놓자, 대동청년단을 비롯한 모든 조직은 이승만의 성명을 지지하며, 1948년 12월 19일에 출범한 대한청년단에 합류한다.

유진산은 대한청년단 결성 과정에서 '이승만의 특명을 받들어' 통합준

---

36 당시 청년단은 그 성립 경위, 그리고 실제 활동 내용 면에서도 해방 직후의 경찰조직 해체 상황에서 치안 유지를 담당한 '치안대'의 흐름을 이끌었다. 이들 조직은 중앙에서 좌우 대립이 격화됨과 동시에 좌우로 갈라져 공산당계 청년당과 그 이외로 분화되었다. 이 점에 대해서는 선우기성, 『한국청년운동사』(금문사 [한국], 1973)의 여러 곳. 또한, 선우기성·김판석 편 『청년운동의 어제와 내일』(햇불새한국, 1969).

비위원장직에 앉게 된다. 대한청년단은 명예직에 해당하는 총재 자리에 이승만을 추대하는 동시에 유진산을 이청천李靑天, 노태준盧泰俊, 장택상, 전진한, 강낙원姜樂遠 등과 함께 최고위원으로 추대하였다. 사건은 창설 대회가 끝난 후 집으로 돌아가던 유진산이 당시 사회부 장관이었던 전 진한의 관사를 잠시 방문했을 때 발생했다. 이곳에서 유진산은 전前전국 학생총연맹위원장인 이철승李哲承[37]의 자택에서 발견된 수류탄[38]에 연루된 혐의로 체포, 그대로 수도경찰청에 구류된다.[39]

국회, 특히 최대당파인 한국민주당은 이 사건을 '국회의원 가택 수색에 직결되는' 문제로 크게 부각시키며, 내무부 장관인 윤치영을 거세게 비난하였다.[40] 사건의 배경에는 거대 청년단인 대한청년단의 주도권을 장악하려는 알력다툼이 있었다는 것은 명백하다. 그리고 윤치영이 이 시기에 유진산을 체포한 것은 아마도 조병옥의 뜻을 계승한 그를 청년 단운동에서 배제함으로써 대한청년단을 이승만의 완전한 지휘하에 편 입시키려는 의도가 내포되어 있었다. 그러나 '청년단운동에 참가한 사람이라면 누구나가 유진산과 같은 뜻을 품고 있었다'는 당시의 상황을 감안했을 때 윤치영의 행동은 성급했으며, 이는 오히려 국회를 한국민 주당을 중심으로 집결시키는 역효과를 불러왔다. 국회는 같은 날, '윤치 영 내무부 장관 경질 건의안'을 통과시켰다. 이승만과 윤치영은 내각 내 부에서도 청년단과 밀접한 관계를 맺고 있던 두 명의 국무위원, 즉 사회

---

37 훗날의 국회의원이다.
38 대한민국 문교부 역사편찬위원회 편 『자료대한민국사』 9 (국사편찬위원회[한국], 1974), 50 쪽.
39 같은 책, 551쪽 이하.
40 『제헌의회속기록』3, 31쪽 이하.

부 장관 전진한, 그리고 외무부 장관 장택상의 거센 항의에 부딪힘으로써,[41] 윤치영은 국무위원을 사임할 수밖에 없었다. 윤치영의 후임에는 이승만의 측근인 신성모申性模[42]가 추대되었는데, 한편 한국민주당도 줄이 닿고 있던 김효석金孝錫을 차관의 자리에 앉히는 데 성공하였다. 이로써 '정통보수야당'은 다시 내무부, 그리고 경찰조직에 대한 영향력을 회복하기에 이른다.

이를 기점으로 한국민주당은 총공세에 나선다. '여수반란' 사건을 계기로 더욱 반이승만 노선을 선명히 하기 시작한 한국민주당은 신익희, 이청천[43]의 지도 아래, 창당 당시에는 무소속과 여타 세력을 규합하여 결성된 것으로 이승만 중심의 여당이라는 성격을 짙게 풍기고 있던 대한국민당[44], 그리고 조소앙, 명제세明濟世 등이 이끄는 사회당과 협력 노선을 더욱 굳건히 한다. 이러한 움직임은 이윽고 다음 해 2월 10일에 발생한 대한국민당의 분열 및 해체로 이어졌으며, 더 나아가 민주국민당의 창당으로 발전하였다.

주지하는 바대로, 이 시기 정국의 초점은 '대통령중심제'에서 '내각책임제'로의 개헌이었다. 이승만 측의 와해 공작으로 인한 일부 의원들의 탈당, 그리고 순조롭지 못한 사회당과의 협력 관계에도 불구하고, 민주국민당은 점차로 세력을 넓혀나간다. 이는 이승만과 민주국민당 사이에

---

41 『자료대한민국사』 9의 여러 곳.
42 신성모의 그 이전 경력에 대해서는 같은 책 38쪽 등.
43 이청천은 대한청년단 형성 이전에 한국 최대의 청년단, 대동청년단의 단장을 역임했는데 유진산과 마찬가지로 대한청년단 형성 과정에서 청년단 운동의 주도권을 상실하기에 이른다. 본디 이승만과 미묘한 대항관계였던 신익희와 더불어, 그가 민주국민당으로 합류한 배경에는 이러한 청년단 주도권을 둘러싼 각축이 존재했다. 같은 책 551쪽 이하를 참조.
44 대한민국당 형성의 경위에 대해서는 독립신문 [한국] 1948년 11월 16일, 또한 김운태, 『한국현대정치사』 제2권: 제1공화국(성문각[한국], 1976), 47쪽 이하.

서 제3의 세력을 형성하고 있던 소장파 세력들이 소위 '국회프락치사건'
으로 붕괴함으로써 구舊여당계열뿐만 아니라 민주국민당에까지 유리하
게 작용한 결과였다. 세력 확대로 자신감을 재차 확인한 민주국민당은
1950년 1월 17일, 드디어 서상일徐相日 등 79명이 서명한 제1차개헌안을
제출하기에 이른다. 이 개헌안은 여론을 총동원한 이승만 정권의 반격
으로 인해 근소한 차로 부결되었음에도 불구하고, 민주국민당은 1952년
차기 대통령 선거를 앞두고 이승만에 대한 공격을 전혀 늦추지 않았다.

이러한 상황은 1950년 5월 30일에 치러진 제2차 국회의원선거, 그리
고 무엇보다 한국전쟁에 의해 어떻게 바뀌었을까. 다음은 이에 대해 살
펴보도록 하자.

1950년에 치러진 국회의원 선거와 한국전쟁 발발

1950년에 치러진 국회의원 선거는 이승만에게 대통령 재선을 건 시
련이었다.[45] 이승만 정권은 선거가 얼마 남지 않은 시기로 개헌 논의가
한창 진행 중이던 1950년 2월 7일, 민주국민당과 두터운 관계를 유지하
던 내무부 장관 김효석[46]을 '건강상의 이유를 들어' 파면하고, 백성욱白性
郁을 새로이 내무부 장관에 임명한다.[47] 백성욱은 3월 20일, '국방법 위
반에 대한 범죄 수사'를 목적으로 대한정치공작대를 창설하고 이 조직
을 이용하여 선거에 적극적으로 관여하였다.[48] 이 외에도 그는 선거 기

---

45 이승만은 자신을 지지하는 세력이 이 선거에서 승리하리라는 자신이 없어 한때는 치안상
　의 문제를 이유로 5월 30일로 결정된 총선거 일정을 11월로 연기할 것을 주장했으나 결국
　부득이하게 철회했다.
46 1947년 3월 21일, 내무부 차관으로부터 승격. 이범석 국무총리가 겸임했던 국방부장관직으
　로 내무부 장관이었던 신성모가 이동함에 따른 것. 자유신문[한국] 1949년 3월 22일.
47 이 경위에 대해서는 최흥조, 『민주국민당의 내막』(신문의 신문사[한국], 1957), 80쪽 이하.
48 『해방 20년사』, 334쪽 이하. 『자료대한민국사』 17(국사편찬위원회[한국], 2001), 110쪽 등.

간 중, 과거 민주국민당과 깊은 관계를 유지했던 경찰관계자들을 빈번
하고 '이해하기 힘든' 인사이동을 통해[49] 조종하면서 민주국민당 후보들
의 당선을 저지하기 위해 전력을 쏟았다. 민주국민당도 마찬가지로 선
거의 중요성을 인식하고 있었다. 민주국민당은 국회에 대한 지배를 확
고히 하는 동시에 이승만의 재선을 저지하고 정권을 되찾기 위해서는
이번 선거에서 꼭 승리해야만 했다. 이처럼 양자는 오늘날 잊혀진 선거
에서 승리하기 위해 전력을 다해 싸웠던 것이다.

그러나 선거는 의외의 결말로 끝났다. 치열하게 접전하리라 예상되었
던 2대 정당—즉 윤치영의 주도하에 친親이승만당으로 재편된[50] 대한국
민당과, 민주국민당—은 선거 직전, 각각 71석과 69석을 자랑하고 있었
으나,[51] 선거 결과 양당은 각각 대한국민당 최고위원인 윤치영, 민주국
민당 간부인 서상일, 조병옥, 김준연金俊淵, 백남훈白南薰 등이 낙선하는
등 고배를 마셨으며, 우연히도 양당 모두 24석을 차지하는 데 그친다.[52]
이에 반해 무소속은 다시 당선자의 60%로 126석을 차지하며, 국회는 또
다시 제헌국회 개원 당시의 혼란 속에 빠지게 된다.[53]

게임은 원점으로 돌아간 듯이 보였다. 또한, 민주국민당이 제헌국회

---

49 자유신문[한국] 1950년 5월 12일. 또한 이임하, 「1950년 제2대 국회의원선거에 관한 연구」.
50 이 경위에 대해서는 윤치영 『윤치영의 20세기』(삼성출판사 [한국], 1991년) 231쪽 이하. 또
  한 최한수 「민주당의 성립과 변천과정에 관한 연구」(건국대학교 [한국] 박사학위논문,
  1971년) 38쪽.
51 『대한민국선거사』, 307쪽. 제헌의회 말기의 각 당파 분포는 아래와 같다.

대한국민당	민주국민당	일민구락부	무소속
71	69	30	28

52 대한국민당에 비해서 민주국민당, 특히 구 한국민주당계 세력의 참패는 현저했다. 제헌의
  회선거 때 한국민주당에서 당선하고, 이 선거에서 민주국민당에서 입후보한 후보자는 18
  명이었으나, 그 중 당선을 이룬 것은 겨우 1명이었다. 이 점에 대해서는 졸고 『韓国におけ
  る民主化と"政府党"』표 3-2 등을 참조할 것.
53 이 선거에서 당파 분포는 아래와 같다.

때처럼 무소속 등의 중도파 의원들을 와해시킴으로써 다시 세력을 확대할 것이라는 예상으로 이어졌다. 이 예상을 방증하듯이 6월 19일에 개원한 제2대 국회에서는 실제로 96표를 얻은 민주국민당의 신익희가 국회의장으로 선출된다. 이에 반해 여당이 옹립한 오하영吳夏永은 겨우 46표밖에 얻지 못했다.

이러한 '상황'을 뒤바꾼 것은 말할 것도 없이 그로부터 불과 6일 후에 발발한 한국전쟁이었다. 잘 알려져 있듯이, 전쟁 발발과 함께 시작된 북한군의 전면 공격에 한국군은 무참히 쓰러졌으며, 그 결과 대한민국은 글자 그대로 국가의 존망을 걸고 체제를 재건해야만 했다. 이러한 상황 속에서 앞서 서술한 여야의 대립은 더 이상 이어질 수 없었으며, 이승만과 민주국민당은 대립을 잠시 멈추고 여야 모두를 아우르는 진정한 의미의 '대한민국'이라는 틀 속에서 '거국일치내각'을 출발시킨다. 민주국민당은 조병옥, 김준연, 허정許政을 각각 내무부, 법무부, 사회부 장관으로 이 내각에 진출시켰다. 이 인사에서 가장 주목해야 할 점은 조병옥이 내무부 장관에 취임했다는 것이다. 김준연, 허정의 장관 취임은 11월 장면張勉 국무총리 임명과 이에 수반된 개각의 일환이었던 것에 반해, 조병옥의 내무부 장관 취임은 갑작스럽게 이루어졌다.

전시 중의 치안유지에 긴요한 역할을 다해야만 하는 경찰조직의 붕괴가 이러한 인사를 가능하게 했다. 한국전쟁 시, 내무부는 국방부와 함께 국방[54] 및 치안을 담당하는 가장 중요한 관청이었으나, 정작 내무부는

대한국민당	민주국민당	대한독립촉성국민회	대한청년단	무소속	諸 당파
24	24	12	10	126	14

54 한국전쟁에서 경찰은 국방군을 보완하는 실질적인 보조적 군대로서 행동했다. 한국경찰사 편찬위원회 편 『한국경찰사』Ⅱ(1973)의 여러 곳.

앞서 서술한 백성욱에 의해 정치적으로 이용당함으로써 구심력과 직업 윤리를 잃어버린 상태였다. 그 결과, 한국전쟁 발발과 동시에 조직은 붕괴되었고, 백성욱은 책임을 지고 장관의 자리에서 물러나게 된다. 대한민국정부 수립 후 겨우 2년 동안, 윤치영, 신성모, 김효석, 백성욱 등 4명의 장관을 탄생시킨 빈번한 장관 교체와 정치적 이용은 내무부 내부에서도 강력한 정치지도력의 공백 상태를 낳았다. 결국 이승만은 이러한 '난국' 속에서 내무부, 그리고 경찰 행정에 정통한 인물이며 실제로 서울이 함락된 후에 각종 사회단체를 통합한 '구국총력연맹'을 조직하여 독자적인 지도력을 발휘하기 시작했던 강력한 지도자, 즉 경계대상 1호였던 조병옥을 내무부 장관에 임명하여 경찰조직의 재건이라는 중대 임무를 맡길 수밖에 없었다. '국립경찰의 아버지' 조병옥은 이처럼 광복과 한국전쟁이라는 두 차례에 걸쳐 경찰조직의 '재건'을 담당하게 되었다.

조병옥의 내무부 장관 취임은 민주국민당에 절대적인 의미를 지닌다. 북한군은 모든 전투에서 승리함으로써 한반도의 대부분을 점령하였고, 이에 수반하여 구舊지주 세력과 명망가들이 체포되고 도주하였다. 비록 이것이 일시적이었다고 하나, 민주국민당의 지지 기반이라 할 수 있는 재지사회는 심각한 위기에 직면하였다.[55] 이러한 상황 속에서 그들이 의지할 수 있는 유일한 존재는 광복 직후와 마찬가지로, 어쩌면 그 이상으로 경찰이었으며, 그들의 세력을 대표하는 민주국민당이 경찰을 장악함으로써 구 지주세력과 명망가들은 망외望外의 소득을 얻게 되었다. 이는 도시 지역에서도 마찬가지였다. 서울, 대전, 대구, 부산 그리고 서울, 부산, 서울과 같은 빈번한 수도 이전이 암시하듯이, 전쟁의 전개와 이에

---

55 가령, 홍성찬, 「한국근대 농촌사회의 구조변동과 지주층」, 300쪽 이하.

수반된 방대한 인구이동은 결국 도시, 특히 임시수도인 부산의 급격한 인구 증가와 혼란을 불러왔다. 실제로 조병옥이 내무부 장관에서 해임 된 이후 증명되었듯이, 이러한 도시들로의 인구 집중은 결과적으로 부 산 등지에서 광복 직후와 마찬가지로 정체불명의 '청년단'을 탄생시켰 다. 그리고 사람들, 특히 야당정치가들이 '청년단'들에 대항하여 자신을 지키고 정치활동을 지속하기 위해서는 경찰들의 보호가 무엇보다 중요 해졌다.

'상황'의 변화는 민주국민당에 순풍으로 작용했으며, 전시 중임에도 불구하고 민주국민당은 급속히 세력을 확대해 나간다. 1950년에 치러진 국회의원 선거 직후, 겨우 24명에 지나지 않았던 민주국민당의 국회의 원 수는 전란 중, 백관수白寬洙 등 2명의 의석을 잃어버렸음에도 불구하 고 9월 28일의 서울 수복 후에는 40명으로 증가하였다. 이로써 대한국 민당, 대한청년당 등 여당 계열 세력들이 합류하여 새로이 결성한 민정 동지회와 어깨를 나란히 하는 세력으로 부상한다. 양자는 국민구락부 소속 20명, 무소속의원 등으로 구성된 무소속구락부의 50명을 놓고 첨 예하게 대립하였는데, 이러한 대립구도는 결국 국민구락부가 민정동지 회와 손을 잡고 신정동지회를 세우고, 무소속구락부의 후퇴와 함께 공 화구락부가 민주국민당과 제휴함으로써 양대정당제에 가까운 모습을 띰으로써 막을 내리게 되었다.

본 장에서 중요한 점은 이러한 제반 세력들의 합종연횡이 아닌 양 세 력의 대립이 점차로 민주국민당의 우위로 기울고 있었다는 사실이다. 국민방위군사건과 거창사건을 계기로 심화된 양자의 대립은 이승만 정 권에 항의하는 부통령 이시영李始榮의 사임과 차기 부통령 선거[56]로 인

해 절정에 달한다. 선거 결과 78대 93으로 민주국민당 최고위원인 김성
주가 부통령으로 선출된다.

그러나 '상황'은 다시 뒤바뀐다. 다음 절에서 이 점에 대해 살펴보도록
하자.

4. 자유당 '권위주의적' 체제의 성립

두 개의 '자유당'

부통령 선거는 다음 해 치러질 예정이었던 대통령 선거의 전초전이었
다. 총력을 기울인 대결에서 여당이 패배했다는 점은 이승만의 재선이
사실상 불가능하다는 것을 시사하고 있었다. 이 때문에 이승만은 방법
을 강구할 필요가 있었다. 그 결과, 그는 1951년 8월 15일, 성명[57]을 통
해 본격적으로 신당 창당에 발 벗고 나서게 된다. 잘 알려져 있듯이, 이
승만 손에 의한 신당, 즉 훗날 자유당으로 이름을 바꾼 가칭 '통일노동
당[58]'의 창당은 이승만이 내걸고 있던 '일민주의[59]', 다시 말해 정당정치
를 부정하는 동시에 모든 국민이 자신을 정점으로 대동단결할 것을 호

---

56 오늘날과는 달리 제1공화국 당시에는 '부통령'이 설치되어 있었고 대통령이 사고로 인해
   직무를 수행할 수 없는 경우에는 이 '부통령'이 직무를 대행하도록 정하고 있었다. 대통령
   이승만이 80세 전후 고령이었던 제1공화국에서는 이 부통령을 누가, 그리고 어느 당파가
   점하는가가 특별한 의미를 지니고 있었다.
57 『기념사』, 공보처 편 『이승만 박사 담화집』(공보처[한국], 1952), 58쪽 이하. 동 서에는 같
   은 취지의 8월 4일자 이승만의 발언도 게재되어 있다. 「신당 조직에 관하여」, 동 서 62쪽
   이하.
58 한태수, 『한국정당사』(신태양사 출판국[한국], 1955), 189쪽.
59 일민주의에 대해서는 안호상 편술 『일민주의의 본바탕』(일민주의연구원 [한국], 1950년)
   외.

소하는 이데올로기를 사실상 포기한 것에 진배없었다. 바꾸어 말하면 이승만은 모든 당파를 초월한 전국민적인 지도자라는 자리를 버리고, 자발적으로 일개 당의 지도자로 남는 것을 택한 셈이었다.[60] 자유당의 창당은 한국에서 최초로 대통령이 주도한 '위로부터'의 '정부당' 창당이었다는 점을 감안할 때, 이는 이승만 자신은 물론 한국정치사에서도 매우 획기적인 의미를 지닌다. 획기적 정당의 출현은 국회 내외에 심각한 영향을 미치며 정계에 큰 파란을 몰고 온다.

중요한 점은 국회가 대통령을 선출할 권리를 획득했으며, 이에 반해 대통령은 국회를 해산할 권한이 없었다는 당시의 제도적 구조이다. 이승만이 대통령으로 재선되기 위해서는 민주국민당이 확고한 세력을 보유하고 있는 국회에서 지금까지와 마찬가지로 결과가 불확실한 다수파 공작을 지속하든가, 아니면 비상수단을 이용하여 눈 깜짝할 새에 국회의 다수를 점유하여 헌법을 대통령직선제로 개정함으로써 직접 국민들의 위임을 받을 필요가 있었다. 이승만은 이러한 두 가지 정치 모험 중, 절차상으로는 의심스러운 점이 있으나, 최종적으로 직접 국민들의 위임을 받을 수 있는 후자를 선택하여 이러한 방향을 관철시킨다.

정권 말기와는 달리, 1950년대 중반까지만 해도 이승만은 여전히 독립운동에 뿌리를 둔 카리스마를 유지하고 있었기 때문에, 다른 당들이 직접선거에서 대항마를 세우는 것은 매우 어려운 실정이었다. 두 차례 치러진 국회의원 선거 결과에서 여실히 드러난 것처럼 민주국민당의 간부들은 선거에서 실상 맥을 못 추었으며, 이 때문에 그들은 대통령직접

---

60 본디 자유당은 적어도 원칙상으로는 자신들을 전 국민을 포함하는 정당으로 평가하고 있었다.

선거제를 어떡해서든 저지해야만 했다. 즉 국회 내에서 세력을 굳히고 있었던 민주국민당은 정치투쟁의 장을 어디까지나 국회 내로 한정해야만 했던 것이다.

　그러나 이는 여당 계열 의원들에게도 공통되는 것이었다. 대통령직접선거제로의 개정은 국회가 행정부에 대한 영향력을 행사할 때 최대의 무기를 잃어버린다는 점을 의미하며, 여당의원들에게도 이는 국회의원으로서의 가장 큰 권한을 잃는 것과 다름없었다. 이승만이 신당 창당 운동을 개진할 때, 원내 즉 국회 내의 세력보다는 오히려 원외 즉 국회 외의 압력단체를 중요시함으로써 문제가 더욱 복잡해졌다. 구체적으로 이승만은 과거 '미군정부의 정통성을 인정하고, 이를 계승하는 형태로 한반도 남쪽에 수립한 대한민국'이라는 그의 사상을 지지한 독립촉성계열단체들의 후신인 국민회, 대한청년단, 대한노동조합총연맹, 농민연합연맹, 대한부인회 등과 같은 사회단체를 중요시했다.[61] 광복 이후 주춤하였던 이 단체들은 이승만의 신당 창당 권유에 민감하게 반응하며 이승만의 뜻-즉 대통령직접선거제 개헌을 거쳐 이승만이 대통령에 재선되는 것-을 적극적으로 지지한다.

　원내, 원외 양 세력의 생각들이 교차하는 가운데, 신당발기준비협의회 내에서도 의견이 엇갈려 그 결과, 모두 이승만을 당수로 하는 '원내' 및 '원외' 두 개의 '자유당'이 출현하게 되었다. 양당은 수차례의 합당협의에도 불구하고 끝내 의견을 조율하지 못했다. 결국 1951년 12월 30일, '원외자유당' 계열 무소속의원들이 제출한 대통령직접선거제 개헌안은

61 이러한 자유당 결당 시에 원외 제반 단체의 역할에 대해서는 한태수, 『한국정당사』. 이기하, 『한국정당발달사』(의회정치새한국, 1961), 218쪽 이하. 이명희, 「자유당의 형성과 조직에 관한 연구」(경남대학교[한국] 석사학위논문, 1982) 등.

'원내자유당'이 반대 측으로 돌아섬으로써 19대 143이라는 어마어마한 차로 부결된다.[62] 이승만이 사실상 등을 돌린 '원내자유당'이 야당으로 전락함으로써 그때까지 아슬아슬한 줄타기를 하고 있었던 여야의 세력 균형은 완전히 붕괴되고 말았다. 이로 인해 국회는 완전히 야당의 수중에 떨어지게 되었다. 이승만의 방법은 오히려 파국의 결과를 초래한 것처럼 보였다.

하지만 사태는 그가 내놓은 다음 수로 완전히 뒤바뀐다. 이에 대해 다음 절에서 살펴보도록 하자.

'부산정치파동'과 민주국민당의 패배

1951년의 상황은 언뜻 1949년의 상황과 유사한 듯 보였다. 먼저 혼돈의 국회는 점차 양대 정당의 모습으로 변해갔으며 그 가운데, 차츰 '정통보수야당'은 상대적인 우위성을 차지하게 되었다. 야당은 공세를 더욱 강화하여 드디어 양자는 결정적인 대립에 이른다.

또 다른 유사점은 이처럼 양자가 첨예하게 대립한 결과, 이승만이 야당색이 짙은 당시의 내무부 장관을 파면하고 내무부 그리고 경찰을 직접적인 지휘 아래에 편입시켰다는 점이다. 1951년 4월 24일, 이시영이 부통령을 사임하기 직전, 이승만은 전쟁 수행 과정에서 한국군들이 저지른 양민학살사건인 거창사건[63]의 책임을 물어 법무, 내무, 국방 등 세 명의 장관에게 사임하도록 권고한다.[64] 중요한 점은 이승만이 당연히 연대 책임을 져야 했던 장면 국무총리의 문제는 불문에 부쳤다는 것이다.

62 김운태, 『한국민주당연구』 2, 83쪽.
63 김운태, 『한국민주당연구』 2, 369쪽 등.
64 이 경위에 대해서는 조병옥, 『나의 회고록』 등.

한편, 사임을 권고받은 세 명의 장관은 이 사건의 직접적인 책임자로 이 승만에게 두터운 신임을 받고 있던 신성모 국방부 장관[65]을 제외하고는 민주국민당 간부인 김준연 법무부 장관과 조병옥 내무부 장관이었다. 이러한 경질의 배경에는 내각에서 민주국민당 세력을 몰아내고, 더 나아가 국민방위군사건, 거창사건 등 연이어 일어난 불상사의 책임을 그들에게 떠넘기려는 이승만의 정치적 의도가 명백히 내포되어 있다. 앞서 서술한 것처럼 김성수는 실로 이러한 양자의 대립 속에서 부통령으로 선출되었다. 이러한 경질에 불만을 품은 민주국민당은 내무부 장관으로 지명된 이순용李淳鎔에 대해 국적문제를 들어 이의를 제기한다.

민주국민당의 공세는 그 후에도 더욱 거세졌으며 앞서 서술한 두 '자유당'의 성립과 그 후의 혼란까지 겹쳐, 국회는 민주국민당의 주도로 돌아가게 되었다. 민주국민당은 1952년 1월 18일, 원외자유당 계열 의원들이 제출한 대통령직접선거제 개헌안을 앞서 말한 대로 19대 143이라는 어마어마한 차로 부결시켰다. 그리고 같은 해 2월 10일에는 반대로, 내각책임제 성격이 짙은 개헌안을 제출하기에 이른다. 개헌안에는 민주국민당 소속 의원 39명에 더해, 원외자유당 합류를 거부한 원내자유당 '잔류파' 의원 4명과, 민우회 소속 25명 중 21명, 그리고 무소속의원 26명 중 15명 등 총 123명이 서명했는데, 이 숫자는 개헌에 필요한 총 의원 수의 3분의 2분에 해당하는 122명을 한 명 초과한 것이었다.[66] 개헌안은 이승만이 주도한 장면 국무총리 파면과 장택상 국무총리 임명이라

---

65 사직한 신성모는 주일 대표로 임명된다. 이 임명에 대해서는 그에 대한 정치적 추궁을 피하고자 하는 이승만의 의지가 작용한 것으로 전해지고 있다. 훗날 국회는 그에 대한 소환 결의를 하였고, 그는 부득이하게 귀국한다.
66 김운태, 『한국민주당연구』 2, 84쪽.

는 중도파 세력들에 대한 와해 작전으로 인해 통과 직전[67]에 부결되고 말았으나, 어쨌든 대통령 선거를 앞두고 야당은 국회 내에서 명백한 우위를 지키고 있는 듯이 보였다.

그러나 '다른 점'이 존재했다. 5월 14일, 이승만이 약간의 수정을 거친 후 정부 측 개정안을 다시 제출하자 상황은 크게 뒤바뀌었다. 헌법이 정한 대통령 선거일을 목전에 두고, 이승만 측은 원외자유당의 흡수를 주장하는 원내자유당인 '합동파'를 '자유당'이라는 이름으로 정식 등록하였다. 때를 같이하여 '청년단'과 유사한 각양각색의 단체들이 국회 주위로 결집하기 시작하였다. 더 나아가 이승만은 원외자유당의 주요 인물로 국무총리와 조선민족청년단 단장을 역임한 이범석을 내무부 장관으로 기용하고, 25일에는 임시수도인 부산을 포함한 경상남북도 전역과 전라남북도에 계엄령을 선포하였다. 야당은 이에 대해 집회 등을 통해 저항하였으나, 이러한 움직임은 사사건건 계엄령위반이라는 미명 아래 탄압을 받았으며 게다가 '괴한'들에 의한 정치테러로 침묵할 수밖에 없었다. 심지어 조병옥은 이승만의 암살을 획책했다는 혐의까지 받는다.[68] 결국 야당과 그들의 지지기반은 행동의 자유를 완전히 잃게 된다. 그 결과 6월 12일, 장택상 국무총리가 이끄는 신라회가 앞서 제출한 정부측 개헌안에서 일부 발췌한 소위 '발췌개헌안'을 국회에 제출하자, 정부는 출석을 거부한 야당의원들을 말 그대로 국회에 강제 연행한 후 그들을 국회 내에 감금한 채로 표결을 실시했다. 이렇게 해서 '발췌개헌안'은 재적 의원 수 185명 중 166명의 '찬성'을 얻어 '통과'된다.

---

67 이 점에 대해서는 김석영, 『정계의 혹성 장택상』(종음사한국, 1952) 등.
68 『해방 20년사』 610쪽 이하. 또한 조병옥, 『나의 회고록』.

이 사건이 바로 '부산정치파동'이다.[69] 이로써 무대는 국회를 벗어나 직접선거제로 실시된 대통령선거제로 옮아가게 된다. 개헌안이 정한 개 정헌법 시행일에서 정·부통령 임기 만료일까지의 시간은 겨우 39일밖 에 남아있지 않았다.

그러나 본 장에서 중요한 점은 이승만 정권의 노골적인 권력 남용에 도 불구하고 민주국민당은 차기 대통령 선거에서도 이승만에 대항해 마 음껏 싸울 수조차 없었다는 것이다. 민주국민당은 차기 선거에서 전前부 통령인 이시영을 대통령 후보로 옹립하나 그는 다른 야당 계열 후보였 던 조봉암曺奉巖에도 크게 뒤처지는 약 76만 표로 참패를 맛본다. 이에 반해 이승만은 533만 표를 얻었다. 민주국민당은 함께 치러진 부통령 선거에서도 참패하였는데, 부통령 후보로 나선 조병옥은 겨우 약 56만 표를 얻는 데 그쳤다. 이러한 참패는 민주국민당에 치명적인 상처를 안 겨 주었으며, 이로써 민주국민당은 급속히 쇠퇴의 길을 걷게 된다. 그리 고 같은 시기에 원내자유당 '잔류파'들의 몰락이 진행됨으로써 여당 자 유당은 야당에 대해 압도적인 우위성을 구축하기에 이르렀다.

그렇다면 민주국민당이 이처럼 너무나 허망하게 패배할 수밖에 없었 던 이유는 무엇이었을까. 다음 절에서는 이에 대해 살펴보도록 하자.

---

69 '부산정치파동'에 대해서는 당시 각 신문 및 『해방 20년사』 598쪽 이하.

5. '정통보수야당'의 변질과 '동아일보그룹'의 퇴장

'호남재벌'의 경제적 쇠퇴와 '동아일보그룹'의 해체

잘 알려져 있듯이, 이 시기 '정통보수야당'을 지탱하고 있었던 것은 김성수가 오너의 자리를 지키고 있었던 '호남재벌'의 재력이었다. 1장에서 자세하게 살펴보았듯이, 조선왕조 말기 대지주로 부상하기 시작한 울산 김씨 일족은 전라북도를 중심으로 한 토지자본을 기반으로 일제치하기 산업자본화에 성공함으로써 급속히 경제규모를 확대해 나간다. 그 핵심에 바로 경성방직이 있었으며, 울산 김씨는 이를 기반으로 일제치하 말기, 일본의 만주 진출과 발맞추어 남만방적을 설립하였다. 이로써 그들의 경제규모는 한반도 내부에서는 능가할 자가 없을 정도로 거대해졌다.

이러한 그들의 경제적 성공은 병행적으로 진출한 교육분야, 더욱 구체적으로 말한다면 중앙학교 및 보성전문학교고려대학교의 전신의 매입을 통해 이들 교육기관을 중심으로 성립된 재경양반 엘리트들의 네트워크를 수중에 편입함으로써 가능했다. 특히 이러한 네트워크를 이용함으로써 울산 김씨는 박영효朴泳孝로 대표되는 '친일파' 인사와의 관계를 돈독히 했으며, 또한 이 구舊엘리트들을 조선총독부의 창구역으로 활용함으로써 조선총독부 및 부속기관의 방대한 금융자본에까지 줄이 닿게 되었다. 자신들의 토지자본과 저렴하고 방대한 총독부계열 금융. 그들은 특유의 경영능력을 유리한 경제 환경 속에서 마음껏 발휘함으로써 이윽고 거대 '호남재벌'을 구축하기에 이른다. 거대한 경제력과 이를 배경으로 운영된 동아일보라는 민족활동은 결과적으로 그들 주위에 각

양각색의 인물들을 결집시켰으며 이는 한반도 내의 최대 정치집단인 '동아일보그룹'의 형성으로 이어졌다.

'정통보수야당'의 시초인 한국민주당은 실로 이러한 '호남재벌'의 재력과 그 결과로 형성된 인맥이 상승효과를 내면서 출현한 것이었다. 물론 일제치하 때 구축한 총독부와의 관계는 광복 후, 그들의 정치활동과 관련해 정통성 문제를 불러일으켰다. 그러나 적어도 한국전쟁 이전까지, 그들의

김성수(부통령 당시)
출전: 김상만, 『동아일보 사사』 1(동아일보사 [한국], 1975), 4쪽.

경제 및 인적 자원은 정통성 부재와 이 때문에 발생한 거듭된 선거 패배를 충분히 벌충했다. 또한, 이를 십분 활용함으로써 선거가 아닌 자신의 힘으로 두 차례에 걸쳐 세력을 재편 및 재건하는 데 성공할 수 있었다.

하지만 상황은 점차 변해 간다. 중요한 점은 그들이 이 시기 야당에 만족하고 있었다는 점이다. 앞서 서술한 것처럼 그들의 경제적 성장을 탄탄하게 뒷받침한 것은 총독부 계열 금융기관, 특히 총독부의 중앙은행 격이었던 조선식산은행과의 관계였다. 그들은 조선왕조 개화파의 '원로' 격으로 일제치하기에 쭉 조선식산은행의 이사를 역임했던 박영효를 경성방직과 동아일보의 사장 그리고 고문으로 추대하여, 당 은행과의 관계를 돈독히 했다. 이는 그들이 사실상 여당이었던 미군정기에도 공통된다. 그들의 경제적 우위는 이처럼 정치핵심과의 관계를 통해 성립되었다고 할 수 있다.

그러나 대한민국정부 수립 이후, 이승만과의 동맹관계가 깨지면서 야당으로 몰락하자, 결국 그들은 다른 세력에 대한 우위성의 근원이었던

정치핵심과의 유대 관계를 잃게 된다. '호남재벌'의 경영환경은 광복 후의 핍박한 경제 상황과 맞물려 급속히 악화하며, 자금조달은 서서히 그리고 여실히 곤란해진다. 게다가 '친일파' 문제는 상황을 더욱 악화시켰다. 그들은 내부에서도 '호남재벌'의 경제 부문 통솔자로 남만방적 사장이라는 직책을 통해 일본의 만주진출에 관여하였고, 만주국 명예총영사 및 중추원 참의를 지낸 김성수의 남동생인 김연수金季洙[70]를 '친일파'로 내몬다.[71] 김연수는 결국 간신히 이러한 추궁을 빗겨가나, 이처럼 정치적 타산을 목적으로 한 남동생 '팔아넘기기'는 결과적으로 김성수와 김연수의 관계를 악화시키는 계기가 되었으며,[72] 이로 인해 '정통보수야당'이 '호남재벌'로부터 정치자금을 제공받는 것은 점차로 어려워졌다.

이러한 상황에도 불구하고 그들의 경제적 우위는 여전히 상대적으로 두드러졌다. 막대한 경제규모를 자랑했던 그들은 필요하다면 재고품이나 자산을 처분함으로써 풍부한 정치자금을 얼마든지 확보할 수 있었다.[73]

하지만 한국전쟁의 발발과 이에 따른 경제활동의 중지, 그리고 전란 중의 공장 시설 파괴는 결정적인 타격을 안겨 준다. 예를 들면 전란 중, 주력기업인 경성방직의 경우, 40% 이상의 설비가 파괴되었다.[74] 그 후 호남재벌의 주력 공장이 집중되어 있던 서울이 탈환되자마자 복구에 들

---

70 김계수에 대해서는 우선 김상하 편 『수당 김계수』(삼양사[한국], 1995).
71 경방 70년 편찬위원회 편 『경방70년』(동 위원회[한국], 1989), 138쪽 이하.
72 이 점은 당시 김계수 아래에서 경성방직 사장을 역임한 김용완의 술회에 전형적으로 나타나 있다. 김용완·홍재선 『재계회고』 3 원로기업인 편 Ⅲ(한국일보사 출판국[한국], 1981), 123쪽 이하. 동은기념사업회 편 『동은 김용완』(동은기념사업회[한국], 1979), 112쪽 이하.
73 동은기념사업회 편 『동은 김용완』, 102쪽 이하.
74 경방 70년 편찬위원회 편 『경방70년』, 146쪽.

어갔으나, 그들은 후원하는 야당이 이승만 정권과 대립한다는 의미를 뼈저리게 실감해야 했다.

1951년 12월, 이승만 정권은 경성방직이 야당 계열 기업이라는 이유를 들어 그들이 신청한 예금인출을 거부한다.[75] 잘 알려져 있듯이, 광복 후 한국의 은행들은 일제치하 말기 조선총독부가 한국인 계열 금융기관을 사실상 강제로 흡수하는 과정, 이어서 미군정부가 총독부 재산과 일본인 재산들을 접수하는 과정, 그리고 대한민국정부로 이어지는 과정 등 세 과정을 거치면서, 사실상 국유은행과 별반 다를 바 없는 상황에 놓여 있었다. 이러한 상황에 더해 전쟁이라는 조건은 금융기관에 대한 비상통제를 가능하게 했으며, 이 때문에 금융기관에서 발생하는 거액의 자금인출은 가령 소유예금일지라도 정부의 허가를 받아야만 했다.[76] 마침 민주국민당의 정치공세로 궁지에 몰려 있던 이승만은 이러한 기회를 놓치지 않고 '호남재벌'에 대한 압력을 가중시켰다. 자금 조달의 실패가 경제활동의 중단으로 이어지던 당시의 상황 속에서 '호남재벌'은 굴복할 수밖에 없었다. 그들은 태도를 바꾸어 여당 자유당에 자금 제공을 약속했으며,[77] 이로써 '호남재벌'과 '정통보수야당'의 관계는 더 큰 손상을 입어야만 했다.

'호남재벌'의 자금제공 중단은 민주국민당, 특히 핵심을 차지하고 있던 김성수의 정치적 구심력을 약화시켰다. 이 사건이 일어나기 직전 야당의 통일후보로 부통령에 선출된 김성수는, 당의 간판 역할을 머지않

75 경방 70년 편찬위원회 편 『경방70년』, 150쪽 이하. 동은기념사업회 편 『동은 김용완』, 123쪽 이하.
76 당시의 금융구조에 대해서는 임묘민, 『한국의 은행사』(한국경제문제연구소[한국], 1963) 등.
77 김용완·홍재선, 『재계회고』, 133쪽.

아 신익희에게 양보해야만 했다. 그리고 서서히 중앙정치무대에서 모습을 감추게 된다.[78] 최대의 무기를 잃어버린 야당은 더 이상 과거처럼 국회 내에서 선거 이후 반격을 펼칠 수 없었다.

이처럼 '정통보수야당'은 이승만에 대한 도전능력을 잃고는 쇠퇴의 길을 걸으면서 스스로 크게 변화할 수 밖에 없었다. 다음에서는 이 점에 대해 살펴보도록 하자.

'정통보수야당'의 변질과 조병옥의 부상

1951년. 승리를 눈앞에 두고 있었던 '정통보수야당'은 심각한 재정 위기에 직면해 있었다. 김성수는 새로운 자금 조달에 실패했으며, 게다가 다른 재벌을 통해 자금을 벌충하는 것도 사실상 불가능했다. 정권에 도전한 야당에 자금을 제공하는 짓이 어떤 결과로 이어질지는 '호남재벌'의 말로에서 여실히 드러나 있었기 때문에 '호남재벌'보다 비교적 작은 규모인 여타 자본가들은 모험으로밖에 비춰지지 않는 투자를 감행할 수 없었다.

마침 이때, 조병옥이 내무부 장관 자리에서 사실상 축출당한 후 민주국민당으로 복귀한다. 민주국민당이 이승만 정권에 대해 날카롭게 책임을 추궁한 국민방위군사건과 거창사건의 총책임자였던 조병옥에게 민주국민당은 당 실무를 주관하는 사무총장이라는 요직을 맡겼다. 이러한 배경에는 '국립경찰의 아버지'로서 경찰 그리고 경찰과 밀접한 관계를 맺고 있던 '청년단체'에 대해 이승만조차 높이 샀던 영향력을 지닌 그에 대한 각별한 예우가 분명 존재했다. 이로써 조병옥은 일약 '정통보수야

78 배경에는 그의 지병도 있었다.

당'의 거목으로 부상하였다. 이승만도 그를 최대의 정적으로 간주하고, 강한 경계심을 드러낸다.

조병옥은 사무총장 자리에 앉자마자, 우선 파산 직전인 당 재정의 재건에 나선다. 그는 당내에 이러한 문제를 관할하는 '오인위원회'를 조직하여 미흡하기는 하나 정치자금 조달에 일정부분 성과를 올리는 데 성공하였다. 조병옥은 '국립경찰의 아버지'라는 화려한 경력과 이 속에서 쌓은 인맥을 통해 김성수조차 실패한 정치자금 조달에 성공한 것이었다. 오늘날 알려진 사실에 따르면 조병옥의 자금조달원은 정운용鄭雲用, 방의석方義錫, 전용순全用淳이었다. 이 중, 전용순은 광복 직후 결성된 국내파 경제인조직인 조선상공회의소에서 '부회장그룹'의 한 사람으로, 재계의 정계공작을 담당했던 인물이었다. 또한, 한국민주당 창당멤버로 활동한 전력을 가지고 있었다.[79] 그는 화신의 박흥식朴興植이나 호남재벌의 김연수 등 일제치하 대표기업의 경영자들이 친일파라는 비판 때문에 재계에 떳떳이 얼굴을 드러내지 못하는 상황 속에서 그들을 대신하는 역할을 담당했다. 이러한 이유에서 보더라도 같은 국내파 경영인인 그가 민주국민당에 가세하는 것은 어떤 의미에서 당연한 것이었다.

하지만 조병옥의 자금력을 살펴볼 때 더욱 중요한 것은 정운용, 방의석 등과의 연대이다. 정운용은 일제치하 조선은행의 전신인 대구은행 창시자의 적손嫡孫으로, 조선은행의 이사 및 대주주의 지위를 이용해 금융계에 큰 영향을 미칠 수 있는 몇 안 되는 한국인 중 하나였다. 광복

---

79 전용순에 대해서는 동은기념사업회 편 『동은 김용완』 154쪽 이하, 이종재 「재벌 이력서」 (한국일보[한국], 1993) 71쪽 이하, 『자료대한민국사』 1~9(국사편찬위원회[한국], 1998)의 여러 곳. 그와 그가 핵심을 차지하던 재계는 이승만에게도 자금을 공급했었다. 우남 이승만 문서편찬위원회 편 「우남 이승만 문서」 13(중앙일보사[한국], 1998)의 여러 곳.

직후, 그는 이러한 지위를 이용하여 조흥은행장에 취임하였으며, 한때
는 조흥은행을 조선은행을 대신하는 중앙은행으로 만들고자 힘쓴다. 하
지만 결국 일제치하 총독부의 금융지배에 일익을 담당했던 그는 친일파
에 대한 비판이 가중되자, '부정융자'에 대한 책임을 지고 조흥은행장에
서 물러나야만 했다.[80] 다른 한편, 방의석은 일제치하 조선인 운수자본
으로 거대한 규모를 자랑했던 함흥택시의 운영자였으며, 중추원 참의라
는 지위까지 올라선 인물이었다. 하지만 한반도가 38선으로 남과 북으
로 분단되자, 그는 북쪽의 경영기반을 깡그리 잃게 되었으며 게다가 친
일파라는 비판을 정면으로 받음으로써 재계의 일선에서 퇴장해야만 했
다.[81]

  1952년 당시, 두 사람 모두 막대한 자금을 보유하고 있었음에도 불구
하고 경영수완을 발휘할 수 있는 장을 사실상 잃어버렸다는 점을 간과
해서는 안 된다. 광복 이후의 혼란과 친일파에 대한 비판이 거세지는 가
운데, 두 사람 모두 경영 일선에서 축출당했으며, 그들의 진출을 뒷받침
했던 토지자본도 농지개혁을 통해 해체되었다. 하지만 이것이 바로 그
들이 일제치하에서 축적한 거대한 자산을 완전히 상실하는 것을 의미하
지는 않았다.[82] '호남재벌'의 관계자들과는 달리, 그들은 막대한 자산을

---

80 『자료대한민국사』 5(국사편찬위원회[한국], 1998), 528쪽 이하. 또한 김병석, 『인물은행사』
  상(은행계사[한국], 1978), 146쪽 이하. 이승제, 『한국금융사연구』(일조각[한국], 1970), 210
  쪽 이하 등. 또한, 김학민·정운현 편 『친일파 죄상기』(학민사[한국], 1993)의 여러 곳.
81 『해방직후 정치·사회사 자료집』(도서출판 다락방[한국], 1994), 812쪽 이하. 또한, 김학
  민·정운현 편 『친일파 죄상기』의 여러 곳.
82 그들의 자산은 본디 막대했으며 농지 개혁에 따라 토지가 헐값에 매수되면서 자산 전체가
  인플레이션으로 인해 감가되었지만 여전히 그들은 상대적인 부유층임에 변함이 없었다.
  이를 시사하는 것이 1954년 한국전쟁 이후의 시점에서도 정운용이 대표직을 맡았던 조흥
  은행의 정부 보유주 불하에도 3500부를 응찰할 수 있는 자금력을 보유하고 있었던 사실이
  다. 임묘식, 『한국의 은행사』, 143쪽 이하.

기업이나 경영 등을 고려치 않고 사용할 수 있는 매우 특별한 위치에 있었다.

이는 물론 조병옥에게 자금을 공급하기 위한 필요조건은 되었으나, 충분조건은 아니었다. 이와 동시에 친일파로서 가장 거센 비판을 받고 있을 때조차도 그들은 반민족행위처벌법에 의거한 처벌을 빗겨갔다는 점을 잊어서는 안 된다. 여기서 우리는 당시 그들의 수사에 임한 경찰을 지휘했던 인물이 바로 경찰부장이었던 조병옥이었다는 사실을 상기할 필요가 있다. 이와 더불어 조병옥에게 가장 많은 자금을 제공한 정운용은 그와의 연대를 강화해야만 하는 다른 이유를 가지고 있었다. 바로 정운용과 그의 일족들이 본거지로 삼고 있던 대구와 조병옥의 특수한 관계이다. 광복 이후, 대구가 직면한 두 개의 커다란 정치 사건, 다시 말해 1946년 10월, 노동조합의 총파업으로 촉발된 '대구 10월 항쟁[83]'을 처리하는 과정에서 조병옥은 경찰부장이라는 지위를 이용해 경찰조직과 영향력하에 놓여있던 청년단 등을 총동원하여 앞장서서 진압에 나섰으며, 그리고 1950년 한국전쟁 당시, 대구를 사이에 둔 공방전에서도 내무부장관이었던 그는 전술적 이유를 들어 부산으로 후퇴할 것을 주장한 국방부에 대해 끝까지 경찰부대의 후퇴를 거부하며 대구를 지켜냈다. 두 차례의 대구 위기를 거치면서, 특히 이승만 등 여타 정권주요 인사들이 예외 없이 부산으로 피난한 상황에서 대구에 계속 남아 있던 조병옥과 대구를 본거지로 하는 자본가들 사이에서 특수한 관계가 싹트는 것은 어쩌면 예견된 것이었다.[84]

---

83 '대구 10월 항쟁'에 대해서는 심지연, 『대구 10월 항쟁 연구』(청계연구서[한국], 1991)에 자세히 기재되어 있다.

84 조병옥의 정치자금 공급원 가운데 다른 하나는 아마도 당시 정부나 자유당으로부터 흘러

192 한국의 권위주의적 체제 성립

중요한 점은 친일파 처리와 연이은 농지개혁으로 인해 당시 한국에서
경영 일선에서 축출당한 후에도 여전히 거대 자본을 보유하고 있던 인
물이 한시적이라고는 하나 존재했으며, 추방이 진행되면서 조병옥은 대
한민국, 더 나아가 이승만 정권과 적대 관계를 형성했던 그들을 소위 수
호자로서 보호해야만 하는 위치에 있었다는 것이다. 조병옥의 이러한
특수한 지위는 그가 두 차례에 걸쳐 '국립경찰의 아버지'라는 역할을 담
당했고, 경찰조직 내부에 숨은 영향력을 행사하고 있었기 때문에 가능
했다.

김성수의 영향력 약화와 조병옥의 부상. 동시에 진행된 두 현상은 민
주국민당의 성격을 크게 바꾸어 놓았다.[85] 이를 전형적으로 드러내는 사
건이 송진우宋鎭禹, 장덕수張德秀, 백관수의 사망 이후, '동아일보그룹'의
계통을 이은 인물이면서 '정통보수야당'의 핵심 세력이었던 서상일[86],
김준연[87]의 행보와 '정통보수야당'에서의 탈당일 것이다. 1952년 대선에
서 이승만이 재선을 거머쥔 삼 년 후인 1955년, 민주국민당은 다음 해로
다가온 대선을 목표로 구舊원내자유당 계열 세력과의 통합을 통해 범汎
야당, 즉 민주당 창당을 추진한다. 하지만 이러한 움직임은 일제치하기

나오는 야당 공작을 위한 정치자금이었다. 이 수법은 훗날 유진산으로 이어지게 된다. 「인
터뷰 전 공화당 의장 전 민정당 대표 전 국회의장 박준규(2.9)」, http://monthly.chosun.com/
html/200201/200201260004_2.html(링크 주소는 2002년 8월 29일 현재).

85 이 점에 대해서는 졸고 「大韓民国の成立」, 伊藤之雄·川田稔 편저 「環太平洋の国際秩
序の模索と日本」(山川出版社, 1999)도 참조할 것.

86 1886년 대구 출생. 일본 통치기에 동아일보 대구 지국장 등을 역임한 후, 한국민주당 결당
에 참여. 이후 한국민주당, 민주국민당에서 의회 내 지도자로서 활약. 헌법기초위원장 등을
역임. 진보당 참여 후 민주혁신당 결당을 주도했다. 「서상일론」(인물계[한국] 1959년 7월
호), 김운태 『한국현대정치사』 제2권: 제1공화국, 116쪽 이하 등.

87 1895년 전라남도 영암 출생. 일본 통치기에 동아일보 편집장 등을 역임했다. 해방 후 한국
민주당 '골수분자'로 활약. 민주당 탈당 후에 통일당 위원장을 지냄, 등. 「김준연론」(인물계
[한국] 1959년 12월호) 등.

에 공산당원이었던 조봉암의 민주당 가입을 둘러싸고 배제를 주장하는
'자유민주파'와 이와 반대로 용인을 주장하는 '민주대동파'의 대립을 초
래했다. 이 문제로 '동아일보그룹'은 큰 분열을 겪는데, 서상일은 김성수
와 함께 조봉암의 민주당 가입을 지지하였다. 김성수 사후, 서상일은 조
봉암을 배제한 채 결성된 민주당에 참가하는 것을 거부하고 조봉암과
함께 진보당을 창당하였다.[88] '자유민주파'의 대표적인 강경론자였던 김
준연 또한 자신의 주장을 토대로 창당된 민주당의 핵심에서 배제당했
다. 부통령 후보경선에서 장면에게 참패한 그는 1956년 민주당 대통령
후보인 신익희의 서거 이후, 돌연 이승만 지지로 돌아서 민주당에서 제
명당한다. 신생 민주당은 조병옥을 정점으로 한 '구파舊派'와 원내자유당
계열 세력을 이끄는 장면의 '신파'로 양분되었다. 이로써 더 이상 과거와
같은 '동아일보그룹'의 자취는 찾을 길 없었다.

결국 민주당의 실질적 지도자로 부상한 두 인물, 다시 말해 조병옥과
장면 모두 각각 전 내무부 장관과 전 국무총리 출신자로, 이 때문에 정
권 내부에 인맥을 갖고 있었고 이와 동시에 정권에 영향력을 행사할 수
있었다는 점을 주목해야만 한다.

실제로 양자 모두 자유당집권 시절, 이승만 정권 내부에 풍부한 인맥
을 형성하고 있었다. 즉 '정통보수야당'의 성격은 과거의 '경제력을 지닌
국내파로 구성된 정당'에서 이승만 정권이 확립되고 강화되는 과정 속
에서, 한때 정권의 중추를 차지했으나 이후 이승만과의 대립으로 정권
과 결별한 '정권 내부에 영향력을 지닌 국내파 핵심인물로 구성된 정권'
으로 극적인 변화를 한 것이었다. 조병옥을 핵심으로 하는 구파와 장면

88 이 경위에 대해서는 서중석, 『조봉암과 1950년대』 상(역사비평사[한국], 1999)의 여러 곳.

을 핵심으로 하는 신파는 결국 어느 쪽이 더 빨리 정권과 결별했는지, 그리고 무엇보다 조병옥과 장면 중 어느 쪽을 대통령 후보로 옹립할지를 둘러싼 차이밖에 존재하지 않았다.[89]

　그렇다면 우리는 이러한 한국의 '정통보수야당'이 걸어온 발자취에서 과연 어떤 결론에 도달할 수 있을까. 마지막으로 이 점을 살펴보고 본 장을 마치고자 한다.

6. '광복'의 의미

　지금까지 살펴본 것을 정리해 보자.

　대한민국정부가 수립된 이후부터 1952년경까지, 이승만 정권과 '정통보수야당' 사이에 발생한 정치적 알력 다툼 과정에서 '정통보수야당'은 국회의원 선거에서 패배한 후 국회 내에서 반격을 가했으며, 그리고 그 결과 행정부를 장악한 이승만 정권과 국회를 기반으로 한 '정통보수야당' 사이에 차기 대통령 자리를 놓고 치열하게 대립하는 국면이 반복되었다. 이러한 대립 속에서 '정통보수야당'은 이승만을 막다른 곳까지 몰아넣으며, 한때 이승만의 패배가 얼마 남지 않은 것처럼 보였다.

　그럼에도 불구하고 '정통보수야당'은 결국 이승만에게 무릎을 꿇어야 했으며, '야당'에서 '여당'으로 승격할 수 있는 귀중한 기회를 잃게 된다.

---

89 55년 이후의 민주당 내 '구파'와 '신파'에 대해서는 이석인 「파란만장한 민주당의 운명」, 『자유공론』 [한국] 1959년 12월호, 최한수 「민주당의 성립과 변천과정에 관한 연구」, 이충식 「민주당 신·구파의 파벌에 관한 연구」(연세대학교[한국] 석사학위논문, 1993), 박재일 「한국야당파벌에 관한 연구」(한국외국어대학교[한국] 석사학위논문, 1986) 등.

중요한 점은 이러한 과정을 통해 당시, '야당'에 안주할 수밖에 없었던 '정통보수야당'이 이후 40년 이상의 긴 세월 동안, '야당'이라는 지위에 계속해서 머물렀다는 것이다. 다시 말해 '정통보수야당'은 1990년, '정통보수야당'의 맥을 계승한 민주당이 당시의 집권여당인 민주정의당, 박정희 정권의 흐름을 계승한 공화당과의 합당을 통해 민주자유당이라는 정권의 일익을 담당하는 '여당'을 형성하며, 1992년 대선에서 김영삼 정권을 실현할 때까지 단 한번도 집권의 기회를 잡을 수 없었다. 그렇다면 본래 한국에서 '권위주의적' 체제가 시작될 당시, '정통보수야당'의 패배를 초래한 것은 과연 무엇이었을까.

본 장에서 다룬 정치 과정에서 보자면 첫째, '정통보수야당'의 패배는 적어도 직접적으로는 '부산정치파동'에서 발생한 이승만 정권의 물리적 폭력 장치에서 원인을 찾을 수 있다. 더 구체적으로 말하자면 이승만 정권이 경찰조직을 정치적으로 이용한 결과라 할 수 있다. '부산정치파동'과 그 결과인 대통령직선제 개헌은 이승만과 대립 가능한 국민적 영웅을 확보하지 못한 '정통보수야당'과 이승만 사이의 정치적 역량 차이를 확고한 것으로 만들었다. 그러나 이처럼 이승만 정권이 물리적 폭력 장치를 남용할 수 있었던 것은 대한민국정부 수립 이후, 이승만이 대통령으로서 정권과 경찰권력을 장악했기 때문이 아니다. 오히려 대한민국정부 수립 이후 반복된 양측의 정치적 대립 속에서 '정통보수야당'이 서서히, 하지만 확실하게 경찰조직에서 배제된 결과라 할 수 있다. 이는 이승만 정권과 '정통보수야당'이 대립하는 가운데, 점차로 영향력을 넓힌 '국립경찰의 아버지' 조병옥이 '정통보수야당'에 대한 지배권을 장악했다는 점에서도 여실히 드러난다. 광복 직후 그다지 두각을 나타내지 못하던 조병옥이 경찰부장에 취임함으로써 경찰조직을 장악했다는 점은 이 승만은 물론, 조병옥을 미군정부에 추천하였으며 '정통보수야당'의 핵심 을 점하고 있었던 '동아일보그룹'의 의도와는 상관없이 중요한 열쇠로 떠올랐다. 이로써 그는 이승만의 최대 대항마로 부상하기에 이른다.

이러한 의미에서 1960년 치러진 대선에서 이승만과 조병옥[90]의 격돌 은 예상된 결과였으며, 그리고 이를 과도하게 의식한 이승만 정권이 선 거에 대해 지나치게 간섭한 나머지 이승만 정권은 붕괴라는 말로를 맞 게 된다. 이는 어떤 의미에서 광복 직후 한국정치사의 당연한 귀결이었 다고 말할 수 있다. 여기서 우리는 물리적 폭력을 독점한 근대국가에서 가장 중요한 기관은 물리적 폭력을 관할하는 조직이었으며, 이승만 정 권은 이러한 조직 쟁탈전에서 참패했다는 지극히 단순한 사실을 알 수 있다.

그러나 이보다 중요한 점이 존재한다. 둘째, 대한민국이라는 '국가'의 광복'이 단순히 물리적 폭력을 장악한 자와 그렇지 못한 자들 사이의 세 력 괴리 이상의 결과를 초래했다는 것이다. 이는 풍부한 경제력을 통해 광복 직후, '정통보수야당'을 뒷받침했던 김성수의 몰락에서 여실히 드 러난다. 일제치하, 김성수와 '호남재벌'은 당국과 미묘한 거리를 유지하 면서 어마어마한 부를 축적하였다. 하지만 그들은 대한민국정부 수립 직후, '야당'이라는 이유로 엄청난 대가를 치러야만 했다. 총독부의 금융 기관에 대한 지배력을 이어받은 대한민국의 '국가'는 이를 이용하여 '호 남재벌'의 경제활동을 봉쇄했으며 결국 '호남재벌'을 경제적 몰락으로

---

90 직전의 조병옥의 병사로 인해 최종적으로 이 선거는 포스트 이승만을 노린 부통령 선거를
   중심으로 한 것이 되었고, 이 부통령 선거에 대한 여당의 과잉 개입이 여론의 거센 반발을
   산 결과, '4월 혁명'을 부르게 된다. 이 점에 대해서는 본서 제5장을 참조할 것.

몰아넣었다.

　문제는 '광복'이 지닌 특수한 의미였다. '그들'을 자신들의 정식 구성원으로 인정치 않았던 식민지국, 그리고 국민으로 포함한 '자신의' 국가. 후자는 언뜻 전자보다 '그들'의 경제활동에 유리한 존재로 비쳐졌다. 그러나 일단 '그들'이 '국가', 더 정확하게 말해 당시 '국가'를 지배하는 세력들에 대항하여 도전을 시도하자, 이러한 관계는 뒤바뀌고 만다. 즉 식민지국에서 '그들'이 시도한 도전이 적어도 당시 지배세력의 즉각적인 추방－즉 '광복'－을 목표로 하지 않는 한, '국가' 지배세력은 이를 자신들의 지위를 직접적으로 위협하는 행위로 간주하지 않았다. 이에 반해 광복 후의 정치 상황 속에서, 당시의 지배세력은 독자적인 그리고 거대한 세력을 갖고 있던 '그들'의 도전을 즉각적으로 자신들을 대신할 수 있는 가능성을 내포한 것으로 간주했다. 이 때문에 지배세력은 '그들'에 대해 총력을 기울일 수밖에 없었다. 이승만은 총독부가 묵인했던 '동아일보 그룹'의 도전을 전력을 다해 대응했으며 결국에는 이를 정치적으로 사멸시켜 버렸다. 이는 어떤 의미에서 대한민국의 '광복'이 초래한 결과라 할 수 있다. 이승만은 물리적 폭력과 금융통제력을 이용하여 정치적 승리를 실현하였다. 조병옥은 과거, 권력 내부에 깊숙이 발을 들여 놓았던 경험을 살려 '정통보수야당'에 우선 자금을 공급함으로써 잠시 숨을 돌릴 틈을 터주었다. 하지만 이미 '정부당'과 '정통보수야당' 간의 세력 격차는 회복할 수 없을 정도로 벌어져 있었다.

　대한민국의 '광복'. 이는 단순히 지배하는 자와 지배당하는 자, 그리고 '국가' 지배권을 둘러싼 지배자와 도전자를 낳는 이상의 의미를 지닌다. 다시 말해 '국가'의 출현은 당연한 귀결로서, '국가'를 지탱하는 고유한 정통성 원리를 낳았던 것이다. 그 결과, 일제치하에서 당연히 식민지국의 정통성 원리 틀 밖에서 주변인으로 존재했던 구舊식민지 주민들은 광복 이후, 신생독립 '국가'의 새로운 정통성 원리에 의거해 이에 합치하는 자와 그렇지 않은 자로 '분류'된다. 일제치하, 풍부한 인맥과 절묘한 균형 감각을 이용해 식민지 당국과 미묘한 거리를 유지하였던 '동아일보그룹'은 대한민국 건국 과정에서 자신들은 말할 것도 없거니와 당시 사람들의 예상을 뛰어넘어 '친일파'로 엄격히 분류되었으며 이로 인해 매우 어려운 상황에 직면하게 된다. 일제치하 때 엄청난 영향력을 자랑하던 그들이 같은 시기, 쭉 해외에 거주하면서 독립운동에서도 이렇다 할 성과를 올리지 못한 이승만에 대해 광복 후 치러진 선거에서 전혀 힘을 쓰지 못했던 점에서 이는 여실히 드러난다. '국가'는 자신에 걸맞은 '이데올로기'를 창출해내고, '이데올로기'는 자신에 맞지 않는 자는 '국가' 핵심부에서 가차 없이 배척한다. 이러한 의미에서 '정통보수야당'의 패배는 당연한 귀결이었다고 말할 수 있지 않을까. 정당이 대통령에 대항해 패배했다는 것은, 정당의 사회적 그리고 조직적 동원 능력을 기반으로 하는 국회가 개인적 카리스마를 기반으로 하는 대통령에 대항해 패배했다는 것을 의미했다. 그 결과, 대한민국은 최초의 헌법이 규정한 체제와는 달리, 국회를 경시한 대통령 중심의 정치체제를 걷게 된다.[91] '광복'이 국민들 사이에서 지배자와 피지배자를 낳고, 이 중 지배자는 '광복'의 결과로 획득한 '국가'의 물리적 조직을 이용하여 피지배자의 도전

---

91 이를 전형적으로 보여주는 것이 '국무총리서리' 제도일 것이다. 이승만 이후 김대중에 이르기까지 한국의 역대 대통령은 자신이 임명한 인물이 국무총리로서 국회 승인을 받는 데 실패한 결과, 이를 대신할 인물에 대해서는 국회의 승인을 요하지 않는 '국무총리서리'로서 등용하여 실질적으로 국무총리 직무를 수행케 했다.

을 봉쇄한다. 이와 함께 탈식민지 직후의 상황 속에서 지배자는 대부분의 경우, 도전자나 피지배자가 가지고 있지 않은 독립운동에 뿌리를 둔 지배의 정통성을 압도적으로 지닌다. 조직과 이데올로기라는 두 측면에서 발생한 지배자와 도전자 간의 세력균형 붕괴는 결국 지배자에 의한 장기집권을 초래한다. 지배자는 머지않아 지배 과정에서 과거 소유하고 있던 지배의 정통성을 서서히 잃게 되나, 반대로 능숙한 조직활용법을 통해 본래 지배자의 카리스마와 열광적인 국민의 지지를 기반으로 성립된 체제를 점차 공적, 사적 조직이 융합된 '정부당' 지배로 바꾸어 놓는다. 이렇게 조직적 우위성을 확립한 정권은 안정된 길을 걷게 되며, 결국 권력교체는 '현실적 가능성'을 상실하고 만다.

한국의 '권위주의적' 체제는 이러한 과정을 통해 탄생했다. 이것이 어떠한 연유로 타도를 받은 후 '민주화'되었는가는 후에 논하기로 하자.[92] 그러나 우리는 한국, 더 나아가 탈식민지화 이후 탄생한 신흥독립국들의 고유한 특색을 이해하지 않고서는 이들 나라에서 일어난 '민주화'도 이해할 수 없다는 점을 잊어서는 안 된다. '민주화'는 광복이나 '탈식민지화' 그리고 '내셔널리즘'과 전혀 무관하지 않다. 이 점을 다시 확인하면서 본 장을 마치고자 한다.

---

92 이 점에 대해서는 졸고 『韓国における民主化と"政府党"』.

제2부

독립운동의 카리스마와 '정부당'

한국의 권위주의적 체제 성립
이승만 정권의 붕괴까지

제 4 장

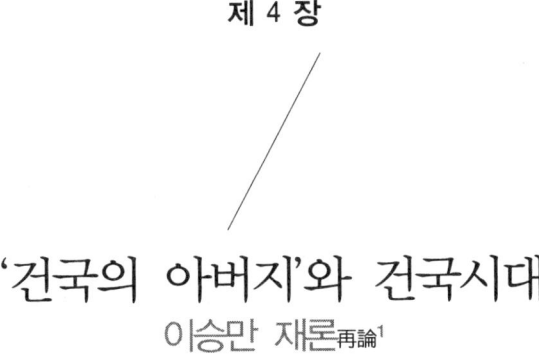

'건국의 아버지'와 건국시대
이승만 재론再論[1]

'동아일보그룹'은 이렇듯 강력한 위용을 과시했으나 해방 후 10년 만에 정치적인 이유로 인해 사실상 해체되고 만다. 그 대신 한국에는 이승만과 자유당이 지배하는 '권위주의적' 체제가 성립된다. 당시 대통령이었던 이승만의 특수한 사회적 지위는 이 과정에서 매우 중요한 역할을 했다.

그러면 당시 이승만은 어떠한 인물이었으며 그는 어떻게 '건국의 아버지'로서 카리스마를 독점하는 지위에 오르게 되었을까. 다음에서 이 이승만이라는 인물에 대해 다시 한번 살펴보기로 하자.

---

1 이승만에 대해서는 졸저 『朝鮮/韓国ナショナリズムと「小国」意識』(ミネルヴァ書房, 2000) 제8장도 참조할 것.

1. 대한민국을 고찰한다.[2]

'대한민국'이란 무엇일까. 이러한 질문을 던졌을 때 사람들은 어떤 생각을 떠올릴까. 한국인이든 그렇지 않든 간에 대부분 사람들은 '반만년'의 역사를 가진 '국가'를 떠올린다. 우리가 여기서 '대한민국'이 무엇인지를 다시금 '고찰하는' 것은 엉뚱한 일일지도 모르겠다.

그러나 이 문제를 정치학적으로 고찰해보면 다른 양상을 보인다. '대한민국'이란 국가는 1948년 8월 15일에 성립된 주권 '국가'이며, 성립 당시의 상황에 의해 국가의 많은 요소들이 규정된 국가이기도 하다. 즉 오늘날의 '대한민국'을 되돌아볼 때, 이 나라가 성립된 당시 상황은 매우 중요하다고 하겠다.

본 장에서는 주권국가로서의 '대한민국'이 어떠한 국가인지에 대해 초대 대통령인 이승만을 단초로 고찰해보고자 한다. 이승만은 '대한민국'의 국가 성립에 있어 가장 중요한 역할을 한 인물 중 하나이다. 전저前著[3]에서 이미 논한 바와 같이 대한민국은 실로 이승만의 존재를 전제로 만들어졌다고 해도 과언은 아닐 것이다. 왜냐하면 우리는 그가 없는 '대한민국'을 상상할 수도 없으니 말이다.

이승만이란 인물은 이렇듯 중요한 의미를 지니고 있으나, '대한민국'과 그의 관계에 대해 객관적이고도 포괄적인 재고찰을 시도한 연구는 그리 많지 않다. 최근에는 보수적인 성향의 인물들이 그에 대해 재평가

---

2 이 점에 대해서는 졸고 「大韓民国の成立」, 伊藤之雄·川田稔 편저 『環太平洋の国際の秩序模索と日本』(山川出版社, 1999)도 참조할 것.
3 졸저 『朝鮮/韓国ナショナリズムと「小国」意識』(ミネルヴァ書房, 2000) 제8장.

하고자 하는 움직임이 활발하나, 대부분은 그의
일단면을 평가한 것에 불과하다.[4]

아마도 그에 대한 우리의 이해가 매우 고정
된 사고에 얽매여 있기 때문일 것이다. 오늘날
이승만에 대해 우리가 통상적으로 이해하고 있
는 바를 생각나는 대로 적어보면 다음과 같다.
일반적으로 우리가 이해하고 있는 바를 이야기
하자면, 먼저 이승만은 민족주의적 이데올로기
의 소유자였다.[5]

이승만(대통령 당시)
출전: 성두경 편 『국회사진
연감』(국회사진연감
새한국), 1958), 4쪽

특히 이승만은 반일적 언동을 자주 보였다. 이 때문에 일본에서는 '이
승만 라인Lee Line, 평화선'이라는 이름과 함께, 완고한 민족주의자이며 반
일 사상을 가진 사람으로 알려져 있다. 두 번째로 그는 '반공 투사'로 유
명하다. 이 점은 이승만 집권 시절의 가장 큰 역사적 사건인 한국전쟁과
함께 우리의 기억 속에 아직도 선명하게 남아있다.[6] 때때로 그는 '미국
의 꼭두각시'라는 부정적인 표현으로 회자하기도 한다.

그런데 이와는 별개로 한국/조선 연구에는 이승만에 대해 또 다른 관
점이 존재한다. 그 첫 번째로 민주화 연구에서는 주로 이승만을 독재자
로 보고 있다. 오늘날에는 뒤이은 박정희 정권과 자주 비교되기도 한

---

4 이승만에 관한 대표적인 연구로 다음과 같은 것을 들 수 있다.
　이달순 『이승만 정치 연구』(수원대학교 출판부[한국], 2000), 이승만 박사 기념사업회·우남
　실록편찬회 편 『우남실록』(열화당[한국] 1971), 이한우 『이승만 90년』 상하(조선일보사[한
　국], 1996), 유영익 편 『이승만 연구』(연세대학교 출판부[한국], 2000), 이원순 『인간 이승
　만』(신태양사[한국], 1965). 또한, 자료집으로 우남 이승만 문서편찬위원회 편 『우남 이승
　만 문서』 동문편 1~18(중앙일보사[한국], 1998) The Institute for Modern Korean Studies,
　The Syngman Rhee Telegrams, no.1-4(Seoul: Kukhak Charyowon, 2000) 등이 있다.
5 가령, 渡部昇一·呉善花 『日本の驕慢, 韓国の傲慢』(德間書店, 1993).
6 가령, 金一勉 『韓国の運命と原点』(三一書房, 1982).

다.[7] 두 번째로 이승만은 경제면에서 실정자失政者로 일컬어지는데,[8] 이 점 또한 박정희와 비교되는 경우가 많다. 이승만이 통치한 1950년대는 눈부신 경제발전을 이룬 1960년대와는 달리, 혼란과 정체에 가득 찬 '잃어버린 시대'로 평가된다. 세 번째로 개화사상과 독립운동을 들 수 있다.[9] 그러나 이 점에 있어서도 그에 대한 평가가 오늘날 여운형이나 김구보다 높다고 할 수는 없을 것이다.

오늘날 이승만과 이승만 정권시대에 대한 객관적이고도 포괄적인 관심이 생각보다 적은 이유는 아마도 많은 사람들이 아직 부정적인 인식을 가지고 있기 때문일 것이다. 보수적인 성향 층을 차치하면, 많은 사람들이 이승만과 이승만 정권시대에 대해 적극적으로 연구할 필요가 없다는 생각을 갖고 있다. 그중에는 이승만 정권시대가 박정희 시대를 여는 프롤로그에 지나지 않는다고 생각하거나, 앞선 시대에 행해진 눈부신 민족운동의 성과를 허사로 돌리는 불행한 에필로그에 지나지 않는다고 생각하는 사람들도 있다.

그러나 모두冒頭에서 언급한 바와 같이 이승만과 그의 집권기는 물론 앞 시대와 뒤 시대를 잇는 '막간극' 이상의 의미를 갖는다. 그는 앞 시대의 민족운동에 '대한민국'이라는 틀을 제공하여 '국가'의 방향성을 확립하였으며, 이에 '대한민국'을 박정희 시대로 이끌었다. 우리는 이 점에 대해 다시 한번 고찰해 볼 필요가 있다.

---

7 가령, 金三洙『韓国資本主義国家の成立過程 1945年~53年』(東京大学出版社, 1993), 金一勉『李承晩・朴正熙と「韓国」人』(たいまつ社, 1977) 등.

8 이러한 견해는 경제학자 중에도 많다. 가령, 渡辺利夫 편『韓国経済』(有斐閣, 1990).

9 최근 이러한 경향의 연구가 증가하고 있다. 가령, 유영익『이승만의 삶과 꿈』(중앙일보사[한국], 1996), 유영익『젊은 날의 이승만』(연세대학교 출판부[한국], 2002), Chong-Sik Lee, *Syngman Rhee* (Seoul:Yonsei University Press, 2001) 등.

이때 중요한 것은 이승만이 왜 '대한민국'에서 결정적인 역할을 담당하게 되었는지 일 것이다. 이승만은 동시대에 독립한 아시아, 아프리카 국가 지도자들과 같이 풍부한 카리스마를 갖고 있었다.[10] 또한, 그의 통치는 박정희의 통치와는 달리 '독립운동의 지도자', 더 직접적으로 말하면 '건국의 아버지'로서 그가 가진 카리스마에 기대고 있었다. 그렇다면 그의 카리스마는 과연 어디서 유래한 것이며, '대한민국'의 성격에 어떻게 반영되었을까. 그리고 '대한민국'은 왜 그와 함께 탄생될 수밖에 없었을까.

본 장에서는 이러한 비교정치학적 문제의식을 전제로 다음과 같이 논의를 전개하도록 하겠다. 먼저 그의 경력을 다시 한번 되짚어 보고, 왜 다른 사람이 아닌 그가 최종적으로 '건국의 아버지'가 되었는지를 규명한다. 두 번째로 그가 '건국의 아버지'로서 대한민국을 통치한 시대에는 그의 카리스마가 어떻게 평가되었었는지, 또한 어떠한 역할을 했는지에 대해 알아본다.

그럼 이승만에 대해 분석해보도록 하자.

---

10 이승만 자신도 그러한 의식을 갖고 있었다. 가령, 응오딘지엠과의 비교에서 'Korea and Vietnam', *Korea Flaming High Vol. III* (Seoul: Office of Public Information, Republic of Korea, 1960).

2. '건국의 아버지' 탄생

잃어버린 세대

먼저 이승만의 경력에 대해 간단히 확인해 보자. 한 인간을 이해하는 데에 있어 가장 중요한 것은 그 사람이 어느 세대에 속해 있었나를 이해하는 것이다. 세대 구분은 그 사람이 일생 동안 경험한 것을 짐작하게 해주며, 우리는 이를 통해 그 사람이 어떠한 기회를 부여받았고, 어떠한 기회는 부여받지 못했는지를 판단할 수 있다. 또한, 이러한 세대 구분은 한국의 '근대'가 조선왕조부터 대한제국을 거쳐 일본 식민지 시대와 분단 체제하에서 독립에 이르기까지 극심한 변화를 경험한 시대였기에, 더욱 중요하다고 할 수 있겠다. 당연히 이 점은 이승만의 인생에도 절대적인 영향을 주게 된다.

이승만이 태어난 것은 1875년으로, 이 해는 강화도 사건이 일어난 해이다. 일본의 '근대'가 페리 제독의 내항과 함께 시작되었다고 한다면, 이승만은 한국의 '근대'를 가져온 사람이라 평가할 수 있을 것이다. 여기서 한국 '근대'의 모든 전환기에 그가 몇 세였는지를 확인하는 것은 의미가 있는 작업일 것이다. 먼저 이승만은 갑오개혁 당시 19세, 을사조약 당시는 30세였으며, 한일합방 시에는 35세, 3·1운동 때는 44세, 제2차 세계대전 발발 시에는 66세, 그리고 1945년 독립 당시는 70세가 된다. 그러면 전후 세대는 어떠한 인물들로 구성되었었는지 확인해보자. 한국 근대사의 전반을 장식한 개화파의 대표적인 인물 중 김옥균은 1851년에 태어났으며, 서재필은 1866년에 태어났다. 또한 한일합방 시 한국 측의 입회인이었던 이완용도 이들과 같은 1858년생이다.[11] 이들이 활약했던 시대로부터 약 반세기 후에 '대한민국'의 대통령에 취임하게 되는 이승만은 19세기 말 조선왕조와 대한제국에서 활약한 이들의 바로 다음 세대에 속하는 인물이다.

그러면 광복 후 이승만과 동시대에 활약한 인물들을 살펴보자. '건국준비위원회'와 '조선인민공화국' 수립 시 활약하였으며, 한때 해방 후 정국을 주도하기도 한 여운형은 1885년생이므로 이승만과는 10살의 차가 있다. 미 군정 하에서 이승만과 경쟁 관계에 있던 김규식은 1881년에 태어나 '대한민국 임시정부'의 내무부장으로서 광복 후 정국에서 중요한 역할을 한 인물이다. 또한, 1956년 대통령 선거에서 이승만의 라이벌이었던 신익희는 1892년 출생이며, 미군정기 시절 사실상 여당으로 군림하였던 한국민주당의 설립자, 송진우와 김성수는 각각 1890년, 1891년 출생으로, 이승만과는 6년에서 15년의 나이차가 있다. 동시대에 활약한 정치적 유력자 중, 이승만과 같이 1870년대에 태어난 인물은 1876년생인 김구뿐이다.

이러한 세대 분석은 첫째로 이승만이 대한제국 시절 아직 20대 중반이었다는 사실을 볼 때 중요한 의미를 갖는다. 조선왕조와 대한제국의 관료 시스템하에서는 관료의 계단을 올라 정치에 영향력을 발휘할 수 있기까지 약 15년 이상의 세월이 필요했으므로[12] 이승만 이후 세대는 사실상 한일합방 이전에 왕조 및 제국의 유력관료가 되어 정치적 영향력이 있는 지위에 오를 시간적 여유가 없었다. 또한 이승만은 갑오개혁

11 이만열, 『한국사연표』(역민사[한국], 1985), 408쪽 이하.
12 졸고「備辺司謄録『座目』に見る朝鮮王朝末期官僚制の一研究」『国際協力論集』七ー二, 1999년 12월을 참조할 것.

으로 과거가 폐지되었을 때 19세였다. 이 사실로 미루어 보아, 동세대 사람들, 그중에서도 이승만처럼 가문이라는 배경을 가지고 있지 않은 사람들은 과거라는 수단의 박탈로 인해 정치적 성공에 큰 영향을 받을 수밖에 없었다.[13] 즉 이전 세대와는 달리 관료로서의 경력을 시작하는 것조차 결코 쉽지 않았던 것이다. 두 번째로 이승만이 독립 당시 70세였다는 점도 중요하다. 이승만보다 연로한 세대가 독립 당시 현역으로 활동하기란 정치적 뿐만 아니라 물리적으로도 그리 쉬운 일은 아니었다. 실제로 독립 당시 유력한 정치적 지도자들 가운데 이승만보다 연장자였던 사람은 서재필밖에 없었다. 서재필도 정치에 대한 열망을 대한민국 정부 수립까지 유지하지는 못했다.[14]

이는 다음과 같이 정리해 볼 수 있다. 이승만 이전 세대는 조선왕조 및 대한제국 시대에 입신양명의 기회가 주어졌다. 그러나 35년이라는 일본 식민지사로 인해 그들 세대에 속한 사람들은 광복 후 정국에 다시 등장하지 못하게 되었다. 특히 한일합방이 이루어지기 직전, 구 왕조 및 제국에 저지른 과오는 결과적으로 그들의 정통성에 큰 상처를 입혔다. 이는 3·1운동 등 그 후의 정국에서 드러나게 된다. 한편, 이승만 이후 세대는 구 왕조 및 제국에서의 정치 경험이 없었던 탓에 한일합방 이전의 경험을 해방 이후에 살릴 수가 없었다. 이들은 3·1운동이 일어난 시기에 30대 중반에서 20대 후반에 지나지 않았었기에 3·1운동의 중심 역할을 할 수 없었다. 그 때문에 이들은 핵심 지위를 상대적인 연장자에게 양보할 수밖에 없었다.[15]

---

13 졸저 『朝鮮/韓国ナショナリズムと「小国」意識』 제8장.
14 그럼에도 불구하고 이승만은 서재필을 해방 후 자신의 존재를 위협하는 자로 인식하고 있었다. 송건호, 『서재필과 이승만』(정우사[한국], 1980).

바꿔 말하면 이승만 세대는 전후 세대와는 달리 특수한 세대였다. 이 승만 세대는 구 왕조 및 제국의 멸망을 목격했기에, 당시 어느 정도의 경험과 위신을 이어갈 수 있었다. 동시에 이전 세대는 한일합방의 과정에서 정치적 위신을 상실하였으므로, 이는 결과적으로 이승만의 세대가 운동의 최전선에 부상하는 데에 큰 역할을 하게 된다. 3·1운동 직후 세계 각지에 세워진 망명정부의 수뇌부를 당시 40대였던 사람들이 차지하고 있었으며, 그들은 그 후에도 민족운동을 이끌어 나간다. 그러나 여기서 동시에 주목해야 할 점은 이러한 역할을 담당한 이승만의 세대야말로 식민지 당국으로부터 많은 압력을 받을 수밖에 없었다는 사실이다. 독립운동과 이에 가해진 많은 압력 때문에, 어떤 자는 과격한 무장투쟁 노선을 주장하며 독립운동을 파국으로 몰고 갔으며 또 어떤 자는 현실적인 독립운동으로 전환시킨다는 명목하에 식민지 당국에 사실상 굴복할 수밖에 없었다.[16]

한편, 이승만과 같은 소수의 예를 제외하고는 이 세대에 속한 대부분 사람들이 근대적인 교육의 기회를 접하지 못했다. 그 결과 이 세대는 일제치하에서 한국 사회가 급속한 변혁을 겪는 가운데 자신들의 사회적, 경제적 활동의 장을 찾아내는 노력조차 할 수 없었다. 이때 급부상한 세력이 바로 합병 전후 발 빠르게 일본 혹은 다른 국가로 유학을 떠나, 본격적인 근대적 교육을 받은 1880년대 이후 출생한 세대였다. 일반적으로 1870년대에 출생한 세대는 불우한 행로를 걸었다. 구 왕조 및 제국에서 입신양명의 기회를 박탈당했으며 일본 통치하에서 민족운동은 물

---

15 본서 제1장을 참조.
16 졸저 『朝鮮/韓国ナショナリズムと「小国」意識』 제7장.

1920년 12월 상하이에서 열린 임시정부 대통령 이승만 박사 환영식
(가운데 화환을 건 인물이 이승만 박사)
출전: 『대한민국 건국대통령 이승만』(이화장[한국], 1996), 10쪽.

론이거니와 일개 실업인, 사회인으로서 성공할 기회조차 박탈당한 그들
은 이른바 '잃어버린 세대'라고 해도 과언이 아닐 것이다.

이승만은 이러한 시대에 태어났으나, 어려운 상황을 물리적, 정치적
으로 극복하여, 이윽고 독립의 날을 맞이하게 된다. 다음에서는 광복에
이르기까지 그의 경력을 살펴보기로 하자.

정치적 서바이벌

이승만은 구 왕조 및 제국의 정치무대에서 영향력을 행사한 마지막
세대에 속해있다. 이러한 의미에서 이승만이 처음으로 정치의 무대에
등장한 것이 독립협회 최연소 운동가로서였다는 점은 우리에게 시사하
는 바가 크다. 갑오개혁으로 과거가 폐지되면서 전통적인 출사出仕의 길
을 빼앗긴 이승만은 외교관 양성을 위해 설립된 배재학당培材學堂의 제1
기 입학생이 된다. 이때 그는 배재학당의 지도적 위치에 있던 서재필과

처음으로 인연을 맺게 된다. 그 후 그는 서재필이 조직한 독립협회의 최
연소 활동가로서 활발한 반정부 운동을 펼치게 된다. 그 후, 1899년에는
투옥되어 정치 활동의 장을 잃게 된다. 1905년까지 투옥되어 있던 그는
돌연 고종의 비밀 칙사로 미국에 가는 활약을 하게 되는데, 이후 활동의
거점을 기본적으로 미국으로 옮기게 된다.[17]

비록 그가 정치 무대에 다시 뛰어들기는 했으나, 당시는 한반도 내부
정치에 관여할 입장이 아니었다. 이 시기는 구 왕조 및 제국이 가장 어
려운 시기였으나 그는 이에 관여할 수 없었기에, 자신의 정치 경력에 흠
을 내지 않아도 되었던 것이다.

이는 이 시점에서 그가 한반도의 정치에서 중요한 인물이 아니었다는
반증이기도 하다. 미국에서의 로비에 실패한 그는 이후 조지워싱턴대학
교 학사, 하버드대학교 석사, 그리고 프린스턴대학교의 철학 박사 학위
를 취득한다. 이승만은 대미 공작 활동에 실패하였기에 일본은 그의 행
적에 딱히 관심을 두지 않았다. 이승만이 비록 능력 있는 인물이기는 하
나 정치적으로 특별한 주의를 기울일 필요가 없는 일개 유학생에 지나
지 않았기에, 일본이 한반도의 식민지화를 진행하는 데는 아무런 의미
가 없었던 것이다.

이는 그 후에도 마찬가지였다. 학위 취득 후 그는 일단 한반도에 돌아
와 서울 YMCA에서 한국인 총무를 맡게 되나, 이때 일본이 그의 귀국을
경계했다는 기록은 찾아볼 수 없다. 이는 당연한 순리였을지도 모른다.
왜냐하면, 이 시기 이승만의 귀국은 사실상 한반도에 기독교를 포교하

---

17 그의 경력 등에 대해서는 Robert T. Oliver 『米大学教授が見た人間李承晩』(日本観光株
   式会社出版部, 1958) 등에 따랐다.

기 위한 것이었기 때문이다. 그는 적어도 직접적으로 민족운동을 목표로 삼지는 않았다. 즉 그 당시 이승만은 미국에서 한국인 최초로 철학박사를 취득한 우수한 인물이었으며 또한 영어에 능통한 사람이었으나 그저 기독교를 포교하러 귀국했던 것이다.

이승만의 회상에 따르면, 그는 105인 사건[18] 때문에 혐의를 받을 것을 두려워하여 겨우 1년 반 정도 한반도에서 활동한 후 미국으로 돌아가게 된다.[19] 이승만이 105인 사건에 어느 정도 관련이 있으며, 그에게 어느 정도 혐의가 있었는지는 확실치 않으나, 이 시점에서 그는 일본의 방해를 받지 않고, 일반적인 교통수단을 이용해 미국으로 돌아갈 수 있었다는 것이 된다. 광복 이후 1945년 9월까지 그는 한반도에 돌아오지 않았으며, 그 덕에 그는 일본 식민지 시대 그리고 한일관계에서 후에 문제가 될 만한 정치 경력을 남기지 않았다.

이 시점에서 이승만은 결코 특별한 '중요인물'이 아니었다. 문제는 어떻게 이러한 이승만이 광복 후 여타의 지도자들을 제치고 대통령에 취임하였는가이다. 이승만이 진정한 민족 지도자로서 주목받기 시작한 것은 1919년 3·1운동 이후부터였다. 여기서 중요한 점은 본디 3·1운동이 일어난 배경 중에는 윌슨의 '14개조 평화원칙'도 있었다[20]는 사실이다. 제1차 세계대전 후 동유럽 국가들과 아일랜드는 독립을 일구어냈다. 당시 한국의 지식인층은 이 윌슨의 '원칙'이 단순한 가능성만을 가진 구두 약속이 아니며 국가 독립을 현실화할 영향력을 갖고 있다고 생각했다.

---

18 105인 사건에 대해서는 『百五人事件資料集』一~四(不二出版, 1986년) 등
19 Robert T. Oliver 『米大学教授が見た人間李承晩』.
20 졸저 『朝鮮/韓国ナショナリズムと「小国」意識』 제7장.

이들이 이 윌슨의 원칙을 이용해 막다른 골목에 다다른 독립운동의 당시 상황을 타개하려 한 것은 많은 문헌에서도 확인할 수 있다.

윌슨이 프린스턴대학교의 총장을 역임했으며, 그가 재임 시 이승만이 학위를 취득했다는 것은 여기서 특별한 의미를 갖는다. 즉 만일 한국이 미국을 위시한 국제사회의 지지 없이는 독립하기 힘들다면, 어떻게 미국과 미국의 지도자인 윌슨의 눈을 한국으로 향하게 만드는가가 중요하다는 결론이 나온다. 그렇기 때문에 사람들은 이승만이라면 가능할지 모른다고 생각하였다. 이 점이 하나의 이유로 작용하여, 그때까지 민족운동의 지도자로 평가받은 적이 없던 이승만이 단숨에 각지의 '망명정부' 명부에, 그것도 상위에 오르게 된다. 그중에서도 주목할 만한 점은 상하이에 세워진 '대한민국 임시정부'에 이승만이 초대국무총리로 취임한 점이다. 또한, 후에 그는 임시정부에서 제도개편으로 마련된 초대 대통령의 직위에도 오르게 된다.

물론 이 시기에 45세에 지나지 않았던 이승만이 대통령에 선출된 이유는 그 외에도 있었다. 3·1운동에서 구 왕조 및 제국의 지배층이 지위를 잃은 것이 바로 그 이유이다. 3·1운동 전후에 일본에 대한 확실한 대결자세를 취하지 못한 그들은 한국의 민족운동에서 배제되게 된다.[21] 그들이 배제된 최대의 이유는 개인적 자질이 아닌 구 황족과의 관계였다. 구 황족은 3·1운동 직후 의친왕의 망명기도사건으로 인해 친족들이 일본에 인질로 잡혀있는 것이나 마찬가지였던 탓에, 사실상 당주였던 이은을 일본의 황족인 나시모토노미야 마사코梨本宮方子와 결혼시키고 일본에 굴복하게 되었다. 이승만보다 연장자이며, 여전히 구 왕조 및 제

---

21 졸저 『朝鮮/韓国ナショナリズムと「小国」意識』 제3장.

국의 '신하'임을 자처하던 그들은 자신들의 '군'을 희생해서까지 민족운
동에 뛰어들 수는 없었다. 그리하여 그들은 침묵하게 된다. 연장자의 침
묵과 뒤이은 배제는 결과적으로 구 왕조와 일본 사이에서 '손을 더럽히
지 않은' 새로운 세대를 부상시킨다. 결과적으로 3·1운동은 이승만과 안
창호를 필두로 한 당시 40대 전반 이하 세대가 이끌게 된다. 극적인 세
대교체가 있은 뒤, 한국은 구 왕조 및 제국의 그늘에서 벗어나는 데 성
공한다. 그리고 그 중 독립협회의 투사이면서 고종의 비밀특사 경력 그
리고 철학박사 학위와 풍부한 미국 내 인맥을 가진 이승만은 상대적으
로 우위에 있었다.

그러나 이 우위가 25년 후 이승만의 위치를 보장하지는 않는다. 이승
만은 '대한민국 임시정부'에서 독립을 위해 모든 열강의 지원을 적극적
으로 이용해야 한다고 주장했다. 그 배경에는 문명이란 물자보다 문화
가 중요하며, 한국이 문화적으로는 우수하나 물질적으로 미국과 일본에
뒤진다는 그의 독자적 '소국의식'이 있었다.[22] 이렇게 하여 이승만은 대
한민국 독립의 첫 걸음으로써 국제연맹에 의한 위임통치 신청을 선택하
게 된다. 당연히 이러한 이승만의 선택은 '임시정부' 내부에 심각한 노선
대립을 조장한다. 결과적으로 이번엔 일본이 아닌 미국에 국가를 파는
것이 아니냐며 '제2의 이완용'이란 비난을 받게 되고, 그는 쫓기듯이 상
하이를 떠나야만 했다.[23]

이로써 이승만은 '임시정부'에서 사실상 실각한다. 그러나 이후 그의
예언과 들어맞는 상황이 전개된다. 일부 독립운동가들이 추진했던 대일

---

22 졸저 『朝鮮/韓国ナショナリズムと「小国」意識』 제8장.
23 방선주, 『재미한인의 독립운동』(한림대학교 출판부[한국], 1989), 189쪽 이하.

본 무장투쟁은 투쟁 초기인 1920년 초에 좌절되어 '임시정부'가 방향성을 잃고 방황하기 시작한 것이다. 이와는 대조적으로 이승만의 입장은 일관성을 띠고 있었다. 그의 주장은 단순했다. 사람들은 독립을 위해 열강의 힘을 빌리는 데는 반대하지만 결국 이 외에는 길이 없으며, 어차피 열강의 도움을 이용해야 한다면 힘 있는 미국이 적합하다는 것이다. 전저前著[24]에서 자세히 서술한 바와 같이 여기서 그는 독특한 논리를 전개한다. 한국은 열강의 도움을 비굴하게 구걸하는 것이 아니며, 국가가 약소하다는 사실이 결코 부끄러운 일이 아니라는 것이다. 소국이 대국에 대항해 국가를 지킬 수 없는 것은 당연하며, 문제는 스스로 국가를 지키지 못하는 소국 측에 있는 것이 아니라 침략과 살상을 행하는 대국 측에 있다고 그는 주장했다. 다시 말하면 미국은 일본과 같은 죄를 짊어지고 있으며 한국은 미국을 비난하고 미국에 도움을 요구할 '정당한 권리'가 있다는 것이다.

미국은 이러한 이승만의 주장을 묵살했지만, 한국은 이승만의 예언대로 미국의 군사력으로 인해 일본으로부터 독립하게 된다. 이를 예언한 이승만의 권위는 절대적이 되었으며 이승만은 대통령의 지위까지 오르게 된다.

그러면 이승만은 어떻게 자신의 권위를 '대한민국'이라는 형태로 승화시켰을까. 다음에서는 절을 바꾸어 이 점에 대해 이야기 하도록 하겠다.

---

24 졸저 『朝鮮/韓国ナショナリズムと「小国」意識』 제8장.

3. '대한민국'의 탄생과 이승만

'해외파'의 우월성

1945년 8월, 대한민국은 일본으로부터 독립하게 된다. 본 장에서 중요한 점은 독립 당시 이승만이 70세로, 이미 운동의 일선에서 물러난 86세의 서재필을 제외하면 당시 활동하던 독립운동가들 중 최고령이었다는 점이다. 또한, 일제치하의 대부분을 해외에서 지낸 그는 다른 독립운동투사들 즉, 일본 통치기를 한반도 내부에서 지낸 이른바 '국내파' 운동가들과 비교해 일본과의 관계에서 '손을 더럽힌 적이 없다'는 장점을 가지고 있었다.

그러나 그것만으로 주권국가 '대한민국'을 이끌어갈 인물이 이승만이어야 한다는 것을 설명하기에는 충분치 않다. 당시 한국을 둘러싼 상황과 이승만의 일관된 정치적 주장이 일치했던 점도 있을 것이다. 한국의 독립이 이승만의 주장대로 미국의 군사력에 의해 실현되었으니 말이다. 이는 또한 무장투쟁과 한반도 내부 자력양성으로 독립을 이루고자 했던 자들의 주장이 패배했음을 의미한다. 현실과의 괴리는 이들 주장의 정통성을 크게 뒤흔들었다.

이승만을 비롯한 주요 독립운동가들은 광복 후에도 자신들의 논리에 비교적 충실하게 행동했다. 알려진 바와 같이 한반도의 독립은 바로 한국의 독립으로 연결되지는 않는다. 즉 한반도는 미국과 소련, 양국의 분단 점령하에 놓이게 된다. 제2차 세계대전에서 패망한 일본은 한반도에 대한 발언력을 잃었고, 그 결과 독립운동가들의 비난의 대상은 이제는 영향력을 잃은 '과거' 즉 일본뿐만 아니라 '현재' 즉, 한국의 즉각적인 독립을 부정하고, 한국을 '패전국의 일부'로 치부해 군사 점령한 미소 양국, 특히 그중에서도 수도 서울을 포함한 한반도 남부를 지배한 미국으로까지 향하게 된다. 여기서 '국내파' 즉 온건좌파 세력을 대표한 여운형은 독립 직후 자신이 조직한 '건국준비위원회'와 '조선인민공화국'을 그대로 국가로 인정할 것을 주장한다.[25] 그들은 노조를 이용하는 전술을 펼쳤고 이윽고 미군정부와 정면 대결하게 된다. 이에 비해 '국내파'인 우파를 대표하는 '동아일보그룹'은 당시 권력자였던 미군정부에 협력하며 '자력양성'에 힘썼다. 풍부한 경제력과 학식을 뽐내던 그들은 이후 미군정부 내부의 중요한 위치를 차지하게 된다.[26] 한편, 김구를 비롯한 '대한민국 임시정부' 세력이 지향한 방향은 더욱 확실하다. 그들은 대한제국의 정통성을 잇는 정통정부임을 주장하며 미군정부에 대한 테러 활동을 포함해 '무장투쟁노선'을 전개, 자신들의 이상을 적극 실현하고자 했다.[27]

말할 필요도 없이 미군정부의 지배라는 '현실'을 어떻게 받아들일 것인지, 또한 미군정부와 어떠한 관계를 구축할 것인지가 중요했다. 일본 식민지 시대와 마찬가지로, 미군정부라는 존재가 독립이라는 민족운동의 대목적과 모순되는 개념인 이상, 미군정부와 밀접한 관계에 있던 자들은 운동의 정통성을 확보할 수 없었다. 한편, 미군정부와 직접적인 대결을 선택한 자들은 강력한 군사력과 맞선 결과, 정치적으로 괴멸하게 된다. 노동운동과 테러를 불문하고, 당시의 이들 세력은 미군정부와 물

---

25 여운홍, 『몽양 여운형』(청하각한국, 1964) 등.
26 본서 제2장 참조.
27 조병옥, 『나의 회고록』(민교사한국, 1959), 168~169쪽.

리적으로 대항할 수 있는 능력이 전혀 없었다. 그들의 정치적 괴멸은 투
쟁 노선을 선택한 단계에서 이미 정해진 운명이었다고 해도 과언은 아
닐 것이다.

미군정부와의 거리

어쨌든 중요한 사실은 이승만의 경쟁자라고 일컬어지는 지도자들이
모두 미군정부와의 거리를 유지하는 데에 실패했고, 그 결과 정치적 자
멸의 길을 걸었다는 점이다. 오직 이승만만이 살아남아 성공하게 된다.
이승만은 미군정부와의 관계에서 정면 대결도 하지 않았으며 전면적으
로 협력하지도 않았다. 이승만이 선택한 것은 이전과 마찬가지로 한국
독립을 위해 미국의 지원을 '대결의 권리'로서 요구하는 것이었으며, 또
한 이를 거부하는 미국을 소리 높여 비난하는 일이었다. 이로 인해 이승
만은 미군정부의 지배라는 '현실'을 인정하면서도, 동시에 미군정부와
자신과의 사이에 명확한 선을 긋는 데 성공한다. 미군정부와의 거리를
능수능란하게 유지하였기에, 이승만은 결과적으로 독립운동가들에게
가장 힘들었던 시기에 유일하게 정치적으로 살아남게 된다. 이로 인해
그는 독립 당시 한반도에서 가장 많은 지지를 받은 독립운동가가 되었
으며, 또한 이러한 국민의 지지를 '대한민국' 건국까지 유지하는 데 성공
한다. 사실 당시 한 여론 조사에 따르면, 이승만은 당초부터 '장래 대통
령'이 될 사람으로서, 김구, 김규식, 여운형, 박헌영과 비교해 압도적인
지지를 받았다고 한다. 그 차이는 그 후 더 확실히 벌어진다.[28]

대한민국이 탄생했다. 여운형은 암살당해 모습을 감추고 박헌영은 미

---

28 가령, 동아일보[한국] 1946년 7월 23일

군정부의 탄압을 두려워해 북측으로 떠난다. 남북회담 시도에 실패한 김구와 김규식은 90% 이상의 유권자가 참가한 제헌국회선거[29]를 보이콧함으로써 새로 탄생한 국가에서 정치적 거처를 잃게 된다. 물론 이승만 이외에도 이 힘든 시기를 살아남아 대한민국의 정국에 참여한 세력은 있었다. 이는 미군정부하에서 압도적인 권력을 휘두른 '동아일보그룹'을 중심으로 한 한국민주당이다. 그러나 이들은 미군정부와의 거리를 너무 가깝게 설정한 탓에 정작 중요한 제헌국회선거에서는 유권자들로부터 뼈아픈 보복을 당하게 된다. 이승만의 정치적 승리는 '대한민국'이 건국되기 이전 단계에서 이미 결정되어 있었던 것이다.

그 결과, '대한민국'의 정치는 정치의 중심인 대통령 이승만에 의해 좌지우지된다. 태동을 시작한 국가는 '현실'적으로 강력한 힘을 가지고 있었으며, 무대에서 퇴장이 결정된 나머지 세력들은 급속도로 영향력을 잃고 '과거'의 존재로 사라지게 된다. 이렇게 '대한민국' 정부 수립 당시 이미 이승만에게 정면으로 도전할 수 있는 지도자 및 세력이 존재하지 않았다는 점은 다음의 두 가지 효과를 가져온다. 첫째, 대통령 이승만은 정치적으로 독보적인 존재가 된다. 김구를 위시한 과거 유력자들이 '대한민국'의 정치에서 배제된 결과, 독립 후 상당 기간 대통령 후보로서 이승만에 대항할 수 있는 인물은 사실상 존재하지 않았으며, 대통령직은 그가 독점하게 된다. 두 번째로, 이러한 이승만의 정치적 지위는 대한민국의 제도를 크게 바꾸게 된다. 이승만은 권력 유지를 위한 가장 안전한 방법으로 대통령에게 될 수 있는 한 많은 권력을 집중시켰으며, 대

---

[29] 투표율은 실로 95.5%에 달했다. 설령 일각에서 강제에 가까운 행위가 있었다 할지라도 유엔의 감시하에 치러진 선거에서 이러한 높은 투표율은 경시될 수 없는 것이었다. 중앙선거관리위원회, 『대한민국선거사』(1968), 737쪽.

통령 선출 절차를 자신에게 유리한 쪽으로 바꾸었다.[30] 이때 이승만이 대통령직을 유지하기 위한 가장 효과적인 방법은 국민이 직접 대통령을 선출하도록 하는 것이었다. 당시까지만 해도 국회가 간접선거를 통해 대통령을 선출하였으나, 이승만은 국민에 의한 직접선거로 대통령 선출 방법을 바꾸었다. 야당은 이에 격렬히 반대했다. 결과적으로 독립 후 한국 정치는 대통령 직접선거제를 위한 개헌을 둘러싸고 대통령인 이승만과 최대 야당인 '정통보수야당'의 대립이 주를 이루게 된다.

이에 대한 자세한 내용은 이 책의 제1부에서 이미 논의한 바 있으므로 여기서는 생략하기로 한다. 그러면 이렇게 성립된 이승만 정권이 그 후 한국에 남긴 것은 무엇이었을까. 마지막으로 이 점에 대해 간단히 언급하며 본 장을 끝내고자 한다.

4. 이승만의 유산

대한민국은 초대 대통령으로 이승만을 선출함으로써 주변대국, 그중에서도 그 시대를 풍미한 두 강대국 중 하나인 미국에 독특한 자세를 취하게 된다. 이 시기는 많은 나라들이 세계적인 독립운동의 흐름 속에서 '정치적 독립'에 이어 '경제적 독립'을 목표로 삼고, 자국의 영역에서 외국 세력의 존재를 축소시키기 위해 힘쓴 시기이다. 그런데 이승만이

---

30 예를 들면, 1956년에 치러진 대선에서조차 민주당이 후보를 내놓을지가 흥밋거리로 부상할 정도였다(김기팔, 『정계야화』 4권, 노벨문화사, 1973, 176쪽). 이 때문에 이승만도 애초 선거 결과를 낙관시했으며 게다가 큰 관심도 두지 않았다. 그러나 신익희가 예상 외의 큰 선전을 펼침으로써 상황은 다른 방향으로 전개된다. 이때 민주당이 내건 '못 살겠다, 갈아 보자'라는 구호가 이러한 선전에 큰 역할을 담당했다. (『정계야화』, 285쪽)

이끄는 한국은 미국과 될 수 있는 한 밀접한 관계를 유지하여, '냉전'이 '열전'으로 번진 한반도에 미국의 개입과 관심을 최대한 끌어들이기 위한 길을 선택한다. 또한, 이승만은 자칫 '굴욕적'이면서도 '민족주의'와는 정반대의 노선으로 보이는 길을 선택하는 데 있어 국민을 납득시킬 만한 논리를 갖고 있었으며, 또한 미국에도 이 논리를 주장하였다. 이 논리를 이승만 자신이 만들어냈는지 아닌지는 그리 중요하지 않다. 그가 이 논리로 국민을 설득하였으며, 이로 인해 한국은 다른 국가들과 전혀 다른 길을 걷게 된다는 점이 중요하다고 하겠다.

이승만은 한국 경제와 미국 경제의 연결고리를 만들었다. 이 때문에 박정희가 등장했을 때 한국은 이미 미국으로부터 막대한 원조를 받은 후였으며, 외화 없이 경제를 유지하기 힘든 상태였다.[31] 이로 인해 본디 '쇼와昭和유신'의 사상적 흐름을 이어받아, 자국의 실력으로 수입을 대체하는 '위로부터의 공업화'를 지향하던 박정희는 자신의 의도와는 정반대로, 적극적인 외자 유치를 통한 '수출주도형 발전전략'을 세우게 된다. 이러한 의미에서 박정희의 '위로부터의 공업화'를 뒷받침해준 것은 이승만의 '원조 경제'였다고 해도 과언은 아닐 것이다.

이승만이 박정희에게 남긴 것은 이것뿐만이 아니었다. 1950년대 전반까지 '건국의 아버지'로서의 지위를 누리고 있던 이승만은 독립을 앞둔 대한민국의 체제를 국회 중심의 의원내각제에서 대통령에게 권한이 집중되는 대통령중심제로 바꾼다. 이렇게 중앙집권적인 '국가'가 된 대한민국은 제2공화국을 거쳐 박정희의 제3공화국, 그리고 그 이후로 이어지게 된다. 당시에는 국회에 중점을 두고 이 제도개혁에 저항했던 '정통

31 渡辺利夫, 『韓国経済』 50쪽 이하.

보수야당'도 이윽고 이 체제에 순응하였으며, 한국 정치는 글자 그대로 대통령이 되는 자가 나라를 지배하는 중앙집권적인 형태를 갖추게 된다. 모든 사항을 결정하는 것은 대통령이었기에, 야당은 대통령 선거에 모든 역량을 집중시켜 대통령직을 차지하기 위해 힘썼다. 국회와 국회의원을 뽑는 총선거는 대통령이라는 거대한 존재 앞에 빛을 잃었으며, 국회의원의 지위는 크게 저하되었다.[32]

그러나 이는 이승만 이후에는 다른 양상을 띤다. 이승만이 자신의 '건국의 아버지'로서의 압도적인 위신—카리스마—을 이용해 탄생시킨 대통령 중심의 정치체제. 이는 그야말로 이승만이라는 특별한 인물을 전제로 만들어진 것이었다. 그중에서도 그가 국민에 의한 직접선거에서 승리한 대통령이라는 사실이 중요했다. 그러나 제2공화국 이후 대한민국을 이어받은 박정희는 과거 경력에 흠집이 있었으며, 연령이나 외모 등 모든 면에서 이승만과 같은 압도적인 인기를 얻을 수는 없었다. 사실 박정희는 1963년 민정이양 후 치러진 세 번의 대선에서 이미 2번이나 낙선해 벼랑 끝에 몰려 있었다.

그럼에도 불구하고 중요한 것은 박정희가 대통령 선거에서 승리하지 않으면 안 된다는 점이었다. 사실 당시 국민들은 대통령 직선제를 행한 10년이라는 짧은 기간 동안 이미 대통령이란 국민이 직접 선출하는 것이며, 그러한 대통령이기에 크나큰 정치적 권한이 주어진다는 사실을 당연하게 여기고 있었다. 이후에도 한국이 진정한 의미에서 이러한 정치제도를 바꾼 적은 없다. 초기의 대한민국 헌법에서처럼 의원내각제에 가까운 정치체제가 성립되었더라면, 박정희와 전두환은 더 쉬운 길을

---

32 본서 제3장 참조.

걸었을지도 모른다. 국회의원 선거는 제도의 명분이야 어떻든 간에, 실질적으로 각 선거구의 '지역 대표'를 뽑는 것이기 때문에 해당 후보가 그 지역에 '무엇을 가져올 것인지'를 걸고 싸우게 된다. 당연히 여당이 유리하다. 그리고 여당은 이러한 '이익유도'를 이용해 여당으로서의 장점을 최대한 발휘할 수 있다. 그러나 전국을 제1선거구로 보는, 즉 마치 거대한 소선거구제와 같은 대통령 선거는 말 그대로 '전국민의 대표'를 뽑는 것이므로, '개별적 이익'은 뒷전으로 물러나고 추상적 이념과 후보자 개인의 자질이 중요시 된다. 이승만에 필적하는 카리스마를 갖추지 못한 후보들은 여기서 고전을 면치 못하게 된다. 벼랑에 내몰린 그들은 한국의 민주주의 제도 자체를 중지시키고, '노골적인 권위주의 체제'를 가져온다.

대한민국 역사상 이승만이란 인물은 대한민국과 제1공화국을 그 전 시대에서 후 시대로 이어주는 '실'과 같은 존재이다. 1870년대에 태어난 '잃어버린 세대'인 그는 대한제국 정치 시대부터 등장하였으나, 일본 식민지 시대를 미국에서 지냈다는 역사적 우연을 통해 살아남았고, 대한제국 일부를 대한민국으로 계승했으며 이를 박정희에게 넘겨주게 된다. 이승만은 독립운동이나 대통령 재임 시절 모두 결코 평가할 만한 업적을 남긴 것은 아니었다. 그럼에도 불구하고 '대한민국'과 그 결과 성립된 오늘날의 한국은 이승만이라는 존재를 빼고 이야기하기는 힘들 것이다. 박정희를 통해서 일제치하와 신흥공업국 한국이라는 양면을 볼 수 있듯이, 이승만을 단초로 함으로써 대한민국이라는 국가에 대해 조금이라도 더 알 수 있는 것이 아닐까.

제 5 장

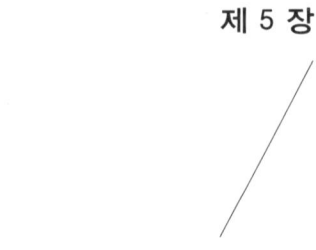

자유당 체제의 성립과 붕괴
한국 최초의 '권위주의적' 체제

　이승만은 광복 및 정부 수립 후 압도적인 권위를 갖고 있었다. 이러한 그의 압도적인 권위는 대한민국의 특수한 건국 과정 즉, '도둑처럼 슬그머니 찾아온[1]' 독립과 그리하여 독립 후 건국까지 또 하나의 '점령'을 겪을 수밖에 없었던 경위와 깊은 관계가 있다고 할 수 있다. 국제정세는 한국에 가혹한 방향으로 전개되었고, 독립도 건국도 모두 외부에서 '주어진' 것이었으며, 국민들은 결코 원하지 않았던 현실에 저항조차 할 수 없었다.

　이승만이 여기서 담당한 역할은 이러한 국민의 불만을 받아들여 상황을 '바꾸는' 것이 아닌 '설명하는' 것이었다. 그것도 이러한 상황이 마치 이승만과 대한민국 국민의 주도권하에 진행되어 왔다는 듯이 '설명하는'

---

1 함석헌, 김학현, 『苦難の韓国民衆史』(新教出版社, 1980), 302쪽.

것이었다. 그리고 이렇게 힘든 작업을 수행한 그는 힘든 현실에 맞서 대항하여, 자신의 정적들을 모두 물리치고 '건국의 아버지'로서 카리스마를 독점한다. 모든 것은 그의 말대로 흘러가는 듯이 보였다.

그러나 제아무리 이승만일지라도 현실적으로 한국 정치를 자기 마음대로 휘두르는 데에는 카리스마 이상의 것이 필요했다. 그 전환점이 된 것이 1951년 자유당의 결성이다. 이후 한국의 '권위주의 체제화'는 급속도로 진행된다. 앞서 말한 바와 같이 '정통보수야당'이 그 힘을 잃고 '동아일보그룹'이 정치적 파멸로 치달은 것도 바로 이 시기이다.

그러면 자유당이란 대체 어떤 정당이며, 이 정당과 이승만 그리고 이승만의 카리스마는 어떠한 관계가 있을까. 또한 왜 자유당 창당이 전환점이 되었는지를 다음에서 알아보기로 하자.

1. 자유당 체제의 역사적 의의

한국의 '권위주의적 체제'. 1987년 민주화 선언으로부터 이미 15년 이상 지난 지금과는 확실히 동떨어진 시대였다. 세 번에 걸친 대통령 선거가 있은 후 서로 다른 곳에 지지 기반을 두고, 서로 다른 개성을 가진 세 명의 대통령을 배출한 한국의 정치체제는 이미 민주주의가 정착했다고 할 수 있을 것이다. 그러나 오늘날 이렇게 민주주의가 순조롭게 정착하게 된 것은 반대로 우리에게 새로운 질문을 던지고 있는 것이 아닐까. 민주화 선언 이전, 한국은 전형적인 '권위주의적' 체제 국가였다. 하지만 그렇다면 오늘날 민주주의 국가인 한국이 왜 전형적인 '권위주의적' 체

제를 경험해야 했을까.[2]

　이를 생각해볼 때 우리는 먼저 한국이 독립 당시 '권위주의적' 체제[3]를 지향하지는 않았다는 점[4]을 상기해야 할 것이다. 한국은 당시 확실히 '민주주의적'인 체제를 지향하였으며, 이 점은 무엇보다 그 시대의 헌법에 잘 나타나 있다. 그런데 한국은 왜 제2차 세계대전 후의 여타 신흥독립국들처럼 '민주주의적'인 체제를 지향했음에도 불구하고, 결과적으로는 '권위주의적' 체제로 전환하여 그 후 약 30년 동안이나 '민주주의적' 체제로 회귀하지 못한 것일까. 대체 한국은 왜 독립 당시 구상과는 달리 '권위주의적'으로 변해버린 것일까. 우리는 이 문제에 대한 대답 없이 한국의 '권위주의적' 체제와 그로부터의 탈피—즉 민주화—에 대해 논할 수 없을 것이다.

　필자는 지금까지 주로 야당의 관점에서 '권위주의적' 체제로의 전환 과정을 분석해 왔다. 이에 한국의 특수한 탈식민지화 과정이 후에 '정통보수야당[5]'을 만든 '국내파' 인사들로부터 지배의 정통성을 앗아갔으며, 또한 일본 식민지 시절부터 이어진 '대한민국'이라는 이름의 국가가 경제에 대한 압도적인 지배력을 가지게 되었다는 점이 매우 중요하다고 본다. 이러한 두 개의 장애물은 야당이 여당을 원활히 공격할 수 없게 만들었고, 야당은 '건국의 아버지' 이승만에 대해 점차 도전조차 하지 않게 된다. 결과적으로 '정부당'인 자유당이 야당에 비해 압도적인 우위를

---

2 이 점에 관해서는 五百旗頭眞 「韓国大統領のリーダーシップとその政治的基盤」, 五百旗頭眞 편저 『「アジア型リーダーシップ」と国家形成』(TBSブリタニカ, 1998)을 참조.
3 본 장의 '권위주의적' 체제에 관한 사고는 본서 서장의 기준에 따르고 있다.
4 본서 제3장을 참조.
5 정통보수야당에 관해서는 본서 제1장, 제2장 및 제3장을 참조.

갖는 체제[6]가 출현하였으며 이때 한국 최초의 '권위주의적' 체제가 성립된다.

　이러한 분석은 그 외에도 중요한 의미를 갖는다. 즉 위와 같은 상황에서 물론 야당이 고유의 사회적 혹은 경제적 기반을 이용하여 정권을 획득하기는 힘들었지만, 정도의 차는 있을지언정 이는 야당에도 일정한 제약 요인이 되었을 가능성이 있다. 사실 자유당 창당 이전의 여당은 '정통보수야당'과 마찬가지로 매우 불안정한 기반 위에 서 있었다. 여당의 불안정성은 이승만이 정부를 지휘하여 정책을 실현하는 데에 큰 장애가 되었다.[7] 뒤에서 다시 설명하겠으나 '이승만을 지지하는 것'과 '이승만이 지지하는 자를 지지하는 것'은 매우 다르다.

　상황을 뒤집은 것은 1951년 자유당의 창당이다. 자유당이 국회에서 안정적 다수 의석을 확보하고 정당으로서 강한 결속력을 발휘하자 비로소 이승만은 안정적이고 자유롭게 자신이 내놓은 시책을 실현할 수 있었다. 바꾸어 말하면 이승만은 자유당이라는 안정된 '정부당'을 확보함으로써 독재적인 정치 지위를 확보하게 된 것이다.

　한국 최초의 '권위주의적' 체제. 이는 자유당이라는 '정부당[8]'에 대한 이해 없이는 논할 수 없을 것이다. 이와 같이 한국의 '권위주의적' 체제를 이해하기 위한 키워드는 자유당과 자유당 체제이다. 그러나 이에 관한 연구는 일본에서는 물론이거니와 한국이나 여타 국가에서도 거의 찾

---

6 자유당에 관한 기존의 연구서는 다음과 같다. 윤천주, 『한국정치체계』(고려대학교 출판부, 1961). 이달순, 『이승만정치연구』(수원대학교 출판부, 2000). 최한수, 『한국정당정치변동』(세명서관, 1999). 이기하, 『한국정당발달사』(의회정치사, 1961).
7 자유당 창당 이전의 여당 상황에 관해서는 윤천주 『한국정치체계』 11쪽 이하. 그리고 윤치영, 『윤치영의 20세기』(삼성출판사, 1991), 231쪽 이하. 본서 제3장 등.
8 '정부당' 개념에 관해서는 藤原歸一 「政府党と在野党——東アジアにおける政府党体制」, 萩原宜之 편 『民主化と経済発展』 講座現代アジア第3巻(東京大学出版部, 1994).

아볼 수 없다. 이는 아마도 다음의 두 가지 이유 때문일 것으로 추정된다. 첫째는 사료의 부족이다. 한국전쟁 때문에 모든 면에서 어려운 상태에 놓여있던 당시, 연구에 실제 사용 가능한 사료의 수는 극히 한정되어 있었다. 그 때문에 오늘날까지 이 분야에 대한 연구는 매우 힘들다고 간주되어 왔다. 둘째는 연구자의 관심이 편중되어 있다는 점이다. 지금까지 한국의 '권위주의적 체제'에 관한 연구는 눈부신 경제발전으로 사람들의 주목을 받은 박정희 정권기에 집중되는 경향을 보여왔다. 박정희 정권기의 화려한 업적들에 비해, 이승만 정권기는 '실패한 시대'로 인식되어 본격적인 연구가 이루어지지 않았다. 그러나 박정희 정권 시절 민정이양 직후에 나타난 민주공화당, 4·19혁명 이전의 자유당, 그리고 각 정당의 득표구조를 비교해보기만 해도, 우리는 한국의 '권위주의적' 체제의 특색이 이미 이승만 정권기에 나타났다는 것을 알 수 있다. 경제발전 면에서 박정희 정권의 정책을 살펴볼 때도 앞선 이승만 정권기가 준 영향을 무시할 수 없다. 어쨌든 한국 현대사를 진지하게 되짚어보고 재검토하는 데에 이승만 정권, 그중에서도 '권위주의적' 정권의 단계에 도달한 자유당 체제에 대한 분석은 반드시 필요하다고 본다.

본 장은 이와 같은 관점에서 본 연구결과이며, 필자는 이 연구를 위해 다음과 같이 전개해 나가고자 한다. 먼저 1950년대 자유당, 특히 조직 말단의 활동에 대한 문헌을 재검토함으로써 자유당의 조직 구조를 규명한다. 두 번째로, 자유당 지배가 시작된 후 중앙 정치, 특히 정부와 '정부당'이었던 자유당이 어떠한 관계였으며 현실의 정치가 어떻게 전개되었는지, 이에 대해 새롭게 발견된 사료[9]에 입각하여 구조적으로 분석해 보

---

9 필자는 이를 위해 2001년 7월부터 10개월에 걸쳐 고려대학교 아시아문제연구소 객원연구

자. 세 번째로는 위와 같은 중앙 및 지방의 자유당 지배 구조를 명확히 규명하고, 왜 1960년대에 들어서면서 이러한 지배체제가 붕괴했는지 고찰해봄으로써 지배 체제의 한계와 이 체제가 의존하던 정치적, 사회적 조건을 알아본다.

이상으로 본론에 들어가기 위한 준비가 끝났다. 그럼 구체적 논의로 들어가자.

2. 재지사회와 자유당

제1공화국 '선거'의 중요성

제1공화국 시절의 '권위주의적' 체제. 이를 고찰해볼 때 가장 중요한 것은 아무리 문제가 많았다 하더라도 이 체제는 헌법에 규정된 선거와 그 선거의 승리를 통해 성립된 결과라는 점이다. 실제로 군사 쿠데타 정권에 의해 성립된 박정희와 전두환의 '권위주의적' 체제는 출발점부터 선거를 배제하고 성립되었으며, 또한 그 후에도 선거에서 야당에 고전을 면치 못했기에 '선거'로 선출하는 대표의 범위를 최대한 제한하는 방향으로 기울어지고 만다. 이렇게 훗날 성립된 한국의 '권위주의적' 체제와 비교해 보면, 자유민주당 시절부터 1956년에 걸친 이승만 정권의 특수성이 확연히 드러난다. 이 시기, 유권자들이 '선거'라는 형태로 자신의 의사를 표시할 수 있는 기회는 오히려 증가하는 경향을 보인다. 그 대표

원으로 체재한 바 있다. 연구소의 호의에 감사드리고 싶다.

제1공화국 당시 국회의사당
출전: 『서울』(서울특별시사편
찬위원회[한국], 1957),
68쪽.

적인 예로는 대통령 선거가 국회에 의한 간접 선거제에서 유권자에 의한 직접선거제로 이행한 점을 들 수 있다. 이러한 현상은 지방정치에서도 보인다. 대통령 선거에 직접선거제가 도입된 1952년, 당시까지 직선제 도입에 소극적이었던 이승만 정권은 지방 자치 수준의 '선거' 실시에 적극적인 자세를 보여, 같은 해에는 지방 의회 선거, 그리고 1956년에는 일부 지방 자치단체장 선거가 실시된다.

여기서 주목해야 할 점은 제1공화국 시대의 '선거' 확대 현상이 이승만과 여당의 주도에 의해 실현되었다는 점이다. 이승만 정권의 행동 전제에는 물론 국회 내 정치적 줄다리기와 행정부의 조정 과정을 거치는 것보다 여기서 나올 결과물을 '선거'를 통해 얻는 편이 자신들에게 유리하다는 인식이 있었음이 틀림없다.

그렇다고 이승만 정권 시절에 선거 부정이 없었다는 뜻은 아니다. 만일 국민적 지지를 받지 못하는 세력이 선거 '부정'을 저질러도 절대 발각될 일이 없다고 확신한다면, 이 세력은 '부정을 행해 선거에서 이긴다'는 계획을 세우고, 실제로 '선거'를 실시할 가능성이 충분히 있다. 이를 합리적인 일이라 생각했을지도 모른다. 여기서 특정 세력의 선거 '부정'을 살펴볼 때, 이 세력이 어떠한 형태로 조직화되었고 어떠한 형태로 사회에 침투해 있었는지를 절대 간과해서는 안 될 것이다.

한마디로 특정 세력이 스스로 나서서 '선거'를 실시할지의 여부를 알기 위해서는 단순히 '부정'을 '부정'이라고 치부해버릴 것이 아니라 왜 이 세력이 '부정을 행해 선거에서 이긴다'는 전략을 선택하였고, 그 배후에는 어떠한 구조와 확신이 있었는지를 이해하는 것이 중요하다. 이승만과 자유당. 동시대에 '권위주의적' 체제를 지탱한 두 존재가 자신들의 운명을 '선거'에 맡길 경우, 이를 위한 준비를 더욱 철저히 해야 하는 쪽은 말할 필요도 없이 후자이다. 한국의 유력한 독립운동 지도자였으며 해방 이후 한국이 건국되는 과정에서 다른 유력 지도자들을 물리치고 대통령을 차지한 이승만의 지위는 적어도 1950년대 중엽까지 확고부동하였으며, 개인 대 개인의 싸움인 대통령 선거에서 이승만이 패한다는 것은 여당뿐 아니라 야당도 생각지 않은 일이었다.[10]

그러나 여당 및 여당 소속 의원들까지 이러한 영향력의 혜택을 받지는 않았다. 건국 이래 치러진 몇 차례의 선거에서 이승만은 자신의 지지세력을 다양한 형태로 지원하였고, 지원을 받는 세력 또한 이승만의 지지를 최대한의 무기로 사용했다. 그러나 그 성과는 그리 좋다고만은 할 수 없었다. 즉 '건국의 아버지'인 이승만의 카리스마는 유권자가 그 자신에게 표를 던지게 할 수는 있었어도, 그를 지지하는 세력에까지 표를 주지는 못한 것이다. 자유당 창당 이전의 상황은 다음과 같다. '선거'라는 수단을 이용함으로써 이승만 개인은 정치적인 지위를 확보할 수 있었다. 그러나 그에 대한 지지는 그가 지지하는 세력까지는 이어지지 않았으며 그 결과 이승만의 통치기반은 불안정해질 수밖에 없었다. 이승만에게 중요한 것은 그 자신이 아니라 그가 지지하는 세력을 '선거'에서 승리하게 만드는 것이었다.

---

10 김기팔, 『정계야화』 4권(노벨문화사, 1973), 176쪽.

이러한 의미에서 볼 때 1951년 자유당 창당은 한국 정치에 극적인 변화를 가져왔다. 이승만은 자유당을 기반으로 안정된 통치를 하였으며, 나아가 그 기반 위에서 독재 정치가 실현할 수 있었다.

그러면 자유당이란 도대체 어떠한 정당이며, 그들은 어떻게 '선거'에 '승리'할 수 있었는지, 자유당의 구체적인 모습을 살펴보도록 하자.

'마산 3·15 의거' 사후처리 과정에서 보인 재지사회의 자유당

자유당을 '선거'에서 이기게 한 요인. 이 요인이 자유당에 집결한 정치가들의 '독자적인' 지지기반이 아니었다는 것은 당시 자유당에 속한 사람들이 이승만 정권 붕괴 이후 어떠한 상황에 처했는지를 보면 알 수 있다. 자유당 의원들은 이재학과 같은 극소수의 인물을 제외하면 이승만 정권 붕괴 후 처음으로 실시된 '선거'에서 당선은커녕 '선전'도 할 수 없었다. 이러한 상황은 후에도 계속되어, 이들 중 대부분은 정계에 복귀할 수 없었다. 이러한 상황은 자유당 창당 이전에도 일어난 바 있다. 자유당 이전의 여당, 그중에서도 간부급 인물들의 선거구 지지기반은 매우 빈약했으니 말이다. 이는 자유당 창당 후의 상황과는 확연히 다른 양상을 보인다.

이상에서 우리는 두 가지 추측을 해 볼 수 있다. 첫째로, 이승만 정권 붕괴 이전과 이후의 비교를 통해 알 수 있는 바와 같이 정당의 영향력은 '여당'인지 아닌지의 여부와 깊은 관계를 가지고 있다. 왜냐하면 정당의 승리가 조직과 정치가 개개인의 힘으로 일구어낸 결과라면, 그들은 정권을 잃더라도 어느 정도 '선전'을 펼칠 수 있어야 하기 때문이다. 둘째는 위와 같은 사실에도 불구하고 '정당'의 형태를 갖추고 자체 조직을 보유하는 것은 무의미한 일이 아니라는 점이다. 이는 자유당 창당 전과 후를 비교해보면 명확히 드러난다. 여당 소속과 자유당 소속은 큰 차가 있었으므로, 자유당 자체가 어떠한 특별한 의미를 가지고 있다고 할 수 있을 것이다. 또한, 여기서 필자가 덧붙이고 싶은 것은 이 정당이 내건 '강령'과 '이데올로기'가 중요시되었을 가능성은 거의 없다는 점이다. 이승만 정권의 이데올로기는 자유당 창당 이전, 이른바 '일민주의─民主義'를 표방했던 시절에 더욱 명확하게 드러났으며, 자유당 정권 시절에는 오히려 후퇴하는 경향을 보였다. 이는 자유당이 선거운동에서 굳이 '강령'을 내세우지 않은 점을 보더라도 확실하다. 필자는 자유당이 '선거'에서 승리하기 위해 야당과 큰 격차가 있는 거대한 자금력을 내세웠다는 점을 앞에서도 몇 번 지적한 바 있다. 그러나 이 자금력이 여당이라는 사실 때문에 주어졌다는 점은 자유당과 그 이전 여당에 결정적 차이는 없다는 것을 알려준다.

지금까지의 내용을 정리해보면 자유당은 '여당이라는' 이점利點을 실제 득표에 반영하기 위한 조직이었다는 결론에 이른다. 그러면 그 조직이란 무엇이며, 어떻게 구성되어 있었을까. 여기서 참고할 수 있는 점은 각 정당이 이승만 정권 말기에 일어난 1960년 '마산 3·15의거'[11] 처리에서 어떠한 모습을 보였는지일 것이다. '마산 3·15의거'란 1960년 3월 15일 정부통령선거 당시 자유당의 '부정' 행위에 반기를 들며 마산시 내에서 발생한 대규모 집회이다. 그런데 이 집회에서 경찰이 시민을 향해 발

---

11 주지하듯이, 2.28 대구학생 민주의거에 이은 이 사건은 이윽고 '4·19혁명'으로 발전하는 큰 흐름을 형성하기에 이른다. 가령, 박식원, 『되찾자! 잃어버린 3·15』(시원출판사, 1990). 『마산시사(市史)』, http://www.masan.go.kr/open_content/government/dataroom/book_masan_history/index.html(현재). 그리고 『3·15의거』 1호(3·15의거기념사업회, 1995).

포를 하여 '의거'는 '사건'으로 발전되게 된다. 이 사건의 처리 과정은 당시 마산시 지구당이 작성한 내부자료[12]가 남아 있으니 이를 통해 자유당의 조직과 활동사항을 상세히 살펴보도록 하자.

먼저 사건의 경과와 이에 대한 자유당의 대응을 시간에 따라 살펴보자. 3월 15일, 민주당 마산시 위원회가 '부정'선거 규탄을 위한 '선거포기 선언'을 발표하자 이를 계기로 마산 시내에서는 대규모 집회가 열렸다. 이 '예상치 못한 폭동' 소식을 전해 들은 자유당은 다음날인 16일, 시市 선거대책위원회 및 기획위원회를 열고 사건의 책임이 민주당 성명서에 있음을 발표함과 동시에, 사건 처리를 위한 비공식 '7인 소위원회'를 발족하기에 이른다. 이어서 18일에는 선거대책위원회 간부 및 각 부차장 회의를 개최하였으며, 이후에도 대외적으로는 선거대책위원회의 이름으로 활동을 할 것을 결의한다. 21일에는 마산시 지구당 상임위원 및 관하 동洞지구당 위원장연대회의가 소집되었고, '7인 소위원회'를 '발전적'으로 해산함과 동시에 '마산소요사건 자유당 마산시당부 수습위원회'를 발족시키기로 결정한다. 이들의 활동은 24일 전원 자유당 국회의원으로 구성되는 '중앙당부위문단'이 도착할 때까지 계속되며, 이후의 주도권은 사태의 중대성을 고려해 중앙당으로 넘어간다.[13]

3월 15일에서 24일까지의 기간 동안 자유당 마산시 지구당의 활동은 크게 세 가지로 나누어 볼 수 있다. 하나는 '선전대책'인데, 이들은 성명문 발표와 매스컴과의 접촉 등 홍보활동을 벌였다. 지역신문인 마산일보와 적극적으로 연락을 취함과 동시에 전국의 특파원들과 접촉하여 자

---

12 자유당마산시당부, 『마산소요사건 종합보고서』, 단기 4293년 3월 23일. 그리고 『마산시사』.
13 자유당마산시당부, 『마산소요사건 종합보고서』.

유당에 유리한 보도가 나오도록 이면공작을 감행했다. 두 번째는 '구호
활동'으로, 이는 '위로금(品)' 및 '위문금(品)'을 전달하는 것이었다. 세 번
째는 '조사대책'으로, 사건진상조사를 위한 정보 수집 활동과 경찰, 그중
에서도 치안국과 접촉하는 것이 주요 활동 내용이다. '조사대책'은 그 명
칭에서 알 수 있듯이 사건의 진상규명과 함께, 사건 해결을 위해 국회가
실시한 '조사'에 어떻게 대응할 것인지를 목적으로 하는 것이었다. 자유
당이 당으로서 전개한 활동은 사실상 이러한 범위에 한정되어 있었으
며, 이 점은 당의 평소 활동도 비슷한 범위를 크게 벗어나지 않았음을
추측하게 한다.[14]

그러나 이러한 활동 과정에서 우리는 당시 마산시 지구당의 모습을
확실히 파악할 수 있다. 먼저 조직의 중심은 '7일 소위원회'를 구성한 사
람들이었다. 위원회는 자유당 마산시 지구당 위원장이며 이 지역의 국
회의원인 허윤수[15]가 위원장을 맡았으며, 동洞지구당 부위원장 3명과 시
市지구당 총무부장 책임위원, 동 선전부 책임위원, 그리고 자유당 중앙
위원 1명으로 구성되어 있었다.[16] 3명의 부위원장은 2명의 시지구당 위
원장(마산상공회의소장[17]과 마산시의회 의원)과 국민회 지부회장이 맡
았다. 그들은 이른바 당시 자유당 마산시 지구당의 간부들이었다고 할
수 있다. 여기서 중요한 것은 사건이 확대된 후, '7인 소위원회'가 '발전
적'으로 해산되고 '수습위원회'가 구성되었다는 점이다. 표 5 - 1에서 보

14 자유당마산시당부, 『마산소요사건 종합보고서』.
15 허윤수는 1960년, 정부통령선거를 단지 2개월 남겨두고 민주당에서 당적을 막 옮긴 참이었
다(『마산시사』). 그의 정치적 변절에 대한 반감은 대규모 집회의 한 원인이었다.
16 이 지역에서 선출된 자유당 의원이 없었기 때문에 도의회의원이 포함되지 않았다.
17 한태일 마산상공회의소장은 이후 민주공화당의 공천을 받아 국회의원으로 선출된다. 중앙
선거관리위원회, 『역대국회의원선거상황』(중앙선거관리위원회, 1968), 583쪽. 그리고 『마
산시사』.

는 바와 같이 이 '수습위원회'는 위원회의 위원으로 경상남도 자유당 소
속 국회의원을 필두로 마산시 주요 공공기관장 그리고 같은 시 각종 단
체 및 회사의 장을 '고문'으로 등재하고 있다. 우리는 다른 지역에 비해
비교적 자유당의 세력이 약했던 마산시에서조차 시장을 비롯한 행정부
문의 각 책임자, 그리고 야당이 큰 세력을 떨치던 시의회[18] 의장 및 재
판소장까지 전부 이 조직에 포함되어 있다는 점을 주목해야 한다.[19] 동
시에 이 명단에 전직前職이라는 명칭이 없는 것으로 보아, 이들이 개인
자격으로서가 아니라 각 기관의 대표로서 이름을 올렸다는 사실도 눈여
겨보아야 할 것이다.[20]

  어쨌든 자유당 마산시당부는 자유당에 직접 관련이 있는 국회 및 지
방 의원들과 미래의 후보자를 그 활동 중심에 두고 있었으며, 필요에 따
라 행정부를 위시한 각종 기관이 이를 지원하는 형태를 갖추고 있었
다.[21] 특히 이 중에서 중요한 기관이 경찰이다. 자유당과 경찰의 관계는
사실상 불가분의 관계라고 해도 과언은 아니다.[22] 또한 국민회를 제외하
면 본디 자유당을 뒷받침하던 많은 단체, 대한노동총연맹과 전국농민조
합총연맹의 모습이 보이지 않는다는 점에도 주의를 기울여야 한다. 자
유당은 창당 시 각종 국민 단체로 구성된 조직임을 표방하였으나, 이 시

---

18 『마산시사』.
19 표5–1처럼 단지 전(前) 마산시 당부 위원장이었던 김종신만이 마산소요사건 수습위원회
   위원장을 맡았다는 경력을 갖고 있음에도 국회의원으로 당선될 수 있었다. 이는 선거 직전
   허윤수가 민주당에서 자유당으로 이적함으로써 위원장직을 허윤수에게 내놓았기 때문이
   다. 자유당마산시당부, 『마산소요사건 종합보고서』.
20 예를 들어, 마산시의회의장을 맡은 이만희는 하물며 당에 소속된 의원도 아니었다.
21 이는 예를 들어 당시 서울시장을 역임했던 허정의 회고록에서도 찾아볼 수 있다. 허정, 『내
   일을 위한 증언』(샘터사, 1979), 179쪽.
22 자유당마산시당부, 『마산소요사건 종합보고서』.

기에는 행정기관을 중심으로 한 지역의 주요기관이 조직을 보완하는 전형적인 '정부당'으로 변모해 있었던 것이다.

물론 마산의 사례로 자유당 전체를 평가하는 것은 위험하다. 그러면 다른 지역, 특히 자유당의 본거지인 농촌 지역에서 자유당이 과연 어떠한 존재였는지, 그리고 어떤 조직들이 자유당을 뒷받침했는지에 대해 알아보자.

'여촌야도'를 뒷받침한 자유당 조직

'여촌야도'. 이 시기 한국의 '권위주의적' 체제의 특색은 제4공화국 및 제5공화국과는 다른 양상을 보였는데, 이는 바로 정통성의 기반을 '선거'에서의 승리에 두고 있었다는 점일 것이다. 이러한 '선거에 의존하는 '권위주의적' 체제가 성립되기 위해서는, 해당 정권이 어떠한 어려움에 처하고 어떤 가혹한 비판을 받더라도 그 정권이 '선거'에서 반드시 승리한다는 전제가 필요하였다. 이러한 의미에서 한국의 '여촌야도' 현상, 정확히 말하면 여당의 확고한 정치기반으로서 버티고 있던 군郡의 존재는 제1공화국이 '선거에 의한 '권위주의적' 체제 성립'을 실현할 수 있게 해준 가장 큰 요인이었다. 여당은 군郡 단위에서는 안정적 우위를 차지하고 있었기에 '선거'에서 반드시 승리할 것이라 확신하였으며, 이에 정권의 정통성을 과시할 수 있었다. 여기에서 여당이 자유당 창당 이전, 군郡에서 안정적 우위를 갖지 못했었으며, 자유당의 창당과 함께 이를 항상 유지할 수 있었다는 점 또한 중요하다. 그러면 자유당은 어떻게 군에서 안정적 지지를 확보한 것일까.

표 5-1 마산소요사건 자유당 마산시 당부 수습대책위원회 임원 일람표

성 명	위원회 내 지위	직업 등	7인 소위원회	비고
김철수	고문	자유당중앙위원 · 경남도당부위원장		민의원 · 경남도내선거구선출
이영언	고문	자유당중앙위원 · 민의원		경상남도내 선거구선출
이상용	고문	자유당중앙위원 · 민의원		경상남도내 선거구선출
김인배	고문	자유당중앙위원 · 민의원		경상남도내 선거구선출
안덕기	고문	자유당중앙위원 · 민의원		경상남도내 선거구선출
김성탁	고문	자유당중앙위원 · 민의원		경상남도내 선거구선출
박창화	고문	자유당중앙위원 · 민의원		경상남도내 선거구선출
강종무	고문	자유당중앙위원 · 민의원		경상남도내 선거구선출
이종수	고문	자유당중앙위원 · 민의원		경상남도내 선거구선출
지영진	고문	자유당중앙위원 · 민의원		경상남도내 선거구선출
주금용	고문	자유당중앙위원 · 민의원		경상남도내 선거구선출
김경돈	고문	자유당중앙위원 · 민의원		경상남도내 선거구선출
이룡범	고문	자유당중앙위원 · 민의원		경상남도내 선거구선출
신수계	고문	자유당중앙위원 · 민의원		경상남도내 선거구선출
조경규	고문	자유당중앙위원 · 민의원		경상남도내 선거구선출
이영희	고문	자유당중앙위원 · 민의원		경상남도내 선거구선출
최석림	고문	자유당중앙위원 · 민의원		경상남도내 선거구선출
구태회	고문	자유당중앙위원 · 민의원		경상남도내 선거구선출
이재원	고문	자유당중앙위원 · 민의원		경상남도내 선거구선출
김정기	고문	자유당중앙위원 · 민의원		경상남도내 선거구선출
진석중	고문	자유당중앙위원 · 민의원		경상남도내 선거구선출
윤봉정	고문	자유당중앙위원 · 민의원		경상남도내 선거구선출
손영수	고문	자유당중앙위원 · 민의원		경상남도내 선거구선출
김재위	고문	자유당중앙위원 · 민의원		경상남도내 선거구선출
박상길	고문	자유당중앙위원 · 민의원		경상남도내 선거구선출
서한두	고문	자유당중앙위원 · 민의원		경상남도내 선거구선출
김종신	고문	전 자유당마산시 당부위원장		전국회의원 · 마산선거구선출
김이변	고문	자유당경상남도 당부위원장		
안윤봉	고문	자유당중앙위원	O	
박영두	고문	마산시장		
이만희	고문	마산시의회의장		
박상민	고문	부산지방법원 마산지원장		
서득룡	고문	부산지방검찰청 마산지청장		
김병철	고문	마산경찰서장		
서복태	고문	마산세무서장		
권하식	고문	마산세관장		
박정석	고문	경상남도도립 마산병원장		
제길윤	고문	마산시의사회장		
서기홍	고문	국제인권변호연맹마산시지부위원장		
김정윤	고문	마산일보사장		

이태구	고문	마산방송국장		
이룡조	고문	해인대학장		
김치반	고문	마산시중등교육회장		
이갑도	고문	마산상업고등학교장		
허윤수	위원장	자유당마산시당부위원장	○	민의원 · 마산선거구선출
한태일	부위원장	자유당마산시당부부위원장	○	마산상공회의소회장
이병진	부위원장	자유당마산시당부부위원장	○	
김두철	부위원장	자유당마산시당부부위원장	○	
김종규	총무부책임위원	자유당마산시당부총무부장	○	
이원길	총무부위원	자유당마산시당부재무부장		
최재형	구호부책임위원	자유당마산시당부조직부장		
박보현	구호부위원	자유당마산시당부의원부장		
김창식	선전부책임위원	자유당마산시당부선전부장	○	
김상수	선전부위원	자유당마산시당부문화부장		
박창린	조사부책임위원	자유당마산시당부감찰부장		
한금주	조사부위원	자유당마산시당부조사부장		

이 점을 살펴보기 위해서는 자유당이 군에서 어떠한 존재였는지를 파악하는 것이 중요하다. 이에 당시 군郡 '선거' 방법 및 경쟁방식의 변화로 1선거구당 후보자 수의 변화에 주목해야 할 것이다. 이는 기본적인 사항이면서도 우리에게 아주 중요한 단초를 제공해주고 있다. 자유당 창당 이전의 국회의원 선거 즉 1948년 제헌국회 선거와 1950년 국회의원 선거의 가장 큰 특징은 200~210석의 의석을 둘러싸고 1948년에는 948명, 1950년에는 실로 엄청난 수인 2,209명의 후보가 난립하여, 결과적으로 많은 수의 무소속 당선자가 나왔다는 점일 것이다. 제3장[23]에서 이미 자세하게 논한 바와 같이, 이러한 무소속 당선자들의 존재는 이승만 정권의 정권운영을 배우 불안정하게 만들었으며, 이에 대항세력인 '정통보수야당'에게 정권 도전의 기회를 제공하게 된다.

---

23 또한 졸고 『韓国における民主化と"政府党"』, 西村成雄 · 片山裕 『二〇世紀東アジア史像の新構築』(青木書店, 2002) 참조

표 5-2 54년 국회의원선거 당시 시·군별 및 후보자 수의 차이와
각 정당의 득표율 상관관계

	시·군	후보자수	자유당	민주국민당	국민회	국민당	諸 파	무소속
시·군	1							
후보자수	0.277	1						
자유당	-0.449	-0.372	1					
민주국민당	0.209	-0.088	-0.639	1				
국민회	-0.424	-0.008	0.234	0.184	1			
국민당	-0.201	0.034	-0.025	-0.089	-0.138	1		
諸 파	-0.127	-0.305	0.226	-0.010	-0.267	-0.231	1	
무소속	0.394	0.543	-0.590	-0.150	-0.355	0.081	-0.628	1

주: 각 도를 시·군으로 구분한 단위마다 시·군별 1선거구당 후보자 수 그리고 마찬가지로 諸
당파 및 무소속의 득표율과의 상관관계를 나타낸 것이다. 예를 들면 '후보자 수'와 '자유
당'이 교차하는 위치에 해당하는 '-0.372'는 선거구당 후보자 수와 마찬가지로 자유당의
득표율이 마이너스 상관관계에 있는 것을 의미하고 있다.

후보자 난립과 많은 수의 무소속 후보자들의 당선. 이는 즉 1950년
국회의원 선거 당시 정당이 재지사회까지 충분히 뿌리를 내리지 못했다
는 것을 의미한다. 이러한 상황에서 한 정당이 다른 정당을 제치고 우위
에 서는 가장 간단한 방법은 난립한 자유당계의 후보자들을 사전에 조
정하여 제한된 득표수가 특정 후보자에게 집중될 수 있도록 하는 것이
었다.

이러한 목적을 달성하기 위해 자유당이 실시한 것이 '한국 최초의 공
천제'이다. 자유당은 당시까지 '자천' 즉 후보자 자신이 소속정당을 선택
하던 방식에서 중앙당이 직접 '공천'을 하는 방식으로 전환하였으며, 이
과정에서 여당계 후보자를 제한함으로써 자유당 후보자의 당선 확률을
높이고자 했다.[24] 이로써 자유당은 성공을 거둔다. 그때까지 아무런 관

24 김기팔, 『정계야화』 1권(노벨문화사, 1973년), 15쪽 이하에 자세하게 서술되어 있다. 『정계
야화』는 1971년 동아방송의 전파를 타고 방송된 1953년에서 57년까지의 한국정치사를 다
룬 다큐멘터리 프로그램을 바탕으로 발간된 것으로, 1971년 당시 생존 중이던 관계자들의

계가 없는 것처럼 보였던 선거구당 후보자 수와 여당 득표수는 1954년
국회의원선거[25]에서 상관관계가 있음이 증명되었으며, 그 후 1958년 국
회의원선거[26]에서 더욱 확연히 드러나게 된다(표 5-2, 표 5-3). 후보
자 수 제한은 군郡 단위에서 특히 두드러졌으며, 이로 인해 1954년 국회
의원 선거 이후 '여촌야도' 현상이 나타나게 된다.

표 5-3 58년 국회의원선거 당시 시·군별 및 후보자 수의 차이와
각 정당의 득표율 상관관계

구분	시·군	후보자 수	자유당	민주당	통일당	국민회	諸 派	무소속
시·군	1							
후보자 수	0.468	1						
자유당	-0.683	-0.638	1					
민주당	0.590	-0.078	-0.245	1				
통일당	-0.005	0.069	-0.012	-0.095	1			
국민회	-0.028	0.513	-0.139	-0.203	0.350	1		
諸 派	0.359	0.116	-0.362	0.279	0.073	-0.225	1	
무소속	-0.128	0.455	-0.419	-0.766	-0.012	0.198	-0.104	1

주: 표5-2와 동일

그러면 자유당은 어떻게 군郡에서 우위성을 확보할 수 있었을까. 먼
저 자유당은 본디 군에서 어떠한 위치에 있었는지를 살펴보자. 표 5-4
는 국회의원 선거가 실시된 1958년에 경기도 광주군의 5개면 및 용인군
의 1개면에서 농민들이 어느 단체에 소속되어 있었는지를 조사한 결과

증언을 수록하는 등 사료가치가 매우 높다고 할 수 있다.

25 이 선거에서의 당파분포는 다음과 같다.

자 유 당	민주국민당	국 민 회	대한국민당	무 소 속	기 타
114	15	3	3	67	1

26 이 선거에서의 당파분포는 다음과 같다.

자 유 당	민 주 당	통 일 당	무 소 속	기 타
126	79	1	27	0

이다. 여기서 중요한 점은 적어도 이 시기, 이들 지역에서는 자유당에 가장 많은 농민이 소속되어 있었다는 사실이다. 바꿔 말하면 이 지역 인구의 압도적인 수를 차지하던 농민들이 국민회와 같은 자유당 하부조직을 통해서가 아니라, 자유당과 직접적으로 연계되어 있었다는 것이 된다. 여기서 우리는 자유당이 결코 전과 같이 중앙에서만 영향력을 갖는, 사회로부터 괴리되어 있는 엘리트 정당이 아니라 매우 한정된 수의 재지사회에 제대로 뿌리를 내린 정당이었다는 점을 알 수 있다. 중요한 것은 자유당을 구성하는 각 단체가 아니라 자유당 자체, 더 정확히는 행정기관과 일체화된 '정부당'이었다.

이 조사를 자세히 살펴보면, 조사의 대상 지역 대부분이 불과 2년 전인 1956년까지는 정부통령선거 민주당 측 후보자 신익희의 지지기반이었다는 흥미로운 사실을 발견할 수 있다. 표5 - 4의 견고한 조직은 자유당이 이 지역을 자신들의 기반으로 삼기 위해 계속해서 노력한 결과였던 것이다.[27] 다행히 이 지역에서 이루어졌던 자유당의 활동에 관해서는 1954년 및 1958년 당시 국회의원선거의 자유당 후보자였던 최인규의 옥중 회고록에 구체적인 기록이 남아있는 덕분에[28] 제한적이긴 하나마 그 내용을 알 수 있다.

---

27 양자 사이에서 벌어진 치열한 다툼에 관해서는 예를 들어 『경향신문』 1954년 5월 20일자 참조.
28 최인규, 『최인규 옥중 자서전』(중앙일보사, 1984). 주지하다시피 최인규는 이후 언급할 1960년에 치러진 정부통령선거에서 내무부 장관으로 임명되면서 책임을 지고 처형된다.

표 5-4 촌락거주자가 인식하는 본인이 속한 단체와 활동에 대한 적극도

단체명	열심	보통	방관적	무응답	참가자합계
교 회	18	5			23
종 친 회	7		2	2	18
사 친 회	6	7	1	2	11
친 목 회	2	2		10	15
축 산 조 합	2	3		1	5
4 H 클 럽	5	2	5	6	16
채 소 조 합	1				1
산 림 조 합					1
수 리 조 합		1		1	2
국 민 회	1	1	1		2
자 유 당	10	12	39	5	66
부 인 회	2		16		22
제대장병보도회	1	4	3		5
상 무 회	1	1	3	2	6
단체 비가입					177
				조사대상자 총수	336

주: 1958년 12월 13일~21일. 경기도 광주군 및 용인군에서 실시한 조사. 단체 가입은 비조사자를 대상으로 한 설문조사를 통해서 알아낸 것이며, 그 결과, 국민회, 부인회 등 농촌의 거의 전원이 상부에 의해 강제적으로 가입되었다는 사실이 밝혀졌다. 이 때문에 자신들의 가입 사실을 모르는 단체의 경우, 참가자 합계 수와 공식적인 가입자 수는 크게 다르다. 자세하게는 이만갑, 『한국 농촌사회의 구조와 변화』(서울대학교 출판부[한국], 1973), 121쪽 이하.

최인규에 따르면 상기와 같은 조직 확대를 위해 자유당이 이용한 방법은 아래와 같다.[29] 첫째, 해당 지역 내부의 공직을 둘러싼 인사에 간섭하는 것이다. 최인규에 따르면 중앙에서 임명한 경우뿐만 아니라, 도의회나 면의회에서까지 자유당이 압도적 다수를 차지했던 당시만 해도, 지방의회의 공천을 포함해 인사에 대해 광범위한 영향력을 행사할 수 있었다. 둘째, 서울의 관민官民 양쪽에 취업을 알선하는 것이다. 이 점과 관련해 흥미로운 사실은 최인규가 첫 번째 방법보다 오히려 두 번째 방

29 최인규, 『최인규 옥중자서전』, 207쪽 이하.

법을 중시했다는 점으로, 그 이유는 첫 번째 방법인 지역 인사에 대한 간섭은 이미 그 지위를 차지하고 있던 사람들의 파면을 전제로 하는 탓에 새로운 적을 만들 가능성이 있었기 때문이었다. 그러나 두 번째 방법은 이러한 위험성을 내포하고 있지 않아 안전했다. 이는 이 시기의 재지사회에서 공직 배분이 얼마나 중요했는지, 그리고 이러한 재지사회에서 영향력을 가진 사람들을 적으로 돌리는 행위가 당시 정치가들에게 얼마나 번거로운 문제였는지를 시사한다.

셋째, 지방사업을 진흥시키는 방법으로, 이는 당연히 여당의 무기가 될 수 있었다. 네 번째 방법은 지역주둔 군부대에 대한 우대조치였다. 이 지역에는 전 유권자의 5분의 1이나 되는 제33예비사단이 주둔하고 있었는데, 최인규는 군부대 위문 등에 매우 적극적이었다고 술회하고 있다. 이는 자유당 진출을 위해 먼저 군인을 포함한 공무원의 표를 모으는 것이 중요했다는 것을 의미한다. 다섯째, 경로당 설치와 학교의 각종 행사에 대한 축전과 지원, 그리고 자신의 아내를 이용한 부인회 활동 지원과 관혼상제 활동 등을 전개했는데, 이에 관해서도 여당으로서의 이점이 최대한 발휘되었다는 사실은 의심의 여지가 없을 것이다.

표 5-5 1956년 자유당 동복면 당 정부통령선거대책위원회
(대지주 및 일제치하의 공직경험자)

서열	직 위	농지규모 (1950.6.24)	수배(受配) 농지	일제치하의 지주등급	일제치하의 공직 등	면의회의원 (1956년)
		정보	정보	급		
1	위원장	34,933		10	면협의원	○
2	부 위원장	1,955	1,605	(16)	면 서 기	
3	부 위원장					○
4	부위원장·섭외부책임	4,430				
5	사무장·조사부책임	1,362		(19)		

6	총무부책임					○
9	선전부책임·지구위원	2,853	376	(20)	구장	
10	선전부책임	4,125				○
11	선전부책임·지구위원			(10)		
13	조직부책임·지구위원				구장	
14	조직부책임·지구위원	122				
15	재정부책임	1,271	353		면 고용인	○
16	재정부책임			16	구장	○
17	조사부책임	344				
18	섭외부책임				구장	
19	부녀부책임		(52)			
20	감찰부책임·지구위원				(구장)	
21	감찰부책임	269				
22	감찰부책임	2,186			구장	
23	감찰부책임·지구위원				구장	

주: 졸고 「한국에 있어서 민주화와 『정부당』」, 西村茂雄·片山裕 편저 『동아시아 사상의 재구
축』(靑木서점, 2002), 196쪽. 홍성찬, 『한국근대농촌사회의 변동과 지주층』(지식산업사[한
국], 1992), 315~317쪽. 『지방의회 의원 명감』(중앙통신사[한국], 1958) 등에서 작성.
상임위원 이하는 생략하였다. 수배농지라는 것은 농지개혁에 의해 획득한 농지. ()안은 친
족의 등급이나 수배농지 규모를 나타냄. 이 표에는 나오지 않지만 본인과는 별개로 친족이
지주였거나 일제치하에서 관직에 있었던 자는 많았다. 또한, 동복면 의회 정원은 11명으
로, 다른 5명도 모두 자유당 소속이었으며, 그 중 2명은 이 선거대책위원회 상임위원이다.

그럼 이러한 자유당 측의 공작을 받아들인 재지사회는 결국 어떤 모
습으로 변모했을까. 이 점에 관해서는 전라남도 화순군 동복면[30]의 사례
를 통해서 잘 알 수 있다. 표 5 - 5는 1956년 당시 이 지역의 자유당 동복
면 당 정부통령선거대책위원회의 구성원을 나타낸 것이다.[31] 이 표를 보
면 이곳의 자유당 조직이 일제치하부터 존속해온 재지사회의 명망가를
조직화한 것이었다는 사실을 알 수 있다. 즉 재지사회의 자유당이란 재

30 이 지역은 1950년에 치러진 국회의원 선거까지 민주국민당 계열세력들이 의석을 차지하고
   있었으나, 자유당 창당 이후에는 자유당이 의석을 확보하게 된다. 『역대국회의원선거상황』.
31 이 지역과 이 지역 거주 명망가들에 관해서는 다음을 참조. 홍성찬, 『한국근대농촌사회의
   변동과 지주층』, 지식산업사, 1992년. 그리고 중앙통신사, 『지방의회의원명감』, 1956.

지사회의 명망가를 간부로 영입하고 그 아래에 일반 농민을 편입시킨 단체였던 것이다. 그러나 동시에 간과해서 안 될 점은 자유당이 단계적 의미의 지주정당은 아니었다는 점이다. 농지개혁에 대한 이해에서도 상징적으로 드러나듯이, 당시 양대 정당이었던 자유당과 민주당 가운데 지주와 실업가의 이익에 서서 자신들의 주장을 펼친 쪽은 국내파 정당으로 출발하여 '정통보수야당'의 흐름을 계승한 민주당 측이었으며, 이승만과 자유당은 이와 비교해 오히려 민중의 편에 선 정당이었다.[32] 실제로 최인규가 자신과 신익희를 비교해 증언하고 있듯이, 민주당 계열의 정치가들은 정치기반인 지역 주민들에 대한 '이익환원'에 열성적이지 않았으며, 이는 결과적으로 재지사회에서 자유당의 활동을 도와준 꼴이 된다.[33]

그럼에도 불구하고 재지사회의 명망가들이 결과적으로 그들 자신의 이익을 실현해주리라 생각되던 민주당이 아닌 자유당 안에 포섭되어 있었다는 사실은 매우 중요하다. 그리고 광주군, 화순군의 예에서 공통적으로 볼 수 있는 현상으로, 당시 재지사회의 명망가, 특히 이 시점에서도 재지사회에서 유력한 지위를 계속 유지하고 있던 대부분의 재지사회 명망가가 대지주나 자산가였을 뿐만 아니라, 행정 또는 지방의회에서 공직까지 역임하고 있었으며, 이를 통해 그들이 재지사회에서 명망가로서의 지위를 유지할 수 있었다는 점은 실로 주목할 가치가 있다.[34] 즉 일제치하의 명망가들은 광복 후 10년 이상이 지난 당시, 농지개혁으로

---

32 예를 들면 윤천주, 『한국정치체계』, 231쪽. 또한 이는 실제로 일정한 현실을 반영하고 있었다.
33 최인규, 『최인규 옥중자서전』, 143쪽 이하.
34 이만갑, 『한국 농촌사회의 구조와 변화』(서울대학교 출판부, 1973), 146쪽 이하. 그리고 홍성찬, 『한국근대농촌사회의 변동과 지주층』.

인해 부의 상당 부분을 상실하는 한편, 재지사회의 유력자로서 각종 공적 직무에 종사할 기회를 부여받음으로써 권위를 유지할 수 있었던 것이다. 이는 그들이 점차 자신들에게서 유래하는 권위와 부가 아닌 정부가 부여하는 권위와 부에 의존하게 되었다는 것을 의미한다.

마산시의 예에서도 알 수 있듯이 당시 자유당은 글자 그대로 행정기관과 일체화된 상태였으며, 이러한 상황에서 자유당에 반기를 드는 것은 공적 기관에서 일할 기회가 현저하게 감소한다는 것을 의미했다. 그리고 이러한 상황 아래, 정부가 부여하는 권위에 대해 깊게 의존하고 있었던 그들이 점차 자유당에 귀속되어 갔다는 사실은 오히려 당연했다고 할 수 있다. 이는 일제치하에서 일본과 일정한 관계를 맺고 있었던 자들에게는 더욱 심각한 의미를 가지는 것이었다. 일본과의 관계로 인해 지배의 정통성을 잃고 농지개혁으로 고유의 경제적 기반을 상실한 그들이 재지사회에서 지도적 지위를 유지하기 위해서는 사실상 '정부당'에 의존하는 것 이외에는 방법이 없었을지도 모른다.[35]

자유당은 실로 이러한 상황에 놓인 재지사회의 명망가를 조직화함으로써 그들에게 '질서'를 부여하는 데 성공했다. 뒤에 서술하겠으나 이것이 분명 그들의 열광적인 지지에 힘입은 것이 아니었다 하더라도, 이에 동참함으로써 이익을 손에 쥘 수 있었다는 점은 자명하다. 이러한 의미에서 자유당이 결성된 후 최초로 실시된 선거가 지방의회 선거였다는 사실은 중요하다. 자유당의 압승으로 끝난 이 선거에서 그들은 확실하게 자유당에 흡수되었으며, 이는 같은 해 실시된 대통령 선거에서 이승

---

35 광복 직후의 재지사회 명망가들에 관해서는 다음 책을 참조. 홍성찬, 『한국근대농촌사회의 변동과 지주층』, 171쪽 이하.

만의 압승으로 이어진다.

이로써 자유당은 농촌을 자신들의 영향력 아래에 두고, 이를 기반으로 국회에서 우위를 확보해 나아가게 된다. 그렇다면 원래 이승만과 자유당에 의한 체제란 중앙정치에서 과연 어떠한 의미를 가진 것이었을까. 다음은 절을 바꾸어 이 점에 관해 살펴보도록 하자.

3. 정부와 자유당

국무총리의 중요성

먼저 자유당 창당 이전의 한국 정치, 특히 이승만과 여당을 둘러싼 상황에 관해 정리해 보도록 하자.

앞서 말한 바대로, 자유당 창당 이전의 한국 정치가 가지는 최대 특징 중 하나는 국회 내에서 여야당 그 어느 쪽에도 확실하게 소속되지 않은 무소속 의원을 포함한 거대한 중간파가 존재했다는 점이다. 여야당은 이들 중간파를 끌어들이기 위해 경쟁했으며, 당시의 정치는 그 결과에 따라 유동적으로 움직이는 불안정한 모습을 보이고 있었다. 이러한 불안정한 국회의 상황은 초기 대한민국 헌법이 국회에 의한 대통령 간접선거제를 채택한 사실과 맞물려 이승만과 여당의 정책을 매우 어려운 상황으로 몰고 간다.

야당은 중간파를 끌어들여 여당에 저항하였고, 이는 특히 국무총리 임명 동의안 문제를 둘러싸고 여당에게 가장 큰 장애물로 작용한다. 당시의 헌법은 국무총리 선출 시 대통령이 임명한 후 국회가 이를 승인할 필요가 있다고 명시하고 있었으며, 대통령은 국회 다수의 지지 없이는 자신들의 내각을 구성하는 것조차 불가능했다. 이승만은 이에 대해 자신이 원하는 자가 국회의 승인을 얻기 힘든 경우에는 그를 국회의 승인을 거치지 않고 '국무총리 서리'로 임용했으나, 이는 제도적으로 명백한 한계를 드러내는 것이었다.[36]

불안정한 국회에서는 다수를 지배하면 누구든 자신이 원하는 자를 국무총리로 임용할 수 있었다. 이 상황에서 이승만 정권은 두 가지의 방법으로 대처하였다. 첫째는 물리적인 강제력을 발휘해 국회의원을 압박하는 것으로, 가장 전형적이고 극단적인 예가 이른바 '부산정치파동' 전후의 상황이다. 그러나 노골적인 물리력과 강제력의 남용은 필연적으로 정권의 기반을 장기적으로 뒤흔들 것이라는 사실은 명백했으며, 특히 필연적인 한계를 내포하고 있었다. 중요한 것은 오히려 두 번째 방법이었다. 즉 국회 내의 실력자, 특히 중간파의 실력자를 국무총리로 임명해 그의 지배하에 있는 부분을 확실하게 확보함으로써 이를 극복하는 것이었다. 각각 제2대와 제3대 국무총리였던 장면[37], 장택상[38]은 실로 이러한 관점에서 이승만에 의해 국무총리로 임명되었으며, 또한 여당과 그들이 이끄는 세력의 연합에 의해 실제로 국회의 승인을 확보함으로써 총리 취임을 달성할 수 있었다.

그러나 이러한 처리방법은 당연히 근본적인 문제 해결과는 거리가 먼

---

36 이 점에 관해서는 신성모의 국무총리 서리 기용을 둘러싼 국회 논의를 참조.『제헌국회속기록』제10회(선인문화사, 1999), 296쪽.
37 장면이 국무총리로 취임하게 된 경위에 대해서는 다음 책을 참조. 운석선생기념출판위원회 편,『한 알의 밀이 죽지 않고는-장면 박사 회고록』(가톨릭출판사, 1967), 32쪽.
38 장택상이 국무총리로 취임하게 된 경위에 대해서는 다음 책을 참조. 장병혜·장병초 편,『대한민국 건국과 나』(창랑장택상기념사업회, 1992), 107쪽 이하.

장택상(국무총리 당시)
출전: 장병혜 · 장병초 편 『대한민
국 건국과 나』(창랑장택상기
념사업회[한국], 1992) 책 첫
머리에 게재된 사진

것이었다. 중간파의 유력자를 국무총리로 임명하는 것은 결과적으로 이승만에 의한 내각통제를 어렵게 했다. 이승만에게 성가신 문제는 이러한 대통령과 국무총리의 정치적 대립이 당시의 정치적 상황의 산물임과 동시에, 일정 부분 대한민국 정부수립 당시의 헌법 구조상 필연적으로 생겨난 것이었다는 점이다. 대한민국 최초의 헌법 초안은 제헌의회의 최대 당파인 한국민주당의 주도에 의해 만들어진 것이었다.[39] 한국민주당이 가장 중요시했던 것은 자신들의 세력기반인 국회에 가능한 한 큰 권력을 부여하는 것이었으며, 이 때문에 대한민국의 정치 시스템은 기본적으로 의원내각제에 가까운 체제가 될 것으로 예정되어 있었다. 그러나 이승만은 이처럼 대통령의 지위를 경시하고 국회를 중심으로 하는 헌법 초안에 반발한다. 그 결과, 건국 헌법상의 국무총리는 대통령이 임명하고 국회의 승인을 받아 선임된다고 규정되었으며, 또한 그 책임은 대통령에게 있었다. 이에 국무총리라는 지위는 대통령과 국회 사이에 낀 복잡한 존재가 되고 말았다. 중요한 점은 이승만의 저항으로 인해 당초의 헌법 초안이 수정된 결과, 헌법이 규정하는 국무총리의 지위가 대통령 본인과 국회와의 관계에서 뿐만이 아니라, 국무총리 본인과 대통령과의 관계에서도 애매한 점을 많이 남겼다는 것이다.[40] 즉 당초의 헌법 초안에는 사실상의 상

---

39 헌법 제정 과정에 관해서는 다음 책을 참조. 유진오, 『헌법기초회고록』, 일조각, 1980.
40 이 점에 관해서는 다음 책을 참조. 이재원, 『한국의 국무총리 연구』, 나남출판, 1998, 133쪽 이하.

징적인 원수元首에 지나지 않는 대통령을 대신해, 국회에 대해 책임을 가지고 있는 국무총리가 내각을 실질적으로 통괄하도록 상정해 놓았다. 그러나 이승만이 헌법초안을 수정함으로써 대통령이 상징적인 존재에서 실질적인 행정부의 수장으로 전환된다. 그 결과, 대한민국의 행정부에서 대통령과 국무총리라는 두 명의 지도자가 대립하는 기묘한 상황을 낳게 되었다(그림 5-1).

그림 5-1 건국 당초의 정부조직

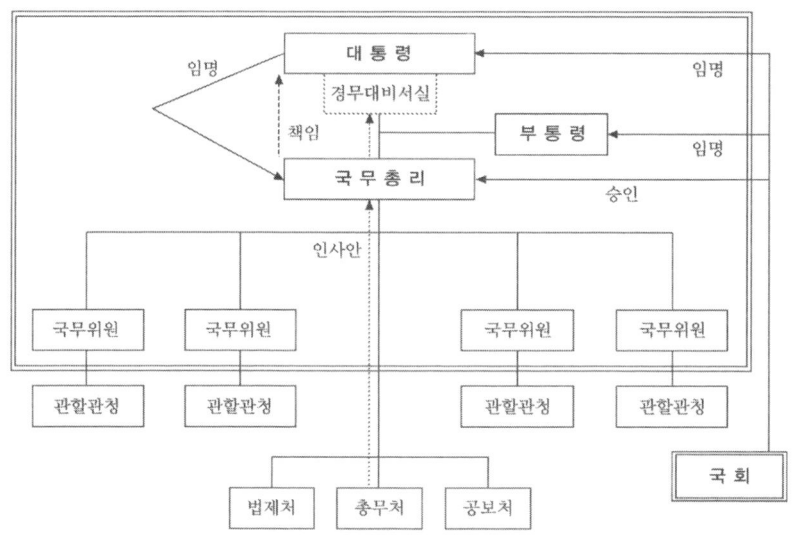

물론 이는 제도적으로 국무회의 즉 각료회의의 의장인 대통령이 부의장인 국무총리의 위에 군림하는 시스템이었다. 하지만 내각에 대한 이승만의 자세는[41] 상황을 더욱 복잡하게 만든다. '건국의 아버지'로서 자

---

41 국정 전반에 대한 이승만의 자세와 관련해서는 다음 책을 참조. 송원영, 「경무대의 인의 장막」, 『사상계』, 1960년 6월호.

신이 다른 모든 것들을 초월하는 존재라고 자인했던 이승만은 행정부의 수장으로서 일상적인 행정에는 흥미가 없는 자유방임적인 지도자였으며, 이 때문에 일상 행정에 관해서는 국무총리 이하의 각료들이 직무를 수행하게 되었다. 사실 평상시 주 2회 정도 개최되었던 각료회의에서 대통령은 주 1회만 출석했으며, 출석했다손 치더라도 각 각료에게 구체적인 지시를 내리는 경우는 그리 많지 않았다.[42] 이승만의 내각에 대한 이러한 태도는 결과적으로 내각에서 국무총리의 중요성을 더욱 부각하는 결과를 초래한다. 그리고 제도는 이를 뒷받침하고 있었다. 국무총리는 총무처, 공보처, 법제처 등을 관장했으며, 특히 공무원의 인사를 결정하는 총무처를 장악함으로써 국무총리의 실질적인 권한은 더욱 커져만 간다.[43] 이에 더불어 장택상의 예에서 전형적으로 드러나듯이,[44] 이승만에 의한 중간파 유력자들의 국무총리 기용은 국회운영 측면에서도 국무총리가 대통령의 통제로부터 벗어나 행동할 수 있는 자유를 부여하게 되었다.

중요한 사실은 그 결과, 이승만의 의도와는 달리 이 시기에 국무총리가 실질적인 행정부의 수장으로서 독자적인 권위를 확립하게 되었다는 점이다. 실제로 이는 건국 이후 선출된 3명의 국무총리인 이범석, 장면, 장택상의 자유당 창당 전후의 움직임, 특히 1952년 정부통령 선거시의 움직임을 보면 확실하게 알 수 있다. 국무총리에 취임할 당시 큰 세력을

---

42 이러한 상황은 후에 서술한 국무총리직 폐지 이후에도 별반 달라지지 않았으며, 대통령 부재의 경우에는 서열이 가장 높은 국무위원이 의장이 되어 국무회의를 열었다. 최인규, 『최인규 옥중자서전』, 137쪽.

43 김기팔, 『정계야화』 1권, 85쪽.

44 장택상은 국무총리 취임에 앞서 이승만에게 '인사문제와 달리'에 개입하지 말아줄 것을 조건으로 내걸었다. 장병혜·장병초 편, 『대한민국 건국과 나』, 110쪽.

가지지 못했던 이범석은 예상 외의 국무총리 취임으로 일약 대한민국 유수의 실력자로 성장했으며, 1952년 실시된 정부통령 선거에서는 자유당 공천의 부통령 후보자로서, 그리고 당시 자유당의 최대파벌이었던 '족청조선민족청년단파'의 영수領袖로서 이승만의 뒤를 노릴 만큼 성장하게 된다.[45] 이승만에 대한 장면의 위협은 더욱 직접적이었다. 국회에 의한 간접선거를 전제로 한 1952년의 헌법 개정 이전의 상황 속에서, 장면은 현직 국무총리임에도 불구하고 야당인 민주국민당 측의 대통령 후보자로 입후보하기 위해 물밑 획책을 벌이고 있었다. 하지만 이러한 사실이 발각되면서 이승만의 노여움을 사 해임당하기에 이른다.[46] 장면의 해임 이후 기용된 장택상은 국회의 유력한 중간파 지도자로서 대통령 직접선거제 개헌에 대해 협력하는 대가로 국무총리에 취임하게 된다. 이러한 연유로 장택상은 한때나마 이승만의 통제에서 벗어날 수 있었다.[47]

명백한 사실은 대통령과 국회의 관계와 마찬가지로 대통령과 국무총리의 관계 역시 제도적으로 또한 실제적으로 불안정한 상태였으며, 바로 이 점이 국정에 대한 이승만의 정치 지도를 현저히 방해하는 요소로 작용했다는 것이다. 이승만의 입장에서 보는 한, 이러한 상태는 시정될 필요가 있었으며, 사실 이는 결국 자유당 체제 아래 크게 개변改變하게 된다.

그렇다면 자유당의 탄생은 이러한 상황을 어떻게 바꾸어 놓았을까. 다음은 이 점에 관해 살펴보기로 하자.

---

45 김기팔, 『정계야화』 1권, 28쪽 등을 참조.
46 이 공작에 관해서 다음 책을 참조. 장병혜·장병초 편, 『대한민국 건국과 나』, 100쪽 이하.
47 이러한 장택상에 대해 이승만은 '대통령에 대한 책임을 지려고 하지 않는 국무총리'라고 부른다. 장병혜·장병초 편, 『대한민국 건국과 나』, 110쪽.

그림 5-2 1952년 헌법개정 이후의 정부조직

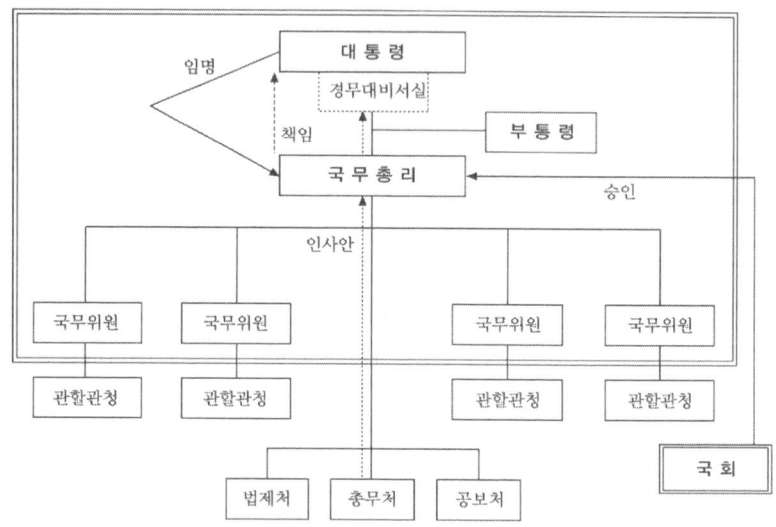

이기붕의 등장

자유당의 창당. 이승만이 신당을 결성하자 여러 세력들은 다양한 움직임을 보인다. 이승만이 전개한 대부분의 정치 지도와 마찬가지로, 신당 창당을 위한 움직임 역시 이승만에 의해 조직적으로 통제되었던 것은 아니었다. 이 때문에 자유당 창당을 위한 움직임은 조기에 분열되고 말았다. 결국, 국회의원들로 결성된 의원정당인 원내자유당과 원외의 모든 압력 단체를 기반으로 만들어진 원외자유당 등 두 '자유당'이 탄생하기에 이른다. 두 '자유당'의 알력다툼은 결국 이승만이 원외자유당에 대한 지지를 명확히 표명함으로써 원내자유당의 패배로 끝나게 된다. 내홍內訌에서 패한 원내자유당은 '잔류파'와 '합동파'로 분열되었으며, '합동파'가 원외자유당에 흡수됨으로써 최종적으로 거대 여당인 자유당이 탄생하게 된다. 거대여당의 성립은 그 부산물로서 거대 야당을 탄생시켰다. '정통보수야당'인 민주국민당은 구 원내자유당인 '잔류파'를 포함하는 무소속 의원들과 합동해, 통합 야당인 민주당을 창당한다. 이로써 향후 오랫동안 유지되는 '정부당'과 '정통보수야당'이 대립하는 양대 정당제, 더 정확하게 말하자면 한국판 '1과 2분의 1 정당제'의 원형이 만들어지게 된다.[48]

'정부당'의 성격을 내포하는 자유당의 창당은 이승만과 여당 측에서 보면, 그들이 조직한 강대한 여당을 이용해 국회에서 기반을 확보해 안정적으로 정책을 수행할 수 있게 되었음을 의미했다. 즉 국회 내에서 밀고 당기는 줄다리기에 신경 쓸 필요가 없게 된 셈이다. 그러나 이 조건이 진정으로 충족되기 위해서는 또 하나의 조건이 필요했다. 즉 거대 여당의 등장은 정부를 장악하는 자와 여당을 장악하는 자가 다를 경우, 거대 여당이 정부의 수장인 현직 대통령의 의도를 무시하고 폭주할 가능성을 내포하고 있었으며, 최악의 경우에는 여당의 지도자를 현직 대통령에 대한 최강의 도전자로 부상시킬 위험성조차 내포하고 있었던 것이다. '정부당'이 진정한 '정부당'이 되기 위해서는 '정부당'에 대한 정부의 완전한 통제가 확립되어야만 했다.

이러한 의미에서, 자유당의 창당 당시 발생한 이승만과 이범석의 각축[49]은 자유당이 '정부당'이 되기 위해 불가피했다고 말할 수 있다. '족청파'와 같은 독자적인 기반을 가지고 있는 동시에 초대 국무총리이자 '부산정치파동' 당시 내무부 장관으로서, 정부 내에 두터운 인맥을 가진 이범석은 자유당이 '정부당'이 되기 위해서 필연적으로 배제해야만 하는

---

48 이 점에 관해서는 다음을 참조. 졸고 「大韓民国の成立」, 伊藤之雄 · 川田稔, 『環太平洋の国際秩序模索と日本』(山川出版社, 1999).

49 김기팔, 『정계야화』 1권, 26쪽 이하 등.

대상이었다. 이승만은 이범석을 배제하기 위해 바로 '건국의 아버지'로서의 카리스마를 발휘한다. 1952년에 치러진 정부통령 선거에서 이승만은 자유당 공천 후보였던 이범석이 본인이 원하는 부통령 후보가 아님을 시사함으로써, 대통령 선거에서 본인의 득표수를 내세워 이범석과 그의 조직이 가진 집표 능력을 무력화시켰고 그 결과, 여당에서 이범석을 배제하는 데 성공한다. 중요한 점은 이 시점에서 이승만이 여전히 압도적인 국민적 지지를 받고 있었던 탓에, '이승만' 본인에 대한 지지 여부를 직접적으로 묻는 정부통령 선거에서 그의 지원 없이 여당이 승리하는 것은 사실상 불가능했다는 점이다. 다시 말하면 이 시점에서 이승만이 지닌 카리스마의 위력은 적어도 '족청파'의 조직 동원력과는 비교도 되지 않는 것이었으며, 이승만은 이를 효율적으로 이용함으로써 정적을 미연에 배제하는데 성공한 것이다.

하지만 이러한 성공에도 불구하고, 자유당이라는 조직을 기반으로 이승만에 대항하는 도전자가 나타날 가능성은 이범석 이후에도 틀림없이 존재했다는 점을 간과해서는 안 된다. 문제는 이승만이 그 후, 자유당이라는 조직과 이를 장악하는 자를 어떠한 수단을 통해 순종하게 했느냐는 점이다. 여기서 중요한 사실은 이승만이 자유당 창당 이전부터 국회에 의석을 가지고 있으며, 자유당 이전의 여당 계열 당파에서 중심적 인물로서 활동했던 사람들을 자유당의 지도층에서 배제했다는 점일 것이다.[50] 다시 말해, 자유당은 창당 이전만 해도 자력으로는 국회에 진출할

---

50 이 점에 관해서는 다음과 같은 전형적인 예를 들 수 있다. 구 여당인 대한국민당의 핵심인물이었던 배은희가 지도부에서 배제되었을 뿐만 아니라 자유당의 공천조차 받지 못했다는 점이다. 박용만, 『경무대비화』(한국정경사, 1965). 김기팔, 『정계야화』 1권, 132쪽. 서병조, 『주권자의 증언』(모음출판사, 1963), 165쪽 이하.

수 없었던 사람들을 중심으로 구성된 정당이었으며, 이러한 연유로 그
들은 필연적으로 이승만과 자유당에 자신들의 정치 생명을 크게 의존할
수밖에 없었던 것이다. 이러한 그들의 처지는 이 시기에 자유당을 떠난
사람들 대부분이 결국 과거에 치열하게 대립했던 '정통보수야당'에 합류
할 수밖에 없었던 상황에서도 상징적으로 드러난다.[51]

　무력한 자유당 간부를 통한 이승만의 자유당 지배. 당시 이러한 자유
당의 성격을 가장 상징적으로 나타내는 인물이 자유당 부총재로서 실질
적으로 자유당을 지휘했던 이기붕이다. 일제치하에서 민족운동가로서
도, 반대로 일본의 협력자로서도 두각을 나타내지 못했던 무명[52]의 이기
붕[53]은 귀국 직후의 이승만을 서무비서로 보좌[54]하면서 정치적으로 대
두하기에 이른다. 그는 유능한 실무능력으로 이승만의 신임을 얻게 되
며 그 후, 경무대 비서실장과 서울시장을 역임한다. 그리고 한국전쟁 발
발과 장면 국무총리 해임 이후의 혼란 상황 속에서 국방부 장관으로 발
탁된다. 당시 국방부 장관은 야당이 다수를 차지하는 힘든 상황 속에서
정부를 대표해 국민방위군사건과 거창사건 등 거대 의옥疑獄의 처리를
담당하는 어려운 자리였다. 이러한 상황 속에 야당과의 협상에서 정치
수완을 발휘한 이기붕은 실무가로서뿐만 아니라 정치가로서도 이승만
으로부터 높은 평가를 받게 된다.[55] 그 결과, 이승만은 이기범과 '족청파'

51　중앙선거관리위원회, 『대한민국정당사』(1964), 175쪽 이하.
52　이러한 연유로 당시 야당은 그를 경시했다. 김기팔, 『정계야화』 1권, 240쪽.
53　이기붕의 경력에 관해서는 다음을 참조. 전홍진, 『만송 리기붕선생』(국제시보사, 1960). 자
　　유춘추사, 『인간만송』(1959) 등
54　이기붕은 미국 유학 시절 이승만과 관계를 이미 맺고 있었다. 전홍진, 『만송 리기붕선생』
　　등.
55　우선 『대한민국정당사』, 175쪽 이하.

가 자유당으로부터 배제된 이후 단행된 자유당의 인사개편에서 이기붕
을 당내 각 부서의 총괄부장격인 총무부장에 임명했다. 이로써 이기붕
은 자유당 내에서 이승만을 잇는 서열 2위의 실력자로서 지위를 굳히게
된다.[56] 중요한 점은 자유당 내에서 이승만을 잇는 서열 2위의 지위가
매우 특수한 자리였다는 것이다. 즉 서열 2위는 자유방임적인 리더였던
이승만을 대신해 실질적으로 자유당을 지휘하는 역할을 맡는 자리였던
셈이다. 그러나 이렇게 중요한 지위에 발탁된 이기붕은 그때까지 국회
에서 의석조차 얻지 못했으며, 특정 선거 기반 역시 갖고 있지 않았다.
이러한 정치적 기반의 부재는 말할 필요도 없이 선거에서 여실히 드러
난다. 1954년에 치러진 국회의원 선거에서 경찰 조직 이외의 세력을 총
동원해 서울 서대문구에서 가까스로 당선된[57] 이기붕은 1958년에 치러
진 국회의원 선거의 경우, 수도 서울에서 일고 있던 자유당에 대한 역풍
속에서 같은 선거구의 재입후보를 단념할 수밖에 없는 궁지에 몰리게
되었다. 그는 결국 같은 자유당 의원의 선거구를 빼앗아 간신히 당선되
나, 이러한 행위는 민주당의 냉소를 살 뿐이었다.[58] 이러한 이기붕의 취
약한 정치적 기반과 부족한 개인적 성망은 1956년에 치러진 정부통령
선거에서 더욱 여실히 드러난다. 자유당의 공천 후보로서 부통령 선거
에 입후보한 그는 민주당 후보였던 장면에게 패함으로써 여당 그리고
정부에 막대한 영향을 미치게 된다. 중요한 점은 자유당이 조직을 총동
원하여 임한 이 선거에서, 이승만의 러닝메이트로 입후보한 그의 득표

56 이러한 임명의 경위에 관해서는 김기팔, 『정계야화』 1권, 31쪽 이하를 참조.
57 김기팔, 『정계야화』 1권, 201쪽 이하.
58 자유춘추사, 『인간만송』, 229쪽 이하.

가 그 전후에 실시된 국회의원 선거에서 자유당 입후보자의 총 득표수
보다도 적었다는 사실이다.[59] 이는 이기붕의 개인적 명망이 각 선거구에
서 개별 의원들의 그것에조차 한참 미치지 못했음을 의미한다.

어쨌든 여기서 중요한 점은 이기붕도 역시 정치 생명을 자유당과 그
조직에 온전히 의존하고 있었다는 사실이다. 이승만에 심취해, 의원으
로서도 독자적인 정치적 기반을 가지지 못한 그는 자유당 내에서 지도
적인 지위를 유지하기 위해서라도 이승만의 지지가 절대적으로 필요했
다. 이러한 그가 자유당을 통솔해 이승만에게 반기를 들 가능성은 사실
상 전무했다.[60] 이승만은 이러한 이기붕을 신임했으며, 이기붕은 이를
등에 업고 자유당 내부에서 지도적인 지위를 확립하고, 나아가 '이승만
의 후계자' 자리를 노리게 된다.

그렇다면 이렇게 성립된 '이기붕 체제'는 과연 어떠한 것이었을까. 다
음은 이 점에 관해 살펴보도록 하자.

4. '이기붕 체제'와 그 한계

'이기붕 체제'의 정치 구조
'서대문 경무대[61]'. 1950년대 말, 80세를 넘는 나이로 점차 실무에서

---

59 중앙선거관리위원회, 『대한민국선거사』, 1968년.
60 대조적인 인물이 바로 자유당 내 서열 2위인 이재학이었다. 이재학은 출신지인 강원도 홍
   천의 명사로 총선거 때마다 전국 최다득표를 넘볼 정도의 지지기반을 자랑했다. 이 시기
   그는 자유당 내의 비주류였던 '온건파'의 핵심인물로 영향력을 발휘했다.
61 이 명칭에 관해서는 박용만, 『경무대비화』, 189쪽 참조.

이기붕(민의원의장 당시)
출전: 성두경 편『국회사진연
감』(국회사진연감새한
국], 1958), 5쪽.

멀어지고 있었던 이승만[62]을 대신해 실질적인 권력을 행사하고 있었던 것은 이기붕이었다. '서대문 경무대'란 말은 이러한 상황에서 서대문에 있었던 그의 자택이 사실상 대통령 관저 역할을 하고 있었던 점을 당시의 사람들이 비유한 것이다. 그렇다면 당시 자유당 중앙위원회의장이면서 동시에 국회의장임에도 불구하고 행정부에 자신의 자리를 갖지 못하고 있었던 그는 구체적으로 어떻게 자신의 권력을 행사할 수 있었을까. 또한, 당시의 정치 상황 속에서 그와 그가 지휘하는 자유당은 도대체 어떤 위치에서 이러한 지배를 실시했던 것일까.

이를 살펴보는 데 중요한 점은 자유당과 행정부, 특히 내각과의 관계가 어떠했는가이다. 앞서 말한 바와 같이, 자유당 창당 이전의 내각은 그 내부에 잠재적인 대통령의 경쟁자였던 국무총리가 존재한 탓에 반드시 이승만에게 충실하였다고는 할 수 없다. 이러한 상황은 자유당 창당, 나아가 1954년에 치러진 국회의원 선거에서 자유당이 압승을 거두고 자유당 내에서 이기붕 체제가 확립되자 변화하게 된다. 여기서 간과해서는 안 될 점은 국무총리 권한의 변화였다. 자유당의 압승과 당내의 안정으로 이승만은 국무총리 임명 시 국회의 움직임을 고려할 필요가 없어졌다. 이 때문에 그는 이전 인물과 비교해 훨씬 작은 정치적 영향력만을 가진 인물을 국무총리로 임명하게 된다. 장택상에 이어 국무총리로 선

---

62 1950년대도 저물 즈음, 이승만의 집중력은 크게 떨어져, 장시간 계속해서 집무를 감당해낼 수 없는 상태였다. 송원영, 「경무대의 인의 장막」.

출된 백두진, 변영태는 모두 의원을 역임한 적이 없고 단지 국무위원에서 승격한 자들이었다. 이전 국무총리와 비교해 볼 때 그들의 정치적 지도력과 정책 결정 과정에 미치는 영향력은 훨씬 제한적일 수밖에 없었다.

이는 국무총리 이외의 국무위원에 관해서도 마찬가지였다. 정부는 이전까지만 해도 주로 국회의원, 특히 비교적 '거물' 의원 중에서 기용해 온 국무위원을 백두진 내각 이후, 국회의원을 배제하고 관료에서 임명하는 방침을 채택함으로써 그 면모를 일신―新한다.[63] 이 배경에도 역시 자유당과 그 조직의 확립이 존재했다. 국무위원에서 국회의원을 배제하는 것은 국회의원에게 정치적 영향력 행사에 유력한 수단 중의 하나를 상실하게 되는 것을 의미했으며, 이는 당연히 일시적인 여당의 반발을 사게 되었다.[64] 그러나 자유당은 이러한 여당 의원들의 저항을 실력으로 눌렀으며, 이를 한정적인 것으로 멈추게 하는 데 성공했다. 애초에 정치 생명의 대부분을 당 조직에 의존하고 있었던 여당 의원들이 이 시점에서 본격적으로 당에 저항하는 것은 사실상 불가능했다.

국무총리와 여타 국무위원의 관료화는 결국 정치제도의 '맹장'과 같은 존재였으며, 건국 초기 헌법 초안의 잔재부분이라고도 할 수 있는 국무총리의 존재 그 자체에 의문을 던지게 한다. 개별 국무위원을 통합할 수 있는 독자적인 지도력조차 가지지 못한 국무총리는 대통령 결석 시 국무회의의 의장을 대행하는 존재에 지나지 않았으며, 이 때문에 특정 장관을 둘 필요는 없었다.[65] 이러한 연유로 1955년, 이승만의 3선을 실현

---

63 김기팔, 『정계야화』 2권(노벨문화사, 1973), 172쪽 이하.
64 김기팔, 『정계야화』 2권, 172쪽 이하.

해낸 소위 '사사오입四捨五入개헌[66]'에 의한 헌법 개정[67]에서, 국무총리직
은 국회에서 큰 논의를 불러일으키지 않은 채 폐지된다(그림 5 - 3).

그림 5-3 1995년 개헌 이후 공식적인 정부조직

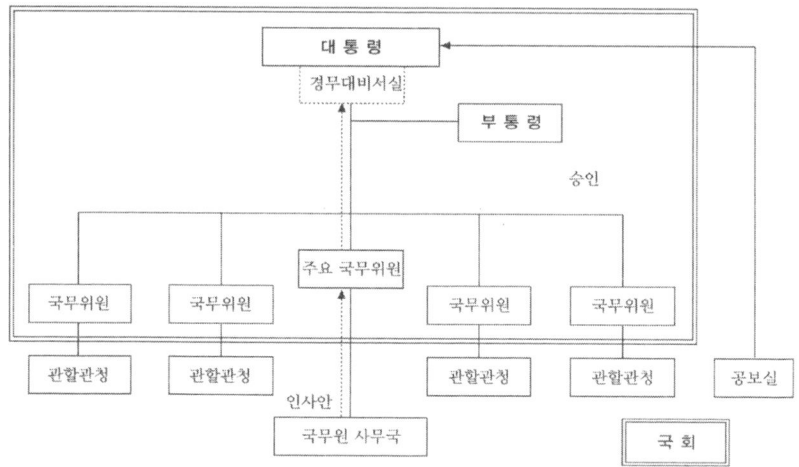

그러나 이와 같은 제도적 개변은 제도상 당연히 예상되었던 대통령에
의한 적극적인 국무회의 주도로는 이어지지 않았다. 국무회의의 관료화
는 분명히 그 과정에서 국회의원을 배제함으로써 정치가와 관청 혹은
정치가와 정치가 간의 정책 조정 필요성을 줄이는 효과를 가져왔다. 그
렇다고 해서 이 점이 정치가들에 의한 정책 조정의 불필요를 의미하는
것은 아니었다. 특히 자유당이 추구하는 이익을 어떻게 실현할 것인지
는 중요했으며, 이는 '정부당'인 자유당이 '선거에 의해 성립되는 '권위주

---

65 이승만의 견해. 『경향신문』, 1954년 6월 19일자. 국무총리직 폐지 이후 대통령이 국무회의
   에 결석할 경우, 외무부 장관이 의장을 대행하였다.
66 김기팔, 『정계야화』 1권, 507쪽 이하.
67 자유당 「개헌안」(자유당, 1965).

의적' 체제'를 유지하는데도 필수불가결한 것이었다.[68] 이러한 관점에서
본다면, 자유방임적인 대통령이었던 이승만을 대신해 내각을 통제해야
하는 국무총리직의 폐지는 자유당에도 부정적인 영향을 가져올 가능성
이 있었다. 문제는 이기붕 체제하의 자유당이 국무총리를 통하지 않고,
또한 소속 의원들을 적극적으로 내각에 등용시키지 않고서도 어떻게 내
각을 통제할 수 있었는가이다.

이 점에 대해서는 1960년의 정부통령 선거에서 발생한 '부정선거' 사
건을 예로 들어보기로 하자. 잘 알려져 있듯이 정부는 당시 치러진 선거
에서 자유당과 자유당 후보자인 이승만과 이기붕이 유리하도록 적극적
으로 개입하였으며, 이로 인해 결국 이승만 정권은 붕괴하게 된다. 그러
나 본 장에서 중요한 점은 이러한 자유당의 이익을 정부가 실현하기 위
해 정부와 정부당이 일체가 되어 행동하는 상황 속에서 자유당과 정부
가 어떻게 '정책' 조정을 실시했으며, 또한 그것이 누구에 의해 그리고
어떻게 지도되었느냐는 것이다.

먼저 '정책' 결정에서 나타난 정부 측의 상황부터 살펴보도록 하자.
'부정선거'의 실무 총괄자였던 내무부 장관 최인규에 따르면, 당시 정부
는 아래와 같은 형태로 실질적으로 '정책'을 결정했다고 한다. 즉 이승만
정권 말기의 내각에서 각료회의는 원래 유명무실한 상태로, 실질적인
의사는 6명의 주요 각료로 구성된 비공식 조직인 '중요정책위원회'가 결
정하고 있었다. 공식적인 의사결정 기관이 유명무실한 상태에 있었던
것은 지방도 매한가지였으며, 실질적인 의사결정은 비공식 조직인 '지

---

68 국무총리직이 폐지된 이후 국무원과 국무위원들의 '부동'적 상태에 관해서는 다음을 참조.
「대통령직과 대통령」, 『사상계』, 1960년 3월호, 33쪽.

방행정연구위원회'에 의해 이루어졌다. 이 위원회에는 내무부 산하의 공무원뿐만 아니라, '여타 각 기관장'이 망라되어 있었다. 중앙 정부와 지방의 비공식 조직을 연결하는 역할을 했던 것은 내무부 장관이었으며, 내무부 장관은 '지방행정연구위원회'를 통해 원래 자신의 산하에 없었던 교육위원회와 세무관료를 통괄할 수 있었다.[69] 이는 내각 내부에서 우두머리였던 외무부 장관의 바로 아래 서열인 내무부 장관이 중앙정부와 지방을 불문하고 내정 사항에 관해 단독으로 상당한 부분까지 지휘할 수 있었다는 것을 의미한다.[70] 내무부 장관의 지시대로 지방 조직과 공무원이 움직이지 않는 경우에는 '중요정책위원회'를 통해 다른 국무위원의 도움을 빌리기도 했다.

중요한 점은 당시 행정이 위와 같은 비공식 조직에 의해 통제되고 있었다는 점이다. 문제는 자유당이 이러한 '정책' 결정 과정에서 어떠한 역할을 했느냐는 것이다. 우선 비공식 조직이 자유당의 공적 기관의 실질적인 지배하에 있었다는 점을 생각해 볼 수 있다. 그러나 결론부터 말하면 이러한 경로는 존재하지 않았다. '부정선거'에서 이를 통괄해야 하는 자유당 측의 조직은 기획위원회였으나, '부정선거' 당시 내무부 장관과 내무부 간부가 기획위원회와 협의를 한 증거는 찾아볼 수 없다. 당시 당 중앙위원회 부의장과 선거대책위원회 위원장 그리고 기획위원회 의장을 겸임하고 있었던 한희석은 이 결정 과정에서 명백히 배제되었는데, 이는 당내에서 이기붕에 이은 실력자이면서 국회 부의장이었던 이재홍의 증언에서도 알 수 있다. 그에 따르면, 그가 '부정선거'에 대한 방침을

---

69 학민사편집부, 『4월혁명자료집 혁명재판』, 1985, 28쪽.
70 이외에도 최인규는 지방에서 '지방별 공무원 친목회'를 결성하여 '부정선거'를 도모했다. 『4월혁명자료집 혁명재판』, 28쪽, 29쪽.

기획위원회에서 알았을 당시에는 이미 이는 기정방침이었던 탓에 "경찰은 도저히 (그 변경을) 받아들일 수 없는[71]" 상태였다고 한다. 따라서 "기획위원회와 국무위원들과의 협의는 없었다"는 것이다.[72]

둘째, 자유당 소속 국회의원이기도 했던 담당 장관이 이를 단독으로 결정했을 가능성을 상정해볼 수 있다. '부정선거' 당시만 해도 외무부 장관은 공석인 상태였으며, 수석 국무위원의 지위에 있었던 인물은 내무부 장관인 최인규였다.[73] 이와 함께 원래 선거에 관한 사항은 공적으로도 내무부의 관할 아래 있었으며, 경찰도 통괄하는 위치에 있었던 내무부 장관의 지위는 이 문제에 관해 절대적인 힘을 가지고 있었다. 최인규는 실제로 '부정선거'에서 사용된 수법 등의 계획을 '내가 세웠다'고 진술하고 있으며, 이 때문에 이것이 내무부 장관인 그의 정치 지도의 산물이었음을 부정할 수 없다. 최인규는 이러한 자신의 행동에 대한 이유로 '이승만 박사에 대한 존경심'을 든다. 흥미로운 점은 이러한 이승만에 대한 '충성'에서 유래한 최인규의 일련의 행동이 적어도 이승만의 직접적인 지시에 의한 것이 아니었다는 점이다. 다시 말해 최인규는 본인의 의사에 따라 자신이 이승만을 지지하는 데 가장 필요하다고 생각되는 방안을 직접 발안했으며, 이를 현실로 옮긴 것이다. 그에게 국가에 충성을 맹세하는 것은 이승만에게 충성을 맹세하는 것과 다름없었다. 왜냐하면, "만일 이 박사가 낙선한다면, '한국의' 앞날은 암담해질 것[74]"이기 때

---

71 『4월혁명자료집 혁명재판』, 86쪽. 그리고 장건상 외, 『사실의 전부를 기술한다』(희망출판사, 1967), 160쪽. 이재학의 회람.
72 『4월혁명자료집 혁명재판』, 40쪽.
73 최인규, 『최인규옥중자서전』, 191쪽.
74 『4월혁명자료집 혁명재판』, 39쪽.

문이었다.

그러나 당시 복잡했던 '부정선거' 과정이 내무부 장관이었던 최인규 한 사람에 의해 지휘되었다는 것은 지나치게 가혹한 것이 아닐까. 실제로 '부정선거'에 관한 세부적인 방법과 방침 대부분은 그의 부하들이 고안해 낸 것이었으며, 최인규는 이를 승인했을 뿐이었다.[75] 그러나 여기서 중요한 사실은, '부정선거'라는 방법을 동원해서까지 선거에서 승리하고자 했던 최인규 등 내무관료들의 '과잉충성'을 멈추게 할 인물이 자유당 내부에 존재했다는 것이다. 최인규는 선거를 불과 2년 앞둔 1958년, 국회의원 선거에서 겨우 처음 당선된 '초선 의원'에 불과했다. 이러한 그가 자유당 내부에서 차지하는 지위는 그리 대단한 것이 아니었으며, 수석 국무위원으로서 정부 그리고 자유당 내부의 모든 세력을 조정할 수 있는 능력은 애초부터 갖고 있지 않았다.[76] 실제 그는 '부정선거'에서 자유당과 '상의'를 한 적은 없으나, 자유당으로부터 '협조'를 얻은 사실은 인정한다.[77] 가령, 이 점에 관해 한희석은 선거 자금에 관한 계획은 "(총무위원장이었던) 이기붕과 박용익 두 사람이 결정하였으며 나는 이를 지불했을 뿐이다[78]"라고 말했다. 또한, 공무원을 동원한 선거 활동의 실시도 이기붕의 자택에서 이루어진 당무위원들의 전체 모임에서 결정되었다고 한다.[79]

75 장건상 외, 『사실의 전부를 기술한다』, 163쪽.
76 이 점에 관해서는 다음을 참조. 『최인규옥중자서전』
77 『4월혁명자료집 혁명재판』, 36쪽.
78 『4월혁명자료집 혁명재판』, 74쪽.
79 『4월혁명자료집 혁명재판』, 74쪽.

그림 5-4. 자유당 정권 말기의 비공식적인 정부조직

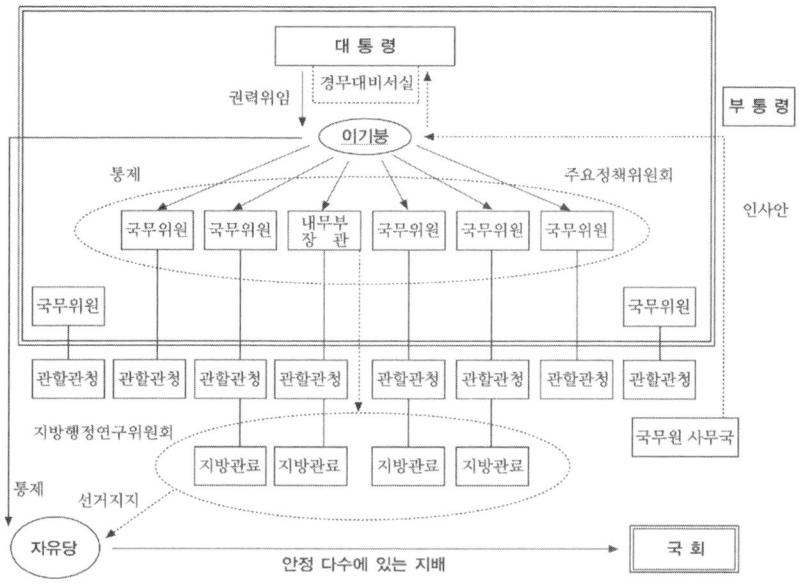

중심에 있었던 인물은 이기붕이었다(그림 5 - 4). 최인규의 회고록 곳곳에서도 알 수 있듯이 당시 정부 인사에서 이를 결정하는 '추천'을 한 것도 이기붕이었다. 최인규의 경우, 세 차례에 걸친 공직 임명은 모두 갑작스러운 이기붕의 호출과 새로운 직무에 대한 통보 그리고 경무대에서 이승만과의 만남 이후 곧바로 정식 임명식이 치러지는 과정을 거쳤다.[80] 간과해서는 안 될 점은 임명자였던 이승만이 그 사람이 누구에 의해 어떤 이유로 추천을 받았는지조차 모르는 경우가 있었다는 점이다. 이는 이기붕이 총무처 혹은 국무원 사무국이 인사를 결정하는 단계에서 인사안에 '추천자'로서 개입해, 사실상 이를 조작하는 형태로 행정부 내

---

80 최인규, 『최인규옥중자서전』, 165, 166, 226, 248쪽. 여타 국무위원들도 같은 절차를 밟은 듯 하다.

에 영향력을 행사했었다는 것을 의미한다. '추천자' 이기붕의 지위는 자유당 내에서도 마찬가지였다. 예를 들면 1958년에 치러진 국회의원 선거 이후에 열린 자유당 소속의원 총회에서 이기붕은 국회 부의장과 국회 내 각종 위원회의 위원장직에 대한 당 후보자를 지명하는 전면적인 권한을 부여받는다.[81] 이러한 이기붕의 권한은 자유당 중앙위원회 의장 또는 국회의장으로서의 제도적인 권한을 훨씬 뛰어넘은 것이었다. 앞서 말한 바와 같이 이기붕의 권력을 뒷받침한 것은 이승만의 절대적인 신임이었다. 당시 이기붕과 이승만의 관계는 이기붕의 부인이었던 박마리아 역시 이승만의 부인인 프란체스카 여사와 독자적인 신뢰관계[82]를 구축하는 등 정치적 또는 개인적인 범위를 훨씬 뛰어넘어 가족 전체와의 관계에까지 이르렀다. 그리고 1958년에는 이기붕의 장남인 이강석이 자녀가 없었던 이승만의 양자로 들어가게 되면서 한층 명확한 형태를 띠게 된다. 그들은 이제 하나의 가족이 되어가고 있었던 것이다.[83]

본 절에서 중요한 점은 이기붕이 이승만의 절대적인 지지를 기반으로 제도적 뒷받침 없이 정부와 자유당을 총괄, 조정하는 역할을 맡고 있었다는 것이다. 흥미로운 점은 이러한 제도적인 뒷받침이 없었다는 점, 특히 국회에 의한 절차를 거치지 않았다는 점이 결과적으로 이기붕의 권력 행사에 대한 야당과 당내 반反주류파의 저항을 어렵게 만들었다는

---

81 자유춘추사, 『인간 만송』, 113쪽.
82 이승만의 아내인 프란체스카와 자신의 아내인 박마리아가 밀접한 관계를 맺고 있었던 덕택에 이기붕은 더욱 두터운 이승만의 신임을 얻을 수 있었다. 이승만보다 후에 한국에 들어온 프란체스카는 당시 이승만의 신변 처리를 맡고 있던 이승만의 과거 애인인 임영신(훗날 상공부 장관을 역임)을 곱지 않은 시선으로 바라본다. 이 때문에 그녀를 배제하기 위해 이화여자대학교 영문과 교수였던 박마리아를 발탁하여 자신의 비서로 기용하였다. http://bluecabin.com.ne.kr/split99/pmaria.htm(2002년 8월29일 현재).
83 당시 이승만 일가와 이기붕 일가의 관계에 관해서는 김기팔, 『정계야화』 2권, 203쪽 이하.

것이다. 정부와 자유당이 쌍방을 지배, 조정하는 것이 가능했던 이는 원래 이승만뿐일 터였다. 그러나 고령의 이승만이 이를 실제로 실행하기란 당시 상황 속에서 이미 쉽지 않았으며, 또한 이승만이 직접 실행에 옮기더라도 만약 실패한다면 이승만의 권위는 중대한 손상을 입게 될 것이 자명했다. 이승만의 권위 실추는 말할 필요도 없이 자유당 체제를 지지하는 자들의 정치 활동에 막대한 영향을 미치고, 더 나아가 대한민국 자체의 존망까지 위협하리라 간주되었다.[84] 이승만의 권위를 유지하기 위해서는 이승만을 현실 정치에서 가능한 한 떼어놓아야만 했다. 그러기 위해서는 그의 권한을 대행할 인물이 필요했다. 그러나 문제는 만약 이승만 이외의 누군가가 제도적인 권한을 이용해 이를 행사하는 사태가 일어난다면, 사태는 전혀 다른 파국을 맞이하게 될 위험성을 품고 있었다는 점이다. 파국의 시나리오는 첫째, 공적인 권한을 부여받은 누군가가 이승만에게 반기를 들 가능성으로, 이러한 위험은 이범석, 장면, 장택상의 예에서 명백히 증명된 바 있었다. 두 번째 시나리오는 권한을 부여받은 자의 정치 기반이 약한 탓에 정치 전반이 마비되어 제 기능을 할 수 없는 가능성이었다. 한국전쟁 당시 국무총리 서리를 역임한 신성모[85]는 그 좋은 예라 할 수 있다.

결국, 이승만과 자유당에 필요했던 것은 다음 세 조건을 충족하는 체제였다. 첫째, 이승만 본인이 직접 정치에 손을 대지 않고 그를 대신하는 대리인이 실질적으로 정치를 움직이는 것이며, 둘째, 그 대리인은 이승만에게 도전할 정도의 강력한 존재가 될 수 없음이 보증되어야 한다

---

84 최인규, 『최인규옥중자서전』 및 『4월혁명자료집 혁명재판』.
85 신성모에 관해서는 우선 본서 제2장을 참조.

는 점과 셋째, 그럼에도 불구하고 대리인이 안정적으로 정권 측에 이익이 될 수 있는 정책을 수행할 수 있는 체제가 필요했던 것이다. 말할 필요도 없이 이 모든 조건을 충족하는 체제는 이기붕을 정점으로 한 비공식 조직에 의해 자유당과 국회 그리고 내각 전체가 통제되던 당시의 체제였다. 제도적인 권한을 가지는 국무총리 직책을 폐지하는 한편, 제도적 권한이 없었던 이기붕에게 자유당이라는 '정부당' 조직과 정부를 총괄하게 하는 이기붕 체제야말로 실로 이승만이 떠안고 있었던 난제를 해결할 수 있는 해답이었던 것이다.[86]

그러나 이 체제는 완성을 눈앞에 두고 힘없이 붕괴해버리고 만다. 다음은 이 체제의 한계에 관해 살펴보도록 하자.

'부정선거'를 향한 길

1956년 정부통령 선거 당시 부통령 후보로 나선 이기붕은 낙선의 고배를 마신다. 이는 이승만과 자유당에 큰 충격[87]을 안겨준다. 자유당 창당 이래 첫째, '정부당'으로서의 조직력, 둘째, 공천 제도를 이용한 '이승만의 후보자' 간판을 내세워 승리를 거둬온 자유당에는, 이승만의 후계자 자리를 놓고 싸우는 부통령 선거에서 두 가지 요소 중 특히 '이승만의 후보자'로서의 간판이 제 기능을 충분히 발휘하지 못했다는 점이 당의 운명과 직결되는 문제였으며, 그 영향은 심각했다.

문제를 악화시킨 것은 선거에서 부통령 후보인 이기붕에 대한 지지가

---

86 당시 사람들은 이처럼 이승만을 겹겹이 싸고 있던 비공식적인 조직을 '인의 장막'이라 불렀다. 김기팔, 『정계야화』 6권(노벨문화사, 1973). 박용만, 『경무대비화』. 허정, 『내일을 위한 증언』 등.
87 최인규, 『최인규옥중자서전』, 285쪽 이하.

매우 약했다는 점이다. 같은 해 민주당 대통령 후보였던 신익희와 비교해 볼 필요도 없이, 국민적 인기도가 매우 낮았던 장면에게조차 이기붕이 패했다는 것은 사실상 자유당에서 이승만의 뒤를 잇는 유일한 대통령 후보자로서의 지위가 굳건했었던 만큼 자유당의 장래에 큰 그늘을 드리우게 된다. 4년 후인 1960년에 실시된 선거에서는 80세를 넘는 나이에 접어든 이승만의 후계자 문제가 가장 중요한 쟁점으로 부상했으며, 자유당은 선거에서 정치적 기반이 약한 이기붕이라는 후보를 내세워 싸워야만 한다는 심각한 딜레마를 떠안게 된다.

이승만의 카리스마와 '정부당'으로서의 조직력. 이승만의 카리스마가 현저하게 떨어지는 상황 속에서 자유당은 또 하나의 무기였던 조직력의 강화를 이용하기에 이른다.[88] 앞서 말한 바와 같이, 지방에 대한 자유당 조직의 침투가 극한적으로까지 강화된 것은 사실 1956년 부통령 선거에서 이기붕이 낙선한 이후의 일이었다.[89] 이미 자세히 설명한 바와 같이, 이 시기의 자유당 조직은 정부 기관과 주요 단체는 물론 재지사회의 유력자들부터 일반 농민들까지 끌어들임으로써 사회 깊숙이 침투해 있었다.

그러나 이러한 조직 강화만을 통해서는 득표를 늘릴 수 없었으며, 1958년에 치러진 국회의원 선거는 이러한 한계를 명백히 드러냈다. 이 선거에서 명확해진 '여촌야도與村野都' 현상 그리고 도시부에서의 민주당의 압승은 자유당을 더욱 궁지에 몰아넣게 된다. 그 원인은 분명히 다음과 같은 것이었다. 표 5-6에서 알 수 있듯이, 이 시기 자유당 조직의

88 최인규, 『최인규옥중자서전』, 285쪽 이하.
89 최인규에 따르면 1956년에 치러진 정부통령 선거에서 도시 지역의 자유당 조직들은 이미 해체 상태였다. 최인규, 『최인규옥중자서전』, 196쪽 이하.

급속한 확대는 이승만의 카리스마가 저하된 시기와 맞물려, 결과적으로 당의 활동에 큰 열의를 보이지 않았던 많은 사람들을 당내로 끌어들이게 되었다. 그들 대부분은 단순히 '자신들의 이익'을 위해 당 활동에 종사하고 있었으며, 이는 곧 자유당이 현재 여당으로 '이익'을 기대할 수 있었기 때문이었다.[90] 그러나 1956년에 치러진 부통령 선거에서 이기붕이 장면에 패함으로써 적어도 '이승만 이후' 자유당이 계속해서 여당이 될 수 있을지의 여부가 불투명해졌으며, 이는 새로운 자유당 당원들에게 자유당을 계속해서 지지하는 것이 과연 자신들의 '이익'이 될 수 있는가에 관한 의문을 품게 하였다.

1958년에 실시된 선거에서 자유당이 도시부에서 참패한 데는 또 다른 이유가 있었다. 1956년, 정부통령 선거 후에 실시된 지방의회와 지방자치단체장을 선출하는 선거에서 자유당은 부통령 선거에 패배한 후 침체 상태에서 벗어나지 못한 채 이 선거에 임한다. 그 결과, 군부에서 압도적인 승리를 거둔 것과는 대조적으로 아직 자유당 조직이 불충분했던 도시부에서 민주당에 참패하게 된다.[91] 자유당은 대부분의 시의회에서 과반수를 차지하지 못했으며, 서울에서는 겨우 한 의석밖에 확보하지 못했다. 즉 1958년 당시 자유당은 이미 도시부에서는 '자유당'이라는 장점을 살려 '선거'를 유리하게 이끌어 나갈 수 있다고는 도저히 말할 수 없는 상태였던 것이다. 유동 인구가 많고, 고학력자[92]가 많은 도시부에

---

90 이만갑, 『한국 농촌사회의 구조와 변화』, 142쪽 등.

91 이 점에 관해서는 「한국의 민주화와 '정부당'」을 참조.

92 표5-7에서 나타나듯이 당시 한국에서는 고학력자일수록 투표 시 재지사회나 같은 집안 유력자들의 영향을 덜 받는 경향이 있었다. 이는 고학력자의 비율이 높은 도시 지역에서의 경우, 재지사회의 유력자들에 의존하는 자유당 조직의 집표 효과를 떨어뜨리는 결과로 이어졌다.

서 자유당이 재지사회의 유력자와 행정을 비롯한 모든 조직을 중심으로 하는 조직들을 이용해 사람들을 자유당에 투표하도록 부추기는 것은 처음부터 힘들었다고 해야 할 것이다.

표 5-6 선거운동원이 된 이유

	계	%
고향을 위해	3	9.4
자신을 위해	16	50.0
나라를 위해	4	12.5
거절할 수 없었기 때문	1	3.1
가족을 위해	1	3.1
그 외	6	18.8
모름	1	3.1
무응답		
합 계	32	100

주: 이만갑, 『한국 농촌사회의 구조와 변화』(서울대
학교 출판부[한국], 1973), 142쪽

이승만의 카리스마의 한계와 조직에 의한 득표 확보의 한계. 이를 타파하기 위해 자유당은 다음 두 가지 방식을 선택하게 된다.

하나는 지방 차원의 '선거'를 축소하는 것이었다. 1952년 이후, '선거'에서 자신들의 유리함을 전제로 지방의회에서 지방자치단체장 범위까지 '선거'의 확대를 추진해 왔던 자유당은 1959년 제4차 지방자치법 개정을 통해 지금까지와는 정반대로 '선거'의 범위를 축소하는 방향으로 전환하게 된다. 즉 1956년 제2차 지방자치법 개정을 통해 도입된 주민들에 의해 기초자치단체장을 선출하는 선거제는 1956년의 법 개정으로 다시 임명제로 바뀌었다. 자유당에게 이러한 법 개정의 의미는 자명했다. '선거'에서 우세했을 때 자유당은 '공천제'를 이용해 지방의 의원과 수장, 나아가 잠재적인 후보자들까지 자신들의 통제 아래에 둘 수 있었다. 1956년 지방선거가 당초의 예정을 변경하여 정부통령 선거 이후로 연기된 이유도 실로 이를 이용해 지방의 유력자를 정부통령 선거에 협력시키기 위한 목적이었던 것이다.[93] 그러나 1956년 지방선거 당시 도시부에서 적나라하게 드러난 자유당 조직의 한계는 오히려 '선거'를 통한 공직의 확보를 목적으로 했던 지방 유력자들에게 '자신들의 이익'을 위해 자유당을 떠나도록 부추길 뿐이었다. 즉 사람들을 통제할 수 없는 상태에서 '선거'를 실시하는 것은 일반 유권자뿐만 아니라 그들의 지지에 의존하는 지방 유력자들의 이탈 가능성까지 내포하고 있었던 것이다. 이처럼 '선거'에서 불리함을 인식한 자유당은 '선거' 자체의 범위를 축소하기에 이른다.

표 5-7 선거 시에 누구의 의견을 가장 많이 참고하는가?

	무학자	서당	유학력	그 외	계	%
촌락 유력자	20.5		11.9		56	16.7
일가의 유력자	2.1	9.5	2.5		7	2.1
선거운동원	4.6		2.5		14	4.2
소 문	19.0	9.5	13.6		57	17.0
선거연설	13.3	19.1	20.3		54	16.0
신 문		19.1	20.3		28	8.3
그 외	33.3	19.1	27.1		104	30.9
모름	4.1	23.7	0.9	100	9	2.7
무응답	3.1		0.9		7	2.1
계	195	21	118	2	336	
%	58.0	6.3	35.1	0.6		100.0

주: 이만갑 『한국 농촌사회의 구조와 변화』(서울대학교 출판부[한국], 1973), 143쪽.

---

93 손정목, 『한국지방제도·자치사연구』 하권(일지사, 1992), 244쪽 이하.

자유당이 '선거' 자체에 대해 얼마나 취약함을 안고 있었는지를 직접적으로 나타낸 것은 자유당이 두 번째 방법으로 채택한 일련의 '부정선거' 공작이다. 이러한 '부정선거' 공작의 대전제는 당시 자유당에 통상적인 방법으로는 1960년에 실시된 정부통령 선거에서 승리할 가능성, 특히 이기붕이 부통령으로 당선될 가능성이 거의 없다는 인식이었다. 딜레마는 이승만 정권이 그 정통성의 최대 기반을 '건국의 아버지인 이승만에 대한 국민의 절대적인 지지'에 두고 있었으며, 따라서 정부통령의 선출에서 '선거'의 형식을 피할 수 없었다는 점이었다.

이 점을 전형적으로 드러내고 있는 것 역시 1956년 정부통령 선거 이후 자유당 일부에서 나온 '개헌론'을 둘러싼 자유당 내의 동향이다.

장면의 부통령 당선은 고령인 이승만이 사망했을 때 야당인 민주당에서 대통령이 나온다는 것을 의미했으며, 자유당은 이에 강한 위기의식을 가지게 된다. 그 결과, 자유당 일부에서는 비상시의 이러한 가능성을 배제하기 위해 다음과 같은 제도개혁을 논의하기에 이른다. 즉 부통령의 '대통령 계승권'을 박탈하고, 의원내각제를 도입하는 것이었다. 말할 필요도 없이 당시 자유당은 국회에서 절대다수를 차지하고 있었으므로 분명 부통령의 대통령 계승권을 빼앗음과 동시에 행정권을 국회 측으로 끌어두기만 한다면 정권을 빼앗길 일은 없었다. 그러나 이승만과 이기붕은 이러한 일부 의원들의 움직임에 대해 명백한 반대 의사를 표명하고, 이를 적극적으로 억누르게 된다.[94] 이유는 간단했다. 이승만 그리고 이승만의 후계자가 선거에서 패배해서는 안 되며, 따라서 이러한 사태를 생각할 필요가 없는 것이었다. 본래 이승만에게 자신의 행동에 족쇄

---

94 김기팔, 『정계야화』 6권, 36쪽 이하.

를 채우게 되는 의원내각제 등은 "눈에 흙이 들어오지 않는 이상 절대로 용인할 수 없는[95]" 것이었다.

자유당은 이처럼 승리에 대한 아무런 희망 없이 승리가 지상 최대의 과제였던 1960년 정부통령 선거에 돌입하게 된다. 가망 없는 승리를 손에 움켜쥐기 위해 자유당은 최후의 카드였던 조직적이면서도 전국적인 '부정선거'로 뛰어들었다. 4·19혁명은 이미 임박해 있었다.

그럼 이러한 과정은 어떻게 이해하면 좋을까. 마지막으로 이 점에 관해 서술한 후, 본 장을 마치도록 하겠다.

5. 조직력의 한계

지금까지 서술한 내용을 정리해보도록 하자.

1950년대 전개된 자유당의 지배. 이는 행정 조직과 일체화된 전형적인 '정부당'의 지배였다. 여당은 행정부 장악이라는 장점을 최대한 활용해 재지사회를 지배하였고 결국 농촌을 중심으로 한 지역에 굳건한 기반을 구축하기에 이른다. 이승만 정권은 이를 기반으로 국회에서 다수를 차지했으며, 결국 국회, 더 나아가 행정부를 유명무실화한다. 그 결과, 이기붕을 정점으로 한 '정부당'과 행정부가 일체화된 비공식적인 조직에 의한 지배가 출현하게 된다.

이상과 같은 자유당 지배의 형성 과정은 다름 아닌 이승만을 정점으

---

95 김기팔, 『정계야화』 6권, 106쪽.

로 한 세력이 자신들의 지배에 장애물이었던 여러 요소, 특히 대한민국 독립 초기의 헌법에 예정되어 있었던 다양한 대통령 권력의 확대에 대한 저해 요인을 유명무실화시켜, '정부당'과 행정부가 밀착한 비공식 조직으로 바꾸어나가는 과정이었다. 1952년, 소위 '발췌 개헌'을 통해 대통령의 선출 권한을 국회로부터 빼앗은 이승만은 1955년 헌법 개정을 통해 자신의 '종신 집정'을 실현했으며, 이와 동시에 행정부 내부의 최대 장애물이었던 국무총리를 대한민국 제도에서 퇴출시킨다. 남은 국무회의 역시 국무위원들 가운데서 비공식적으로 선임된 '중요정책위원회'에 권한을 양도함으로써 사실상 해체되었으며, 뿔뿔이 흩어진 행정부는 사실상 대통령에 직결되게 되었다. 이 제도는 재지사회의 깊은 곳까지 침투한 자유당 조직과 이를 공공연히 지지하는 행정부의 연계에 의해 지탱되었다. 이는 분명 이승만에 의한 '독재'였으며, 그는 이를 ―만일 그 자신이 원하기만 한다면― 의도에 따라 자유롭게 조종할 수 있었다.

그러나 얼핏 완벽한 것처럼 보이는 이 시스템은 사실 완성되기 이전부터 점차 파국의 길에 빠져들고 있었다. 중요한 것은 시스템의 완성기가 이승만의 실질적인 지도력이 상실되어가는 시기와 비슷했다는 점이다. 원인으로 다음 두 가지 점을 들 수 있다. 첫째, 이승만의 고령화이다. 1875년생인 이승만은 이 시기 이미 80세를 넘은 고령에 접어들고 있었으며, 이 때문에 그의 활동은 현저하게 줄어들고 있었다. 이승만은 이미 '독재'를 위해 만든 제도를 활용할 수 있는 상태가 아니었다. 둘째, 독립한 지 10년 가까이 지난 한국이 과거 광복의 흥분을 잊은 채, 있는 그대로의 현실과 마주 대하게 되었다는 점이다. 이러한 의미에서, 1960년 4·19혁명에 이르기까지 각지에서 전개된 반反이승만 운동을 주도한 사람들이 광복 후 국민학교에 입학했거나 그렇지 않은 '광복 후 세대'였다는 점은 큰 시사점을 던져 준다. 자신들이 원하지 않는 일본의 지배 아래에서 인생의 대부분을 보내야만 했던 세대들에게 자신들이 관철하지 못했던 독립운동을, 성과는 차치하고서라도 일제치하에서 굴하지 않고 관철시킨 이승만의 권위는 절대적인 것이었다. 그들에게 이승만은 훌륭한 대한민국 임시정부의 초대 대통령이었으며, '한국의 워싱턴[96]'이었다. 그러나 '광복 후 세대'는 이러한 이승만상像을 공유하고 있지 않았다. '광복 후 세대'에게 이승만은 자신들의 자유를 억압하는 한 노인에 불과했으며, 그의 통치 성과가 결코 바람직하다고도 할 수 없었다. 사회의 상층부에 선 미래의 엘리트로서 앞으로 사회에 진출하고자 하는 그들에게 이승만과 그의 체제는 장래를 방해하는 쓸모없는 장애물에 불과했으며, 그들은 이를 타도하러 나서게 된다.[97]

중요한 점은 자유당이 본래 이승만의 카리스마를 최대의 자산으로 삼아 성립된 정당이었다는 점이다. 1952년의 정부통령 선거와 지방선거 그리고 1954년의 국회의원 선거. 자유당은 실로 자신들이 '이승만의 정당'임을 전면에 내세워 선거에서 압승을 거두었으며, 안정적인 지배를 확보하게 되었다. 그러나 1956년 정부통령 선거에서 민주당 후보였던 신익희의 선전과 이기붕의 부통령 선거 낙선은 불과 몇 년도 안 되는 사이에 얼마나 이승만의 카리스마가 급속하게 약해지고 있는지를 드러내는 사건이었다. 한국전쟁이 끝나고, 극단적인 위험 상황에서 벗어난 한국인들은 이 시기가 되어서야 겨우 자신들의 생활과 이를 둘러싼 정

---

96 장덕수의 발언.
97 당시의 이러한 인식은 다음에 표출되어 있다. 「대통령 규탄과 대통령」, 『사상계』, 1960년 3월호, 35쪽.

치 상황을 돌아볼 여유를 가질 수 있게 된 것이다. 신익희가 캠페인에서 사용한 '못 살겠다 갈아보자'라는 슬로건과 그의 연설회에 모인 수십만 명의 군중들은 이를 여실하게 보여준다.

자유당의 최대 난제는 '이승만 없는 자유당'이 어떻게 '정부당'으로서의 지위를 유지하고, 또한 유지하기 위한 시스템을 구축할 수 있느냐는 점이었다. 그들에게 결국 불행하게 작용했던 점은 자유당 형성 과정에서 이승만 뜻대로 되지 않은 유력자들을 배제한 탓에 이승만 본인을 제외하고는 국민적 성망을 가진 지도부 인물이 한 명도 없었다는 것이다. 이기붕은 실로 전형이라 할 수 있다. 이기붕은 1954년 국회의원 선거에서 공식적인 연설회를 피해 '잠복'했으며, 1958년 국회의원 선거에서는 자유당 의원의 지역 기반을 빼앗아 무투표로 당선했다. 또한, 부통령 후보자로서도 눈에 띄는 활동조차 하지 못했다. 그러나 자유당에게 더욱 큰 문제는 이러한 이기붕을 대신할 후보자조차 없었다는 점이었다. 그 결과 1960년, 자유당은 이기붕을 부통령에 당선시키기 위해 광범위한 '부정선거'를 실시했으며, 이에 대한 반발 속에서 그들은 통치에 종언을 고하게 된다.

자유당에 의한 '정부당' 지배. 이는 결국 이승만이라는 광복 후 한국 정치사의 독보적인 카리스마가 공식적인 제도를 왜곡해 지배를 확대해 나간 결과였다. 그리고 이는 필연적으로 이승만의 카리스마의 소멸과 함께 시대적 사명을 마치게 된다. 자유당 지배의 소멸은 부산물로서 한국 정치에서 이승만을 퇴출시켰으며, 이로써 한국 정치는 새로운 단계에 접어들게 된다. 이 점에 관해서는 앞으로 논하기로 하고, 먼저 여기서 본 장을 마치도록 하겠다.

이승만 이후
4월 19일부터 5월 16일까지

한국의 권위주의적 체제 성립
이승만 정권의 붕괴까지

'도둑처럼 슬그머니 찾아온[1]' 광복의 결과인 일부 망명 정치가들에 대한 지배의 정통성 집중과 미군정부 지배하의 정치적 도태. 이승만은 이 과정에서 살아남아 '건국의 아버지'로서의 카리스마를 한반도 남쪽에서 독점했으며, 대한민국이라는 새로운 주권국가에서 초월적인 존재로서 군림했다. 결국 초월적인 카리스마의 주위에는 자유당이라는 '정부당'이 조직되었으며, 그의 카리스마와 '정부당'이 합쳐진 결과 한국 최초의 '권위주의적' 체제가 성립되었다. 그러나 과거에 뿌리를 둔 카리스마는 결국 마모되어 나아가 물리적으로 소멸할 운명을 이미 내재하고 있었다. 이승만의 카리스마가 소멸했을 때는 바로 한국 최초의 '권위주의적' 체제가 종언을 고해야만 하는 시간이었다.

그러나 제2차 세계대전 이후 대부분의 신흥독립국과 마찬가지로 한국에서도 '건국의 아버지'의 정치적 퇴장은 자신의 정권이 끝나는 것일 뿐 '권위주의적' 체제로부터 최종적으로 해방됨을 의미하는 것은 아니었다. 그럼 이승만의 정치적 퇴장은 한국에 무엇을 남겼을까. 마지막으로 이 점에 관해 다룬 후, 본 책의 최종장을 마치도록 하겠다.

---

1 함석헌, 『苦難の韓国民衆史』, 김학현 역, 新教出版社, 1980, 302쪽.

1. 4·19혁명 후의 이승만

> [이승만이] 그가 대통령직을 떠나 하야한 직후인 4월 28일, 즉 [대통령 관저인] 경무대로부터 [사저인] 이화장梨花莊으로 옮긴 그날, 의식 수준이 낮은 시민들은 이승만 부부에게 돌을 던지기는커녕 안이한 동정을 보냈다. 그 후, 과도 정부는 그를 형사범으로서 입건하기는커녕 그의 생명과 재산의 안전을 지키는 데 힘을 쏟았다. 이는 4·19혁명이 계획성 없이 추진되었고 철저하지 못했기 때문이었다고 할 수 있겠다.[2]

　1960년 4월 18일. 3월 15일 정부통령 선거에서 발생한 '부정'에 항의하며 경상남도 마산에서 시작된 반정부운동은 마침내 이날 수도 서울로까지 불씨가 번진다. 그리고 이에 대해 물리적 폭력으로 진압하고자 했던 이승만 정권의 행동은 다음 날인 19일, 대통령 관저인 통칭 '경무대' 앞에서 벌어진 유혈 사태로 발전되었다.[3] 이 참사는 더더욱 정부에 대한 사람들의 저항 활동을 초래했으며, 결국 이승만ー12년간이나 이 나라에서 군림해 온 '건국의 아버지'ー을 정권에서 끌어내린다.

　1960년 4월 26일, 대통령직을 사퇴한 이승만과 그의 아내인 프란체스카 여사는 대통령 관저를 떠나 그리 멀지 않은 사저인 '이화장'으로 옮기게 된다.[4] 당시 서울 시민들의 반응은 지금의 관점에서 보면 매우 의외의 반응이었다. 그들은 '이화장'으로 옮겨간 이승만을 동정과 환호의 목소리로 맞이하였다.[5] 이승만은 분명히 정권에서 추방당했다. 그러나 이

---

2 「이승만 부처의 탈출」, 『사상계』, 1960년 7월호, 128쪽.
3 본서 제5장 참조.
4 『경향신문』, 1960년 4월 27일자.

는 그가 '건국의 아버지'로서의 권위를 완전
히 상실했음을 의미하는 것은 아니었다. 서울
시민들은 대통령직에서 물러난 그를 오히려
따뜻한 박수로 맞이했으며, 글자 그대로 그의
심신과 재산의 안전을 걱정했다.[6]

　국민의 분노를 불러일으킨 '부정선거'와 이
에 대항하는 데모대를 향한 경찰의 발포. 사
람들은 겨우 며칠 전까지만 해도 이승만의 퇴
진을 요구했으며, 분명 그의 퇴진에 환호의

4·19혁명 후 이화장에서 시민
의 환영에 답하는 이승만
출전: 『대한민국건국대통령
　이승만』(이화장[한국],
　1996), 36쪽

목소리로 답했다. 자신들이 추방한 인물에 대한 동정과 걱정. 상황은 분
명 단순하지는 않았다.

　이러한 이승만에 대한 '특별' 취급은, 예를 들어 이승만 정권 말기에
이승만을 잇는 실력자로서, 이승만 정권을 실무적으로 지탱해온 이기붕
에 대한 사람들의 인식과 비교했을 때 더욱 여실히 드러난다. 서울 동부
에 있는 '이화장'에서 시 중심부를 사이에 두고 서쪽인 서대문에 있었던
이기붕의 자택은 시위단의 주요 표적 중 하나였으며, 그 결과 그의 자택
은 시민들의 침입으로 폐허가 되고 말았다. 갈 곳이 없어진 그는 대통령
관저로 숨어 들어가, 결국 여론의 강한 반발 속에서 부인 그리고 두 아
이와 함께 자살할 수밖에 없었다. 이기붕과 그의 가족의 처참한 최후는
이 시기의 정변, 즉 '4·19혁명'을 상징하는 사건이었으며, 이로써 이승만
을 필두로 이기붕이 중심이 되어 성립된 자유당 체제는 정식으로 종언

5 「이승만 부처의 탈출」, 『사상계』, 1960년 7월호.
6 이 때문에 국민들은 훗날 이승만이 하와이로 망명하자 크게 낙심하게 된다. 「혁명사 제2집」.
　민주한국혁명청사편찬위원회, 『민주한국혁명청사』, 1963, 10쪽.

을 고하게 된다. 비유적인 표현을 빌리자면, 4·19혁명은 이승만이 아닌 이기붕을 산 제물로 바침으로써 막을 내리게 된 것이다.

말할 필요도 없이 이러한 배경에는 당시 한국인들이 이승만에 대해 가졌던 '특별한' 의식이 존재했다. 이승만은 그들에게 이기붕과 최인규, 장경근[7] 등과는 확연히 다른 '특별한' 의미를 지닌 존재였던 것이다. 그렇다면 그들에게 이승만이란 어떠한 존재였으며, 한국에서 그의 퇴출은 어떠한 의미가 있었던 것일까. 그리고 이는 그 후의 한국 역사에 어떠한 영향을 미쳤을까.

본 장에서는 이러한 시점을 토대로 이른바 '4·19혁명' 이후의 한국 상황을 '건국의 아버지'라는 '특별한 존재' 이승만의 하야를 단초로 그려보자고 한다. 따라서 본 장의 분석대상은 현실의 이승만이 아닌 오히려 당시 한국인들이 가지고 있었던 이승만에 대한 관점 그리고 이승만 하야의 의미, '4·19혁명' 이후 한국인들이 새로운 현실에 어떻게 대처했는가이다. 그리고 자료는 당시에 쓰인 다양한 회고록이나 여론조사, 신문자료 등을 이용한다.

이상으로 모든 준비가 끝났다. 그럼 본론으로 들어가보자.

---

7 전 내무부 장관. 처벌을 예상한 그는 훗날 일본으로 도망간다.

2. '혁명'과 여론

여론조사를 통해서 본 이승만

> 지금 우리나라 국민들은 이승만의 퇴진에만 흥분해서는 앞으로의
> 일 같은 건 전혀 안중에 없는 듯하다. 그러나 만약 우리나라 국민들이
> 이러한 단선적인 승리에 도취되어 시민 민주혁명의 다양한 요구를 실
> 현시키기 위해 노력하지 않는다면 우리들은 또다시 환멸로 가득 찬 사
> 회환경 속에서 살아가야 할 것이다.[8]

이렇듯 조바심을 감추지 않는 '사상계'―당시 한국에서 '진보' 여론을
대표했던 종합잡지―의 논조에서도 알 수 있듯이, 당시 한국에서는 '4·
19혁명'을 주도한 학생들을 중심으로 한 도시 지식인층과는 다른 이해
와 인식을 가지고 상황에 대처하는 사람들이 존재했다. 적어도 '혁명'이
라는 관점에서 본다면, 정치적으로 실각한 과거의 권력자를 '환영'하는
행위는 바람직하다고는 할 수 없었다. 하지만 주의해야 할 점은 '혁명'
그 자체는 사람들의 압도적인 지지를 받았다는 점이다. 우리들은 이러
한 언뜻 모순되어 보이는 행동에서 권력에 상관없이 이승만 개인에 대
한 일정하면서도 흔들리지 않는 감정을 엿볼 수 있다.

이승만이라는 개인에 대한 국민들의 '특별한' 감정은 여론조사 데이
터[9]라는 명확한 예를 통해서도 확인할 수 있다. 먼저 여론조사에 대한
설명을 잠시 해보자. '4·19혁명'의 결과, 이승만을 핵심으로 하는 제1공

---

8 「이승만 폭정의 종언」, 『사상계』, 1960년 7월호, 82쪽.
9 국무원사무처, 『제1차 국민여론조사결과보고서』, 1960.

화국은 쓰러지고, 7월 29일에 치러진 총선거를 거쳐 제2공화국이 탄생한다. 신정권은 정권운영을 위한 자료 수집 차원에서 같은 해 11월, 전국유권자 중에서 무작위로 추출한 3000명을 대상으로 여론조사를 실시한다. 여론조사의 결과는 '4·19혁명'에서부터 박정희에 의한 '5·16 군사쿠데타'에 이르기까지 격동기의 한국사회를 엿볼 수 있으며, 또한 가장 정치적으로 중립된 시기에 신뢰할 수 있는 공적 기관을 통해서 실시되었다는 점에서 매우 중요하다. 특히 본 장에서는 '4·19혁명'을 통해 출범한 제2공화국 정권이 자신들이 주축이 된 '4·19혁명'과 그 배경인 제1공화국 말기의 정치적 사건들에 관한 국민의식을 조사했다는 점이 매우 중요하다. 만약 결과가 '혁명'의 방향성과 일치하지 않았다면 조사의 신뢰성은 당연히 매우 높다고 할 수밖에 없다. 이 때문에 이하에서는 여론조사에서 정치적으로 중요한 몇몇 항목을 구체적으로 들어 이승만과 관련된 다양한 사건에 관한 그 당시 한국인들의 인식을 확인해 보도록 하겠다.

우선 표-1은 '4·19혁명'의 직접적 계기였던 3·15부정선거 즉, 1960년 3월 15일에 치러진 정부통령 선거에서 자유당의 '부정'과 관련된 사람들을 어떻게 처벌할지를 물은 것이다.

표 -1 3·15 부정선거 사범에 대한 처벌 (학력별)　　　(단위: %)

	전체비율	엄벌	관대한 처벌	처벌 무요	모 름	무응답
무 학	32.3	19.5	13.6	8.9	57.5	
한글 이해	27.2	33.8	27.6	11.0	27.4	
초등학교	25.6	37.7	35.1	11.6	15.0	0.5
중학교	7.7	53.3	33.2	5.4	7.6	0.2
고등학교	4.5	52.4	38.3	8.4	0.9	0.6
그 이상	2.6	59.7	35.5	0.6	3.2	0.5
미 상	0.1			50.0	50.0	
전 체	100.0	33.1	26.1	9.7	30.7	0.4

주: 국무원 사무처 편 『제1회 국민여론조사결과보고서』(국무원사무처[한국], 1960)에서 작성.

당시 한국인들은 오늘날의 일반적인 인상 그리고 현재 남아 있는 4·19혁명 당시의 호소문에서 우리가 느끼는 인상과는 달리, '부정선거'에 대해 놀라울 정도로 관대했다는 점에 주목할 필요가 있다. 즉 당시의 한국인 중 그들에 대한 처벌을 요구한 사람은 겨우 33.1%에 지나지 않았으며 한편, 처벌을 해서는 안 된다는 사람들도 9.7%에 달했다. 이 표에는 나타나 있지 않으나, 처벌자들의 범위에 대해서는 더욱 이러한 현상이 두드러져, 관계자 모두를 처벌해야 한다고 응답한 사람은 단 10.3%였다. 이는 제1공화국 시절 권력과의 유착관계를 통해 부정한 방법으로 부를 축적한 '부정축재자'의 경우에도 공통된다(표-2). 결코 윤택하다고 할 수 없었던 당시의 한국에서 가장 반감을 살 만한[10] 이러한 '범죄'에 대해서조차 혹독한 징계를 원한 사람은 37.3%였으며, 4.3%는 처벌할 필요가 없다고까지 답하였다.

---

10 오히려 한국이 경제발전을 이룩한 이후에 이와 비슷한 자들에 대한 처벌을 요구하는 목소리가 커졌다는 점은 매우 흥미롭다. 예컨대 김영삼 정권 시절, 노태우 전 대통령의 '부정축재'에 대한 여론에서 잘 나타난다.

표 -2 부정축재자 처벌 (학력별) (단위 %)

	전체비율	엄벌	관대한 처벌	처벌 무요	모 름	무 응 답
무 학	32.3	21.4	6.1	0.3	69.9	0.3
한글 이해	27.2	38.3	13.9	3.7	43.8	0.3
초등학교	25.6	42.9	21.5	6.3	29.0	0.3
중 학 교	7.7	61.4	21.8	4.9	11.4	0.5
고등학교	4.5	58.9	25.2	6.5	9.4	
그 이상	2.6	61.3	25.8	6.5	9.4	
미 상	0.1				50.0	50.0
전 체	100.0	37.3	14.8	4.3	43.3	0.3

주 : 표 - 1과 동일

그러나 '혁명' 직후의 한국사회에 대한 현재의 인상과 가장 큰 괴리감을 드러낸 것은 아마도 이승만에 대한 당시 사람들의 인식일 것이다. 여론조사는 또한 이승만의 하와이 망명에 대해 묻고 있는데, 이에 대해 대다수 사람들이 이승만의 '불벌국내거주(형벌을 과하지 않고 국내에 거주토록 함)'을 선택했다. 그다음이 '망명찬성'이었으며, '처벌'을 원한 사람은 겨우 8.8%에 지나지 않았다(표 - 3).

표 -3 이승만의 해외망명에 대하여 (학력별) (단위 %)

	전체비율	망명찬성	처 벌	불벌국내거주	모 름	무응답
무 학	32.3	12.8	3.9	32.9	50.3	0.1
한글 이해	27.2	19.9	6.6	45.9	27.4	0.2
초등학교	25.6	24.0	11.7	27.9	19.7	0.3
중 학 교	7.7	27.2	17.9	44.6	9.8	0.5
고등학교	4.5	29.0	16.8	43.9	10.3	
그 이상	2.6	32.3	22.6	37.1	8.0	
미 상	0.1				50.0	
전 체	100.0	19.9	8.8	40.9	30.2	0.2

주 : 표 - 1과 동일

  이러한 결과는 과연 무엇을 의미할까. 명백한 점은 모든 한국인이 제
1공화국 말기의 '악정惡政'에 대해 1960년 4월 각지에서 일어난 학생집회
에서 표출된 것과 같은 격렬한 분노를 품고 있지는 않았다는 것이다. 그
리고 일련의 '악정'에 대한 책임을 대통령인 이승만 본인에게 직접 묻는
목소리는 극소수에 지나지 않았다. 또 하나 주목할 점은 대다수 한국인
들이 처벌을 원하지 않았을 뿐만 아니라 계속해서 한국에 즉, 자신들과
같이 살아가기를 바랐다는 것이다. 이승만의 망명 소식을 들은 대부분
의 한국인은 일부 지식인들의 분노와는 대조적으로 적막감을 느꼈다.
즉 과거의 '망명독립운동가'가 다시 망명생활로 돌아간다는 사실에 대해
놀라움과 함께 일종의 상실감을 느꼈던 것이다.[11] 이승만은 대부분의 한
국인에게 하야 후에도 여전히 어딘가 '특별한 존재'로 남아 있었다.
  그럼 왜 당시의 한국인들은 이승만이 중요하다고 생각했을까. 다음은
이 점을 다른 시점에서 살펴보도록 하자.

책임을 둘러싸고
  '4·19혁명' 직후, 즉 제1공화국 정권이 가장 신랄하게 비난을 받았던
시기의 경우에도 이승만에 대해 직접적으로 논한 문헌은 놀라울 정도로
찾아볼 수 없다. 이는 언론의 보도를 보더라도 마찬가지였다. 동아일보
와 함께 제1공화국 시절의 야당계 신문으로 제1공화국 말기, 신랄한 정
부 비판 때문에 폐간의 위기에 처해있었던 경향신문을 보더라도 '4·19
혁명'에서 5·16 군사쿠데타에 이르기까지 '자유당'을 언급한 기사는 73
개였던 반해 '이승만'을 언급한 기사는 겨우 31개로, 게다가 그 대부분이

11 이원순, 「책머리」, 『인간 이승만』, 신태양사, 1965. 『경향신문』, 1960년 5월 29일자.

이승만이 아닌 '이승만 정권'이나 '부정선거'에 관한 것이었다.[12]

앞서 서술했듯이 이러한 현상의 원인을 당시의 한국인들이 이승만을 몹시 싫어해 입에 담는 것조차 꺼렸기 때문이라고 생각할 수 없다. 다른 한편, 당시의 상황 속에서 이승만과 그의 시대가 급속히 과거의 것으로 잊혀져 이 때문에 사람들의 무관심으로 이어졌다는 것도, '자유당'에 대한 당시의 거센 비난 그리고 구舊정부인사들의 '부정선거'와 '부정축재' 등을 둘러싼 일련의 재판에 대해 사람들이 보인 관심을 생각할 때 상상하기조차 어렵다.

오히려 격렬한 비판을 받은 구 정권과 구분해 이승만을 이해하려는 당시 사람들의 행위, 그리고 이렇게 따로 떨어진 이승만을 어떻게 이해해야 할 것인가에 갈팡질팡하는 사람들의 당혹감을 엿볼 수 있다. '4·19혁명' 직후 정국을 주도했던 사람들조차 이러한 당혹감을 느끼고 있었다.

이처럼 '혁명' 직후에 발생한 이승만의 '갑작스러운' 망명에 대해 당시의 과도정부는 제지하기는커녕, 적극적인 준비와 지원을 아끼지 않았다. '혁명' 후의 정국을 잠정적으로 이끌었던 과도정부 수반 허정은 이 망명극에서 비행기에 동승해 마지막까지 이승만과 회담을 가질 정도였다. 허정 정권이 이승만 망명에 깊숙이 관여했다는 사실은 너무나도 명백했다. 이러한 과도정부와 허정의 태도에 대해 국회와 이 시기의 정국을 주도한 민주당도 형식적인 추궁만 할 뿐이었다. 그리고 '불행한 노인이 반생을 보낸 하와이에 정착해 휴양하는 것을 외무부 장관으로서 거부할 하등의 이유가 없다[13]'라는 허정의 설명을 사실상 '용인'했다. 정치

---

12 http://www.khan.co.kr/news/(2002년 7월 17일 현재) 검색.

가들과 함께 일반국민들도 진정한 의미에서 대통령 시절 이승만이 저지른 '부정'에 대해 추궁하려 들지 않았다.

대부분의 사람들이 이승만과 그의 책임에 대해 입에 올리는 것을 주저하고 있던 당시의 상황 속에서, 몇몇은 이승만에 대해 반드시 거론해야 했다. 이들은 말할 것도 없이 구정권에서 자행된 '부정선거'와 '부정축재' 그리고 '발포사건'의 책임을 뒤집어쓰고 재판에 회부된 자들이었다. 이승만이 망명하고 자타가 공인하는 이승만 정권의 제2인자였던 이기붕李起鵬이 차남에게 살해된 후, 구정권의 대표격으로서 책임을 진 인물은 원내내무부 장관이었던 최인규崔仁圭였다. 다음은 공판 내용의 일부이다.

> 변호인: 이승만이 내무부 장관으로 발령했을 때, 기꺼이 이를 수락했나?
> 최인규: 이승만 박사님을 이전부터 존경(눈물을 흘리면서)해 왔기 때문에 이승만 박사님의 말은 뭐든 기꺼이 따를 준비가 되어 있었습니다.[14]

최인규는 이 자리에서 수차례 이승만과의 관계를 추궁받는다.[15] 흥미로운 점은 최인규가 계속해서 자신이 '부정선거' 전반을 담당했다고 주장하자, 법원은 허정보다 권력 서열이 높았던 자인 이승만과 이기붕에게 책임을 특별히 추궁하지 않았다는 것이다. 물론 당시 상황 속에서 고

13 『국회사 (제4대국회─제6대국회) 』(대한민국국회사무처위원국사료편찬과, 1971), 305쪽. 『경향신문』, 1960년 7월 9일자.
14 『경향신문』, 1960년 7월 9일자.
15 학민사편집부 편, 『4월혁명자료집 혁명재판』(학민사, 1985), 24-41쪽. 한국혁명재판사편찬위원회 편, 『한국 혁명재판사』 1권(혁명편찬위원회, 1962), 817-865쪽.

령이었던 탓에 활동량이 극히 적었던 이승만이 일련의 '부정'에 관해 상세한 점까지 직접 진두지휘를 했다고 생각하기는 어렵다.[16] 하지만 형식적이나마 내무부 장관과 일련의 '부정' 행위에 '협조'를 아끼지 않았던 이기붕을 통제할 수 있는 대통령의 지위에 있던 이승만이 법적 책임의 대상에서 빗겨갔다는 점도 이해하기 어렵다. 그러나 이러한 정부나 법원의 태도를 비난하는 움직임이 뚜렷한 형태로 표출되는 일은 없었다. 즉 단죄하는 자와 단죄받는 자 사이에서 이승만의 책임에 대한 암묵적 합의가 존재했던 이 재판을 국민들도 암묵적 합의를 의미하는 침묵으로 지켜봤던 것이다.

그렇다면 이승만이라는 '과거'에 대해 '침묵'을 고수했던 한국은 이승만이 사라진 '현실'에 어떻게 대처했을까. 다음은 이 점에 대해서 살펴보도록 하자.

3. 정치적 공백 상태 속에서

방향성의 상실

4·19혁명과 이에 따른 이승만 정권의 붕괴는 필연적 결과로 정치적 공백을 낳았다. 국회의 다수를 차지하고 있던 자유당은 이미 구심력을 잃은 채 해체 상태에 놓여 있었으며 그 결과, 수습은 최대 야당이며 '마산 3·15의거' 등 '부정선거' 규탄투쟁을 주도한 민주당을 중심으로 진행

---

16 송원영, 「경무대의 인의 장막」, 『사상계』, 1960년 6월호.

될 수밖에 없었다. 민주당은 우선 '정통보수야당'의 염원이었던 내각책
임제 개헌에 착수한다. 이승만이 이기붕 일가가 자살한 경무대를 떠난
날은 4월 28일이었다. 민주당은 그 후 2주도 채 지나지 않은 상황에서
개헌안을 작성한 다음 5월 10일 국회에 상정하기에 이른다. 이 개헌안
은 6월 15일 국회를 통과하고, 한 달 남짓 후인 7월 29일에는 신헌법에
기초한 최초이면서 최후인 국회의원 선거가 실시된다. 민주당은 자유당
뿐만 아니라 이 시기 여론의 큰 주목을 받고 있던 혁신계열 정당을 누르
고 압승을 거두며, 정국의 주도권을 쥐기에 이른다.[17]

  '정통보수야당'은 이렇게 해서 대한민국정부 수립 이후 염원해 오던
정권 장악에 성공한다. 그러나 직전의 선거를 통해 국민의 압도적인 지
지를 틀림없이 확보했다고 믿었던 정권에 대해 여론은 예리한 칼날을
들이댔다. 이러한 사태의 직접적 원인은 자명했다. 민주당은 선거, 그리
고 4·19혁명이 일어나기 훨씬 이전부터 조병옥을 핵심으로 한 구파와
장면 전 부통령을 핵심으로 한 신파 사이에 치열한 권력 투쟁을 반복해
왔다. 또한, 이러한 권력 투쟁은 '4·19혁명'의 당연한 결과로서 민주당
정권의 수립이 예상되자, 차기 정권의 주도권을 둘러싸고 점점 치열해
지고 있었다.[18] 민주당은 1960년에 치러진 국회의원 선거[19]를 통해 민의
원[20] 총 233 의석 중 175석을 차지하는 등 정권을 장악하기에 충분한

---

17 중앙선거관리위원회 편, 『대한민국선거사』(중앙선거관리위원회, 1968), 343쪽.
18 신구 양파의 알력다툼에 관해서는 우선 다음을 참조. 이영석, 『야당 30년』(도서출판 인간,
   1981).
19 이 선거의 결과는 다음과 같다.

	민주당	자유당	무소속	사회대중당	한국사회당	통일당	기타
민의원	175	2	49	4	1	1	1
참의원	31	4	20	1	1	0	1

20 당시 국회는 1952년의 헌법개정으로 민의원과 참의원, 즉 양원으로 구성되어 있었다. 하지

거대 세력으로 발돋움하게 된다. 하지만 민주당은 이후 여론을 무시하고 당내 권력투쟁에 더욱 몰두할 뿐이었다. 결국 선거 직후부터 민주당은 사실상의 분열 상태에 직면하고 있었던 것이다. 여론은 이러한 민주당의 '국민을 전혀 괘념치 않는' 행동에 대해 신랄하게 비난하며 엄청난 실망감을 감추지 못했다.[21] 여당에 대한 실망감은 겨우 탄생한 신정권에 대한 실망감으로 이어졌으며 이윽고 정치 자체에 대한 무관심[22]까지 초래한다.

그러나 오늘날의 시점에서 당시의 상황을 되돌아 본다면, 당시 사람들이 내린 결론과는 다른 평가를 할 수 있지 않을까. 1960년에 치러진 국회의원 선거에서 민주당이 확보한 의석은 분명히 압도적이었다. 이러한 점만을 본다면, 민주당의 분열은 꼭 문제점이라고 단정지을 수 없다. 본래 민주당은 창당 당시부터 신구 양파의 치열한 파벌싸움을 내포한 채 출발하였다. 4·19혁명 이전조차 양파는 이승만 정권과 자유당이라는 공통의 적을 가지고 있었을 뿐, 간신히 통합을 유지하고 있었다. 이 점을 고려한다면 혁명에 의해 공통의 적이 사라진 이후 양파가 각기 다른 정당으로 분열하는 것이 훨씬 자연스러운 흐름이었다는 해석조차 내릴 수 있다.

잘 알려져 있듯이, 어쨌든 양파는 1960년에 치러진 국회의원 선거에서 사실상 서로 다른 정당으로서 선거에 임했던 것이다. 민주화만을 놓

만 관련 법률의 미비로 인해 1954년과 1958년에 치러진 국회의원 선거에서는 민의원 선거만이 실시되었다. 초대 참의원 선거는 민의원 선거와 같은 날 치러져, 선거구별 당선자 수는 민의원이 한 명이었던 것에 반해 1-4명이었다. 그리고 피선거권은 민의원이 25세 이상이었던 것에 반해, 참의원은 30세 이상이었다.
21 가령, 기획 특집 「혁명 후 1년」, 『사상계』, 1961년 4월호.
22 이극찬, 「정치적 무관심과 민주정치의 위기」, 『사상계』, 1961년 4월호.

고 보더라도 거대야당이 굳건한 당내 단결을 유지한 채 정권을 장악하는 것이 적당한 규모의 두 정당으로 분열된 채 서로 정권을 놓고 싸우는 상황보다 더 건전하다고 말할 수는 없다. 신파가 주도한 장면 정권에 대해 사실상의 야당으로서 대립하고 있던 구파는 더 나아가 신파정권의 정치적 스캔들을 추궁하였으며, 이로써 일부 장관들이 경질되기에 이른다.[23] 이전의 거대야당 즉 자유당 지배하의 한국사회에서 야당들이 이렇게 추궁을 통해 정권 내부의 기강을 쇄신하는 것은 결코 쉬운 일이 아니었으며, 이것만으로도 민주당의 분열은 큰 성과를 올렸다고 해도 과언이 아니다.

그러나 여론의 생각은 달랐다. 한국의 여론은 오히려 민주당이 거대한 세력을 기반으로 일치단결하여 끝까지 '혁명'을 완수해주기를 바랐다. 바꾸어 말하면 여론은 민주주의의 기본이라 할 수 있는 복수정당 간의 치열한 경쟁과 이를 통한 국회 내의 활발한 논의를 기대한 것이 아니라, 아이러니하게도 자유당 체제를 닮은 강력한 여당에 의한 '무소불위'의 체제를 원했던 것이었다.[24]

물론 여론은 이 시기 양파의 정치적 대립이 정책논쟁을 수반하지 않았다는 점 때문에도 민주당과 민주당의 분열을 비난하였다. 정책논쟁의 부재는 당시 핵심적인 정치 쟁점이 없었기 때문이 아니었다.[25] 오히려 과제는 산적해 있었으며, 특히 경기 악화는 절박한 문제였다.

---

23 이른바 '중석사건'에 관해서는 한국혁명재판사편찬위원회, 『한국혁명재판사』 1권, 230쪽 이하 등을 참조.
24 『사상계』 1961년 4월호에 실린 권두논문 「영웅적 지도자론」은 민주당 정권을 격렬히 비난했다.
25 4·19혁명 직후 『사상계』 1961년 6월호에는 이러한 과제를 주제로 하는 다양한 논문들이 게재된다.

한국전쟁 종식 이후 오 년 이상이 경과하면서 한반도에 대한 미국의 관심은 줄어들었으며 그 결과, 한국에 대한 군사 및 경제 원조가 급격히 감소하고 있었다. 이러한 상황은 말할 것도 없이 한국을 경제적 위기뿐만 아니라 정치적 위기로 몰아넣었다. 경제원조가 줄어들면서 국제수지 적자가 더욱 확대되자 벌충할 방법을 강구해야 했다. 여기에는 두 가지 길이 존재했다. 즉 자력으로 외화를 벌어들일 방안을 모색하거나, 혹은 새로운 원조나 이를 대체할 만한 수단을 모색하는 것이었다. 이와 함께 군사원조의 감소도 중요한 문제로 떠올랐다. 가령, 한국의 국방을 미국에 전적으로 의존할 수 없다면 한국 스스로 국방력을 강화하든지, 아니면 외부의 존재를 설득하여 군사적 위협을 줄이는 노력밖에는 방법이 없었다.

이러한 궁지에 몰린 한국은 다음과 같은 점을 재검토해야만 했다. 첫째로 부상한 것은 말할 것도 없이 미국과의 관계였다. 다시 말해 제1공화국 시절, 경제 및 군사 면에서 전적으로 의존해 온 미국과의 관계를 재검토해야만 했던 것이다. 둘째는 일본과의 국교 정상화였다. 제1공화국 시절 전개된 한일협상은 제3차 회담에서 나온 구보타久保田 발언이 상징하듯이[26], 식민지배에 대한 일본의 책임을 부정하는 듯한 일본 측의 자세와 함께 무엇보다 일본과의 국교정상화를 어느 누구보다도 필요 없다고 주장하는 이승만의 일본에 대한 태도[27] 때문에 교착상태를 보이고 있었다. 그러나 한국이 미국과 거리를 두고 자력으로 경제를 재건하기 위해서는 일본을 수출상품과 자본시장으로써 명백히 활용할 필요가 있

26 원용석, 『한일회담14년』(삼화출판사, 1965년), 37쪽.
27 한일회담에 대한 이승만의 태도에 대해서는 다음과 같은 문헌을 참조. 유진오, 『미래로 향한 창』(일조각, 1978), 252쪽 이하.

었다. 이 때문에 이 시기 한국 언론들은 일제히 일본과의 국교 정상화를 논하기 시작한다.

　북한정책도 중요했다. 미국의 군사원조가 감소하는 상황 속에서 만약 북한이 현 수준의 위협을 유지한다면 한국은 미국의 감소 부분을 자력으로 벌충해야만 했다. 하지만 당시의 한국 정부는 이러한 여력을 지니고 있지 않았으며, 오히려 상황은 군 인원 감소라는 방향으로 흘러가고 있었다. 이러한 조건하에서 안보를 유지하기 위해서는 북한과의 관계를 개선하거나 적어도 악화시키지 않는 것이 중요했다. 사실 이 시기 출현한 혁신정당 일부는 이 점을 명확히 파고들었다. 경제정책 자체도 수정해야 했다. '혁명'에 수반한 특수한 흥분 상태가 자취를 감추면서 일상에 복귀한 한국인들은 별반 나아지지 않은 경제 상황에 직면해야만 했으며 여론은 일제히 이에 눈을 돌린다. 경제정책의 수정은 '부정축재' 문제와 결부되어 있었으며 모두의 염원인 민주주의체제를 확립하기 위해서도 더 이상 미룰 수 없는 문제였다. 대미관계, 대일관계, 대북정책 그리고 경제정책의 수정. 이는 이승만 정권의 핵심 정책을 전면적으로 수정하는 것과 다름없었다. 이는 '혁명'이 앞선 정권을 부정했을 때 비로소 '혁명'이 완수된다는 점을 생각한다면 당연한 귀결이었을지도 모른다. 그러나 민주당 신구 양파와 장면 정권은 이에 대한 명확한 정책은커녕 일정한 방향성조차 제대로 내놓지 못했다. 제대로 된 정책의 부재는 이를 둘러싼 논쟁의 부재를 불러왔으며, 이 때문에 신구 양파가 당내 알력다툼을 정책논쟁으로도 발전시키지 못하는 당연한 결과를 초래했다. 여론은 이러한 알력다툼을 국민 생활을 등한시하는 처사라며 거세게 비난하였다.

표-4 '모름'의 비율

도(시)민증(民證)에 대해	10.9
통행 금지 시간에 대해	13.8
비료 문제에 대해	21.5
한문 사용에 대해	22.1
도지사 선임 방법에 대해	23.2
공무원의 친절에 대해	26.5
이승만 해외 망명에 대해	30.2
3·15 부정 선거사범에 대해	30.7
군 인원 감소문제에 대해	33.2
북한과의 서신 왕래	33.2
3·15 부정 선거사범 처벌 범위에 대해	33.4
민주당 내각	33.4
임시토지소득세에 대해	34.9
연대 표시에 대해	37.2
일본과의 국교문제에 대해	38.9
4·19 이전 공무원에 대해	39.0
부정축재자 처벌에 대해	43.3
최근 데모에 대해	44.2
최근 학생들의 움직임에 대해	44.7
농업협동조합에 대해	47.0
부지사제도에 대해	47.6
신문 보도	50.8
미곡담보융자에 대해	54.7
지지 정당	55.1
정부 형태	55.9
단원제냐 양원제냐	57.7
통일 법안에 대해	61.1
미국 잉여 농산물에 대해	61.8
공무원의 재산등록제에 대해	64.9
경제 체제에 대해	73.7
교원 조합에 대해서	73.8
공무원정리요강에 대해	76.3
어업조합에 대해	78.6

주: 국무원 사무처 편 『제1회 국민 여론조사 결과 보고서』
(국무원 사무처[한국], 1960) 작성.

그러나 비단 민주당 양파와 장면 정권만이 방향성을 제시하지 못했던 것은 아니다. 표 - 4에서도 알 수 있듯이 당시의 한국인들은 직면한 현안들에 대해 적절한 대안을 도출해 낼 수 없었다. 어느 누구도 해답을 '알지' 못했다. '혁명'은 한국을 갈 길을 잃어버린 미아로 만들었다.

그렇다면 이러한 상황을 초래한 원인은 무엇일까. 다음은 이 점에 대해서 살펴보도록 하자.

상실

한국은 미래의 방향성을 잃은 듯했다. 하지만 여기서 '잃어버렸다'고 말할 수 있는 전제조건은 과거에 '잃을 수 있는' 동일한 것이 존재했다는 점이다. 그렇다면 '4·19혁명' 이전의 한국은 동일한 문제에 대해 어떻게 대처해 왔을까.

이승만은 '4·19혁명'이 발생하기 이전 한국을 정치적으로 리드할 수 있는 지위에 서 있었다. 이승만 개인의 지향점은 명확했다.[28] 첫째, 투철한 반공의식에 기초한 '북진통일' 정책이었다. 이승만의 지론에 따르면 북한은 '북괴'로, 소련과 중국의 괴뢰정권이었다. 이 때문에 '법통'을 계승한 대한민국이 일종의 '유화' 정책을 실시하는 것은 어불성설이었다. 둘째, 이승만은 일본을 명백히 '적'으로 간주했다. 북한처럼 일본에 대해서도 이승만이 협상을 진지하게 생각한 흔적은 조금도 찾아볼 수 없었으며, 이 때문에 미국의 거센 압력으로 진행된 한일국교정상화협상도 진전다운 진전을 볼 수 없었다. 북한과 일본을 타협이 불가능한 '적'으로

---

28 이승만의 정책에 관해서는 다음의 문헌을 참조. 본서 제4장 및 졸저, 『조선·한국의 내셔널리즘과 '소국'의식』(미네르바서방, 2000), 제8장.

간주한 탓에 동맹국인 미국과의 협력 관계는 더욱 굳건해진다. 여기서 중요한 점은 이승만과 미국의 복잡한 관계라기보다 이승만이 국내외 제반 문제를 이러한 미국과의 밀접한 관계를 전제로 생각했다는 점이며, 이 때문에 이승만 정권은 미국의 원조와 간섭이 감소하자 정책 전반을 수정해야만 했다는 점이다. 모든 문제가 하나의 전제하에 움직이고 있는 이상, 일부 혹은 국내 개혁만으로 도저히 대응할 수 없었다.

그러나 이러한 미국의 태도변화와 이에 따른 정책기반의 상실이 단순히 이승만 정권의 붕괴 때문에 시작된 것은 아니었다. 다시 말해 한국이 직면한 곤란한 상황은 국제환경에 의해 규정되는 한 한국 국내의 정국과는 별개로 존재했던 것이다. 제2공화국이 직면한 문제들은 정권 말기의 이승만 정권이 직면한 문제였으며, 적어도 논리적으로는 이승만 정권도 방안을 강구하여 대처해야만 했다.

그렇다면 '4·19혁명' 직전의 이승만 정권은 이들 문제에 대해 어떻게 대처했을까. 결론부터 먼저 말하면, 이렇다 할 방안도 세우지 못했으며 또한 세우려고도 하지 않았다. 경기 악화와 어려운 대외상황은 방치된 채였는데, 이는 이승만 특유의 정치 지도방식과 이승만 정권 말기의 특수한 상황에 기인한다.

이승만의 정치 지도 방식이 지닌 가장 큰 특징은 구체적으로 목표를 제시한 후 국민을 이러한 목표로 실제로 이끄는 것이 아니라, 오히려 현 상황을 교묘하게 분석함으로써 국민이 도달할 수밖에 없는 장래 결과를 사전에 예측하여 부득이한 결과에 일종의 의미를 부여하는 것이었다. 이승만의 '외세의존형' 독립운동과 '소국'이라는 점을 역이용한 내셔널리즘은 바로 그 전형이라 할 수 있다. 또한, 이는 광복 이후 이승만이 전개

한 '독립촉성' 운동이나 남조선단독선거 노선에서도 공통적으로 드러난
다. 일본의 '단독강화'에서도 볼 수 있듯이, 당시의 국제조건을 고려한다
면 한국이 자력으로 주권국가를 획득하여 독립하기 위해서는 사실상 이
러한 노선밖에 선택지가 없었으며, 이승만은 이러한 노선에 적극적으로
의미를 부여했던 인물에 지나지 않았다. 한국전쟁 휴전 시기에 주도한
휴전반대운동도 지극히 이승만다운 행보였다. 당시 상황 속에서 미국이
휴전을 체결한 후에 한국이 단독으로 북한과 중국에 대항해 싸울 수 없
다는 것은 너무나도 명백한 사실이었으며, 이승만의 행보는 이를 계산
에 넣은 교묘한 전략이었다. 초점은 한국과 이승만이 이에 반대했다는
사실을 기록으로 남기는 일이었으며, 이 때문에 저항은 철저히 격렬할
필요가 있었다. 결과는 어차피 '외세'에 의해 결정되는 것이었으며, 관건
은 이에 어떻게 의미를 부여할지였다.

　이승만은 현실에 적극적으로 관여함으로써 현실을 바꾸는 것이 아니
라, 현실을 일단 받아들인 후에 현실과의 대처방법을 제시하려는 지도
자였다. 말할 필요도 없이 이러한 정치 지도 방식으로는 경제 파탄이라
는 현실을 경제문제로 인식하여 해결할 수 없었다. 이와 더불어 정권 말
기의 이승만은 80세를 넘은 고령이었던 탓에 이미 적극적인 지도력을
발휘할 수 없는 상태였다. 현실 정치는 거물 축에 끼지 못하는 정치가들
이 이끄는 내각과 장관들에 의해 굴러갔으며, 현상유지가 최대의 목표
였다. 이기붕은 이승만이 사실상 지도자로서의 기능을 잃어버렸을 때
이를 대체할 지위에 있었다. 하지만 그는 주어진 목표에 관해서는 뛰어
난 '관리'였을지 모르나, 스스로 목표를 설정할 수 있는 의지도 능력도
갖추지 못한 인물이었다.

정부통령 선거에 대한 대응은 정권 말기에 이른 이승만 정권의 성격을 단적으로 드러낸다. 앞서 서술한 것처럼 이승만 정권을 1960년에 치러진 정부통령 선거에서 대규모의 '부정'을 저지르도록 부추긴 최대 요인은 1956년에 치러진 정부통령 선거에서 민주당 후보가 약진을 보였기 때문이었다. 당시 민주당 간부도 참패를 각오한 이 선거에서 민주당 후보는 '못 살겠다, 갈아보자' 라는 슬로건이 상징하듯이 쟁점을 바꿈으로써 뚜렷한 약진을 보일 수 있었다. 다시 말해 민주당이 민심을 얻을 수 있었던 최대의 이유는 정부통령 선거에서 지금까지 독립운동이라는 경력 즉 후보자의 업적에 대한 평가에 쏠려 있던 최대 쟁점을 '생활'이라는 '현실'의 문제로 끌어내렸기 때문이었다. 그리고 이는 '정부당'의 조직화가 덜 진행된 도시지역 그리고 비교적 윤택한 지역에서 뚜렷한 성과를 거두었다(표 - 5, 표 - 6). 이러한 상황에도 불구하고 이승만 정권과 자유당은 그 이후 일정한 경제시책, 특히 도시 지역주민을 겨냥한 경제시책을 적극적으로 수립하기는커녕 더욱 직접적으로 선거에 개입하며 '부정'을 저질렀다.

표-5 주요도시 세대당 수입과 후보별 득표율의 상관관계(1956년 대통령 선거)

	수 입	유권자수	조 봉 암	이 승 만	무 효
수 입	1				
유권자수	0.686	1			
조 봉 암	0.219	-0.208	1		
이 승 만	-0.258	-0.042	-0.834	1	
무 효	0.038	0.441	-0.402	-0.171	1

주: 한국은행 조사부 편 『4290년판 경제연감』(한국은행조사부[한국], 1957) 294 항목 이하, 1956년 8월 당시 서울, 부산, 대구, 목포, 광주, 대전, 청주, 인천, 춘천의 세대당 총 수입과 후보별 득표율의 상관관계를 나타낸 것.

표-6 주요도시의 세대당 수입과 후보별 득표율의 상관관계
(1956년 부통령 선거)

	수입	유권자수	무효	장면	이기붕	윤치영	이윤영	백성욱	이범석
수 입	1								
유권자수	0.686	1							
무 효	0.028	-0.321	1						
장 면	0.553	0.289	0.358	1					
이 기 붕	-0.427	-0.141	-0.566	-0.949	1				
윤 치 영	-0.069	-0.085	0.193	-0.382	0.201	1			
이 윤 영	0.170	-0.024	0.230	-0.123	-0.057	0.745	1		
백 성 욱	-0.638	-0.579	0.470	-0.278	0.088	-0.062	-0.223	1	
이 범 석	-0.539	-0.388	0.088	-0.543	0.292	0.549	0.593	0.373	1

주: 표 - 5와 동일.

　이승만 정권은 경제 문제에 대해 수수방관하고 있었다. 하지만 흥미롭게도 국민들은 이러한 이승만 정권과 자유당에 대해 경제침체를 이유로 들어 비난의 수위를 높이지 않았다. 사실 정권이 완전히 벼랑 끝에 몰려 있을 때조차도 국민들은 1960년에 치러진 정부통령 선거의 직접적인 '부정'이나 그 배후에 존재하는 '독재'적인 정권의 성격을 비난했을 뿐이었으며 경제정책은 거의 거론조차 하지 않았다.[29] 실제로 이승만 정권을 무너뜨린 대규모 집회에서도 이 문제는 정권을 비난하는 요인으로 거론되지 않았으며 이들 집회를 이끈 사람들의 주요 관심사도 되지 못했다. 본래 이승만 정권 말기, 정권의 경제 정책에 대한 국민들의 관심은 결코 높다고 할 수 없었으며, 이는 신문 등이 이것에 관해 다룬 횟수가 극히 적다는 점에서도 선명히 드러난다.

　그렇다면 '독재적' 이승만 정권에서 큰 문제로 부상하지 못했던 경제정책이 왜 '4·19혁명' 이후 민주적인 과정을 통해 탄생한 민주당 정권하

---

29 이는 '4·19혁명'시에 발표된 다양한 성명문에서 전형적으로 드러난다. 4월혁명청사편찬회, 『민주한국 4월혁명청사』(성공사, 1960). 박수만 편, 『4월혁명』(4월혁명동지회출판부, 1962) 등.

에서 주요 현안으로 부상할 수밖에 없었을까. 다음 절에서 이 점에 대해 살펴보도록 하자.

4. 공백의 원인

'기본원칙'의 상실

이승만 정권에서는 전혀 문제시되지 않았던 것들이 왜 민주당 정권에 서는 문제로 부상했을까. 이에 대한 해답으로, 우선 이승만 정권하에서 '부정'과 '독재'에 따른 문제들이 너무나도 눈에 두드러졌기 때문에 여타 문제들은 밖으로 드러나지 않은 채 간과되고 있었다는 점을 생각해 볼 수 있다. 특히 '4·19혁명'에서 중심적인 역할을 담당했던 도시 지식인층 들이 이승만 정권의 '부정'에 대해 크게 분노했다는 사실은 고려해 볼 가치가 있다. 그러나 '부정'이 도시 지식층 이외의 사람들에게도 동일하 게 중요했느냐를 따져본다면, 다르다는 답이 돌아올 것이다. 사실 앞서 서술했듯이 자유당체제의 지지기반이었던 농촌지역은 이승만 정권의 '부정'에 대해 그리 거센 반감을 느끼지 않고 있었으며, 관심도 가령 농 촌지역인구의 대부분을 차지하는 농민들에게 절박한 문제인 비료배급 문제와 비교한다면 극히 낮은 수준이었다. 어쨌든 앞선 정권의 '부정'과 '독재'만으로는 '4·19혁명' 이전과 이후의 변화를 설명하기 어렵다.

다음은 '혁명'에 대한 기대가 너무 컸다는 점을 들 수 있다. 당시의 한 사설은 이 점을 '한국인은 기적을 바라고 있다'고 표현하고 있다. 즉 '혁 명의 소용돌이 속에서 한국인들은 경제가 좋아질 거라고 굳게 믿고 있

었다'는 것이다. 그러나 현실의 경제 상태는 '경제원조와 외환비율'로 좌
우되고 있었기 때문에 한국정부가 단독으로 해결할 수 있는 성질의 것
이 아니었다. 이러한 상황을 방치한 채 혁명과 혁명 정부가 경제 상태를
손쉽게 타개하기를 바라는 것은 사실상 '기적을 바라는 것'과 같았다. 사
설은 '한국인들은 이러한 사고방식을 바꾸지 않으면 안 된다'고 주장하
며 논의를 마치고 있다.

　왜 이러한 '과도한 기대'가 생겨난 것일까. 이에 대한 해답을 찾는 과
정에서 이승만 정권이 헌법과 이에 기초한 제도가 규정하는 방법이 아
닌 물리적 폭력을 동반한 '혁명'을 통해 붕괴하였다는 점은 중요한 의미
를 가진다. 당시 신문과 여타 언론들의 보도에서도 알 수 있듯이 '혁명'
은 그 당시만 해도 한국인들이 당연하다고 생각하거나 반대로 금기시했
던 많은 것들에 대해 의문을 표출하고 논의할 수 있는 계기를 마련했다.
바로 대북정책과 대일정책이 대표적인 예였다. 이승만 정권하에서 두
현안을 둘러싼 정책 변경은 감히 입에 올릴 수 없는 화제였다. 대한민국
은 미국을 등에 업고 유엔의 감시 속에서 남한 단독의 총선거를 통해
탄생했다는 명분을 내세워 한반도 전역에 대한 주권 행사를 당연시하고
있었다. 이 때문에 휴전선 너머 북쪽에 존재하는 국가는 '북괴'였으며,
이러한 연유로 '북괴'와의 협상은 전혀 허용될 수 없었다.

　일본과의 협상도 마찬가지였다. 이승만 정권하의 대한민국은 일본을
불공대천의 원수로 여겼으며, 가령 일본이 경제현안 해결을 위해 필요
한 존재일지라도 일본과의 관계 정상화를 쉽사리 서둘러서는 안 되었
다. 이는 모두 대한민국이 성립할 수 있는 국가의 '기본원칙'이었으며,
이를 쉽사리 포기하는 것은 대한민국이 대한민국임을 포기하는 것과 다

름없었다.

하지만 한 가지 오해해서는 안 되는 점이 있다. 이승만 정권하의 한국에서 존재했던 '기본원칙'은 반드시 정부에 의해 위로부터 일방적으로 강요된 것이 아니었으며, 또한 이것의 수정에 대한 언급이 금지되었던 원인이 단순히 엄격한 정부의 통제 탓만은 아니었다는 점이다. 이는 정부 수립 이후 '4·19혁명' 직전까지의 신문 등 여타 언론보도를 살펴보면 자명하다. 적어도 한국전쟁 이후 한국인들이 북한 정권을 대한민국과의 대등한 협상상대로 생각지 않았다는 점만은 명백하다. 마찬가지로 언론들은 일본과의 국교정상화 협상에 대해서도 변함없는 일본의 오만한 자세를 반복해서 보도했으며 한국인들은 이러한 일본에 대한 이승만 정권의 '단호한 태도'에 오히려 갈채를 보냈다. 대미정책도 마찬가지였다. 북한과의 적대관계와 한반도에서 유일하게 법통을 이은 주권국가라는 조건은 '북진통일'을 주장하는 이승만 정권하에서 미국과의 굳건한 동맹관계를 당연한 결과로 만들었다. 이러한 상황 속에서 여론은 오히려 이승만에 동참하여 한국에 대한 미국의 미흡한 지원을 비난했으며 무관심을 규탄했다. 이승만 정권의 '기본원칙'은 대한민국의 '기본원칙'이었으며 많고 적음을 떠나 한국인들은 이를 기본적으로 수용하고 있었다.

중요한 점은 출범 이전부터 대한민국은 사실상 이승만이라는 국가원수를 전제로 설계되었고 또한 운영되었다는 것이다. 이승만을 중심으로 설계된 대한민국.

이러한 연유로 '4·19혁명'을 통한 이승만 축출과 망명은 대한민국에 엄청난 파란을 몰고 온다. 대통령중심제에서 내각책임제로의 개헌은 그

첫걸음이었다. 본래 대한민국의 대통령중심제는 이승만의 희망에 따라 만들어지고 권한도 점차 확대되었다. 이 배경에는 적어도 정부 수립 이후 얼마 동안 국가 원수로서 이승만 이외의 적임자를 찾기 어려웠기 때문에 한국인들은 이승만의 희망대로 계속해서 양보할 수밖에 없었다는 점이 존재한다. 이승만이 '혁명'으로 인해 돌연 권력의 핵심에서 모습을 감추자 대한민국과 대한민국 국민들은 중대한 심리적 변화를 겪게 된다. 즉 이승만의 부재는 강력한 대통령중심제 무용론으로 이어졌고 한국인들은 대통령중심제의 폐지에 대해 의심을 품지조차 않았다.

정책에 대해서도 마찬가지였다. 정부 수립 당시, 이승만은 대한민국의 '기본원칙'을 국제적 그리고 국내적 상황을 교묘히 읽으면서 이와 모순되지 않도록 설정하였다. 이승만의 부재는 '기본원칙'의 단편적 수정에 머물지 않고 전면적 수정의 필요성을 초래했다. 한 논자는 '혁명이란 구정권의 전면적 수정이며, 연호나 국기는 물론 우리들은 '대한민국'이라는 국호까지 수정해야 한다'고까지 주장했다.

'기본원칙'의 상실로 인해 한국인들은 제반 문제에 대한 논의가 가능해졌으며, 이와 동시에 모든 문제에 대한 방향성의 상실을 체험해야 했다. 이러한 상황 속에서 한국인들이 직접 피부로 느낄 수 있는 심각한 현안인 경제에 눈을 돌리는 것은 당연한 결과였다. 하지만 한국인들은 이에 대해 아무런 해결책도 내놓지 못한 채 문제점만을 나열하고 있었다. 이승만 정권의 경제운영은 명백히 한계에 다다라 있었으며 수정은 불가피했다. 그러나 이승만의 정치지도 특성의 당연한 결과였던 당시의 경제정책은 한국을 둘러싼 국제상황과 대한민국 정부 수립 이전의 국내상황을 바탕으로 한 것으로 일정한 합리성을 내포하고 있었다. 국민들의 생활을 진정으로 개선하기 위해서는 현실에 부합하는 정책을 세워야 했으나, 한국정부가 당시의 상황 속에서 실제로 채택할 수 있는 선택지는 국한되어 있었다.

'기본원칙'의 상실과 국민의 '방향성' 상실 속에서 새롭게 탄생한 민주당 정권은 성과라는 이름의 해답을 내놓아만 했다. 하지만 이에 실패한 민주당 정권은 급속히 구심력을 잃고 만다.

그렇다면 이러한 상황은 한국을 어떠한 방향으로 이끌었을까. 다음은 이 점에 대해 살펴보도록 하자.

'지도력'에 대한 갈망

혼란과 희망, 그리고 희망을 저버리며 실망으로 점철된 1960년도 저물 무렵, 한국의 여론들은 '지도자의 빈곤[30]'이라는 새로운 논의를 발견하기에 이른다. 논의의 핵심은 지극히 명확했다. 한국의 혼란은 '혁명'을 경험한 후 한층 더 가중되었다. 이는 각 분야, 특히 정치 분야에서 한국을 지도할 만한 리더십을 갖춘 인물을 찾아볼 수 없었기 때문이다. 즉 지금의 지도자들은 현재의 난국을 타개할 수 있는 능력을 갖추고 있지 않으며 이 때문에 한국의 혼란은 더욱 가중되고 있다. 따라서 새로운 지도자가 필요하며 국민도 이를 갈망하고 있다.

여기서 박정희朴正熙의 존재를 언급하는 것은 시기상조일 것이다. 뒤에서 자세하게 서술하겠으나 적어도 그가 등장한 때조차 국민들은 박정희에 대한 예비지식을 전혀 갖고 있지 않았으며, 또한 한국의 난국을 타개할 수 있는 능력을 갖춘 유능한 지도자라고 생각하지도 않았고 기대

30 『조선일보』, 1961년 1월 5일자.

하지도 않았다. 즉 존재조차 몰랐던 미래의 지도자는 중요하지 않았다. 오히려 국민들은 '혁명' 후 1년도 채 지나지 않은 시점에 눈앞에서 활동하는 정치가들에게 이미 환멸을 느끼고 있었다는 점이다.

물론 그 배경에는 당시의 민주당 지도자들이 한국이 나아갈 방향을 명확히 제시하지 못했다는 엄연한 사실이 존재했다. 그러나 이는 어떤 의미에서 당연한 결과였다. 왜냐하면, 방향을 잃은 민주당 정권의 정책 운영은 당시 더욱 혼란스러웠던 여론의 동향을 반영한 것이었기 때문이었다. 하지만 이는 민주적 절차에 따라 탄생했다는 민주당 정권의 성격상 피할 수 없는 결과였다. 이와 더불어 '혁명'을 통해 탄생한 제2공화국은 대통령중심제를 대신해서 내각책임제를 채택했으며 그 결과, 국회는 막강한 권한을 부여받게 되며, 국회 내의 논의는 이전과는 비교할 수 없을 정도로 활기를 띠게 된다. 그리고 국민들은 '권위주의적'이긴 하나 대통령과 그 측근이 모든 사항을 신속히 결정하는 상명하달식을 대신해 등장한 새로운 의사결정방식—이는 국민들이 직접 채택했던 방식이었다—에 대해 환멸을 느끼게 된다. 이러한 상황에 대해 한 사설은 다음과 같이 비판적으로 논하고 있다.

> 우리들이 내각책임제라는 정치방식을 경험한 시기는 100년도 10년도 아닌 불과 4개월에 지나지 않는다. 그럼에도 불구하고 '장면내각을 이대로 방치해서는 안 된다' 혹은 '타도해야 한다'는 말을 지금까지 얼마나 들었는지 헤아릴 수 없을 정도이다. 이렇게 주장하는 사람들은 내각책임제를 전면적으로 내각을 쓰러뜨리고 재건해야 할 정치방식이라고 여기고 있는 것은 아닐까.[31]

31 윤천주, 「내각책임정치의 환상」, 『사상계』, 1961년 3월호, 110쪽.

국민들은 민주적이면서 뿌리 깊은 정통성과 강력한 지도력을 지닌 지도자가 등장해 현재 직면한 난국을 극적으로 해결해주기를 바라고 있었다. 그러나 국민들이 갈망한 강력한 지도자는 적어도 국회에는 존재하지 않았다. 이유는 자명했다. 선거 결과 당연히 여당의 역할을 담당해야 했던 민주당이 앞서 지적했듯이 신구 양파로 갈라져 치열한 알력다툼에 몰두하고 있었기 때문이다. 중요한 점은 분열 자체가 아니라 민주당의 단결을 주도해야 하는 지도자, 더더구나 선거에서 각 후보자들의 득표율을 이름만으로 끌어올릴 수 있는 지도자를 찾는 데 실패했다는 것이다. 구파는 조병옥의 서거 후, 높은 재정능력을 평가받은 윤보선과 이에 대항하는 김도연을 지도자로 영입하였다. 하지만 이들의 지명도는 이승만 정권 이전 여론의 조명을 전혀 받지 못했던 탓에 극히 낮았다. 신파는 간신히 전 부통령인 장면을 정점으로 집결한 듯이 보였다. 하지만 신파는 일제치하 인맥을 중심으로 형성된 구파와 비교하면 오합지졸을 모아 놓은 듯했으며, 국무총리였던 장면의 지도력도 결코 강력하다고 할 수 없었다.

당시의 정치가들이 개인적인 구심력을 가지지 못했던 이유는 첫째, 구파의 중핵을 담당하던 지도자들의 대부분이 일제치하, '호남재벌' 등을 통해 일정한 사업에 종사하고 있었으며 이러한 연유로 일본과 모종의 관계를 맺고 있었기 때문이다. 이러한 관계는 신파가 맺고 있던 일본과의 관계보다 더욱 직접적이었으며, 개중에는 전前 총독부관리들이나 관계자들이 다수 포함되어 있었다. 둘째, 정치가로서의 경력도 정치적 위신을 해치는 것들이 대부분이었다. 이승만 정권 시절, 윤보선이나 김도연을 비롯한 많은 구파 지도자들이 공직에 있었으며 이승만 정권 말기까지 여러 형태로 정권과의 관계를 유지하고 있었다. 신파의 지도자들은 구파 정치가들이 자유당과 적대관계에 돌입한 이후, 여당이나 내각에서 중요한 역할을 담당했기 때문에 이들 모두 '혁명' 이후의 지도자로서는 적절하다고 말할 수 없었다. 셋째, 신구파 모두 '4·19혁명'의 결정적 국면, 특히 서울에서 전개되던 반정부활동이 절정에 달했을 때 운동의 주도권을 거머쥐는 데 실패함으로써, 두각을 나타내며 새로운 '혁명의 지도자'로서 정통성을 획득할 수 없었다. 당시의 이러한 정치가들에 대해 한 사설은 다음과 같이 서술하고 있다.

> 현재 한국 정치가들의 사상, 행동, 능력 등을 평가하면 그리 달갑지 않은 표현이긴 하나 무사상, 무절제, 무능력이라는 세 단어로 요약할 수 있다. 한국 정치가들이 빈약한 사상과 정견을 가지고 있다는 사실은 부정할 수 없으며 이와 함께 허울 좋은 영웅주의에 사로잡혀 극단적인 분파 행동에만 몰두하고 있는 듯 보인다. 더불어 지도력 부족과 정치활동의 둔화로 인해 정치가들과 대중의 거리는 언제나 크게 벌어져 있어 국민들이 무엇을 원하는지조차 제대로 파악하지 못하고 있다. 바로 이 점이 젊은 세대들이 불신의 목소리를 높이는 이유이다. 과연 이러한 정치가들을 믿고 이 나라를 맡겨도 좋을지 걱정이 이만저만 아니다.[32]

이 사설은 4·19혁명 이전에 쓰여진 것도 4·19혁명 이전의 정치가들을 겨냥한 것도 아니다. 제2공화국의 '정치인'들도 이승만을 중심으로 탄생한 '대한민국'의 유력자들과 별반 다르지 않았다. 중요한 점은 이 나라 즉 '대한민국'이 광복 이후의 현실과 싸우는 것보다 오히려 이를 그대

32 엄기형, 「한국정치인들의 전근대성」, 『사상계』, 1961년 3월호, 131쪽.

로 인정하면서 성립된 '현실주의적' 국가였다는 점이다. 다시 말해 식민지지배의 청산이라는 문제에 대해 대외적으로는 '반일'의 기치하에 민족주의를 내걸면서도 실상은 과거의 총독부관리를 포함한 소위 '친일파'들을 내포한 채 출발한 것이다. 이러한 점은 남북분단이라는 현안에서도 마찬가지였다. 대한민국은 남북분단이라는 현실에 대해 실현 불가능한 통일이념을 내걸기보다는 오히려 한반도 남쪽만의 '단독선거'를 통해 '독립촉성'을 지향하면서 성립되었다. 민주당의 유력자들은 모두 이러한 '대한민국'이라는 틀을 인정함으로써 살아남을 수 있었으며, 개중에는 영향력을 계속해서 발휘할 수 있었다. 민족주의적 이념보다 현실에 대한 적합성을 우선시한 '대한민국'에서 중요한 점은 이념보다 오히려 일제치하에서 분단점령 그리고 정부수립, 전쟁, 재건, 혁명이라는 급변하는 현실에 적합한 국가를 실현하는 것이었다. 쉴새 없이 변하는 현 상황에 적합한 국가를 실현하기 위해서는 일관된 이념이나 정치신념, 이데올로기 등은 정치적 생존에 단지 방해물이 될 뿐이었다.

다시 말해 만약 한 정치가가 대한민국에서 정치 생명을 유지하기 위해서는 광복 이후 15년, 정부 수립 이후 12년 이상 경과한 당시까지 일관된 이념을 관철시키기는 매우 어려웠다. 사실 그들의 풍부한 경력은 모두 '4·19혁명'이 주장한 다양한 이념이나 사상들―그러나 이것들은 때때로 서로 큰 모순점을 안고 있었지만―에 비추어 보았을 때, 혁명 이후의 지도자로서는 바람직하지 않은 부분들을 내포하고 있었다. '4·19혁명'으로 인해 그들이 기대고 있던 '대한민국'의 틀 자체가 논의의 대상으로 떠오르자 그들은 지도자로의 정통성까지 위협받게 된다. 하지만 더 중요한 점은 당시 한국에는 이들을 대신할 유력한 대안이 없었다는 것이다. 이는 1960년에 치러진 국회의원 선거에서 혁신정당이 참패를 맛본 사실에서도 여실히 드러난다. 이 선거에서 혁신정당들이 당의 얼굴로 내세운 후보들조차도 모두 이승만 정권하에서 낯익은, 즉 별반 다르지 않은 인물들뿐이었다.[33] 그 중 상당수가 당치 않게도 민주당 지도자들 이상으로 '반공'운동에 열성적으로 참가한 사람들[34]이었다.

광복 이후 15년, '대한민국' 정부 수립 이후 12년 이상이 경과한 시점, 즉 '대한민국' 정부 수립과 한국전쟁, 그리고 자유당 지배하의 '권위주의적' 체제가 정점에 달했던 시기에, 대한민국의 '성립' 당시와도 흡사한 현실에 대해 정면으로 이의를 제기하는 행위는 정치적 혹은 물리적인 추방으로 이어졌다. 하지만 이는 이승만이 건재했던 시기만 해도 문제가 되지 않았다. 이승만은 독립운동 과정에서 명백히 중요한 역할을 담당했으며, 그가 정부 핵심에 앉아 있는 한 한국 내의 여타 정치가들이 '그의 정부'의 '민족주의적' 정통성을 위협할 가능성은 적었다. 이러한 이승만의 주도 아래, 실질적으로 여당과 정부를 이끈 자들은 이승만의 정통성에 편승함으로써 '과거'에 대해 어떤 추궁도 받지 않았다. 이승만의 정통성이라는 '보호막'의 범위는 여당과 정권 외부까지 펼쳐져 있었다. 또한, '대한민국'도 이승만의 정통성에 크게 의존하고 있었다. 이승만을 국가원수로서 옹립하는 한 '대한민국'은 일정한 범위이긴 하나 분명히 정통성을 유지할 수 있었다. 국민 개개인들도 마찬가지였다. 이승만을 통해 대한민국에서 존재를 인정받는 것은 바로 그들이 단죄받아 마땅할 '친일파'나 '공산주의자'가 아님을 입증하는 것이었다. '동아일보그룹' 등

---

33 가령, 사회대중당의 당수는 동아일보그룹의 서상일이었으며, 한국사회당은 전진한이 당수를 맡고 있었다.
34 앞서 서술한 바대로 전진한은 한때 좌익청년운동의 지도자였다.

이 과거의 경력을 괘념치 않고 반정부운동을 펼칠 수 있었던 것도 그들이 '이승만과 함께 대한민국을 건설했기 때문이나 다름없었다. 그들은 모두 거대한 이승만의 정통성이라는 '보호막'에 속해 있었던 것이다.

　그러나 이승만이 정치무대에서 퇴장한 이후 지도자로서의 그들의 자질은 직접적인 시험대에 오르게 되었으며, 이는 이윽고 그들 구세대에 대한 신세대의 실망이라는 형태로 표출되기에 이른다.[35] 즉 신세대들은 구세대들이 가혹한 현실 앞에서 기진맥진한 채 이상을 잃어버린 결과 사회의 '혁명'을 완수할 수 없고 단지 신세대들만이 이 사명을 완수할 수 있다고 주장한다.

　그렇다면 과연 이러한 혼란스러운 상황 속에서 어떠한 대안들이 제시되었을까. 마지막으로 이 점에 대해 살펴본 후 본 장을 마치고자 한다.

5. '일상'으로의 복귀

'혁명'이라는 이름의 '혁명'이 끝나다

　1961년 5월 16일. 박정희 등 약 3,000명의 군인들이 일으킨 쿠데타로 인해 제2공화국은 '4·19혁명'으로부터 불과 1년 1개월 만에 막을 내려야 했다. 이 절의 목적은 이후 한국의 장래에 엄청난 영향을 미친 쿠데타와 이를 통해 탄생한 정권에 대해 논하는 것이 아니다. 중요한 점은 전형적인 군사 '쿠데타'가 군사 '혁명'이라는 이름으로 둔갑되어, 실제로 쿠데타의 주도자들은 '혁명'으로 인식했다는 것이다. 『민주한국혁명청사』는 이

---

35 민주한국혁명청사편찬위원회 편, 「발간사」, 『민주한국혁명청사』, 1962.

점에 대해 '발간사'에서 다음과 같이 적고 있다.

> 1960년 4월 19일의 학생 의거를 통한 자유당 독재정권의 타도, 그
> 리고 1961년 5월16일의 군부 궐기를 통한 민주당 무능정권의 추방은
> 민주한국에 찬란한 역사를 남겼다. 이러한 두 차례의 민족혁명은 한민
> 족의 역사가 지금까지의 빈곤과 부패라는 멍에에서 벗어나 조국을 번
> 영과 도약의 길로 이끄는 일대 전기를 마련했다.[36]

오늘날 한쪽은 '권위주의적' 정권을 타도했다는, 다른 한쪽은 '권위주
의적' 정권을 탄생시켰다는 정반대의 성격을 지닌 것으로 이해되기 쉬
운 두 차례의 정변, 즉 학생들의 주도에 의한 '4·19혁명'과 군인들의 주
도에 의한 5·16 군사쿠데타가 앞선 주장에 따르면 같은 위상의 사건으
로 간주되고 있다는 점을 주목해야만 한다. 『혁명청사』는 이러한 인식
을 바탕으로 이 '혁명'의 역사를 '4·19혁명', 더 나아가 도화선이었던 '마
산 3·15의거'까지 거슬러 올라가고 있다. 여기에는 5·16 군사쿠데타에
'4·19혁명'에 이은 '제2의 혁명'이라는 위치를 부여하려는 의지가 강하게
작용하고 있다.

그렇다면 『혁명청사』는 유사성을 전혀 찾아볼 수 없는 '4·19혁명'과
5·16 군사쿠데타의 연속성을 어떻게 설명하고 있을까.

> 1961년 5월 16일 이른 아침 몇 발의 총성과 함께 시작된 군사혁명
> 은 오랜 폭정의 억압과 허울뿐인 민주주의 그리고 무능한 정상배들의
> 횡행에 기인한 만성적인 부정부패, 불법, 무능의 멍에 속에서 빈곤과
> 질병, 나태, 절망에 빠져있던 한국의 현실과 국민들을 밝은 미래의 행

---

36 유연진, 「신세대 구세대 간 알력」, 『사상계』, 1961년 4월호.

복으로 이끈 민족사의 일대 전환점이다.[37]

우리는 『혁명청사』가 자유당 정권 시절을 의미하는 '오랜 폭정의 억압' 시대와 연이은 제2공화국 시절의 '허울뿐인 민주주의' 시대를 일률적으로 '부정, 부패, 불법, 무능'이 지배한 시대라고 하나로 묶어 비판하고 있다는 점을 주목해야 한다. 이는 다른 부분에서는 다음과 같이 표현되고 있다. "자유당 시절은 말할 것도 없이 4·19혁명 이후에도 부패는 과거와 별반 달라지지 않았으며 오히려 점차 악화되고 있었다[38]." 이 구절은 자유당 정권 시절과 민주당 정권 시절의 지배층들을 동일시하고 있다. 그들은 결국 일부 부유층의 이익을 위해 정치를 하고 있다는 점에서 한통속이었으며, 이러한 연유로 "무능한 의원들을 한시적이든 영구적이든 일단 추방함으로써 현행 의회제도에 대한 비판적 태도를 보여[39]"주어야만 했다. 즉 "적어도 이를 재편할 기회를 마련[40]"해야만 했던 것이다.

여기서는 광복 이후 한국을 주도해 온 구지배층 전반에 대한 비판을 엿볼 수 있다. 그들은 자유당 정권을 이끈 자들이나 민주당 정권을 이끈 자들 모두 기본적으로 같은 계층―『혁명청사』가 주장하는 '부유층'―에 속한 사람들이며, 이 때문에 이들 사이에서 이루어진 정권교체는 한국 사회를 변혁시키는 성과를 올릴 수 없었다고 인식하고 있다. 그들은 필연적으로 부패할 수밖에 없었으며 이러한 연유로 그들에게는 아무것도 기대할 수 없었다.

37 「혁명사 제2집」, 『민주한국혁명청사』, 16쪽.
38 「혁명사 제2집」, 『민주한국혁명청사』, 19쪽.
39 「혁명사 제2집」, 『민주한국혁명청사』, 18쪽.
40 「혁명사 제2집」, 『민주한국혁명청사』, 18쪽.

이러한 인식은 분명 5·16 군사쿠데타 이전의 한국여론들이 보였던 논의의 연장선상에 있다. 한마디로 그들은 '의원'으로 대표되는 구지배층에 실망하고 있었으며, 이 때문에 구지배층을 일단 추방하여 자신들을 포함한 새로운 지배층을 형성하기를 원했다. 그리고 이러한 의미에서 5·16 군사쿠데타를 통해 드러난 '혁명세력'의 주장은 분명 '4·19혁명'의 것과 동일했다. 다른 점은 '4·19혁명'에서 드러난 '실망'의 범위가 자유당 정권과 주변에 국한되었던 데 반해, 5·16 군사쿠데타에서는 '4·19혁명' 이후의 사회상황을 그대로 반영하여 구지배층 전체로 확대되었다는 것이다. '실망'의 확대―이것이야말로 군사 쿠데타의 발발 가능성을 높인 원인이며, 이를 통해 쿠데타 주도자들은 자신들의 계획을 정당화하려고 노력했다.

그럼 이러한 특수한 사회 상황 속에서 발생한 군사 쿠데타는 어떠한 운명을 맞게 될까.

민정이양을 향한 길

'4·19혁명'에 이은 '제2의 혁명'인 5·16 군사쿠데타가 이 둘의 외형차를 떠나 '제2의 혁명'으로 높이 평가된 사건은 이후 정국에 엄청난 영향을 미친다. 특히 당시 자신들의 계획에 대해 앞서 서술한 것과 같은 쿠데타 지도자들의 설명이 그들의 이후 행동을 규정했다는 점은 매우 중요하다. 다시 말해 '4·19혁명'이 당시의 '권위주의적' 정권을 타도한 '민주화' 혁명인 한, 신체제도 이러한 '민주화'라는 속박에서 영원히 벗어날 수 없었다. 이는 민주주의적이라고는 도저히 말할 수 없는 방법을 통해 탄생한 이 정권이 지극히 이른 단계에서 '민정이양'을 거론할 수밖에 없었다는 점에서도 여실히 드러난다. 쿠데타 완수 직후에 발표된 '혁명공약'은 제6조에서 다음과 같이 밝히고 있다.

> 이와 같은 우리의 과업이 성취되면 참신하고도 양심적인 정치인들에게 언제든지 정권을 이양하고 우리들 본연의 임무에 복귀할 준비를 갖춘다.[41]

이러한 움직임은 8월 12일, 국가재건최고회의 의장에 선출된 박정희가 발표한 이른바 '8·12성명'을 통해 결실을 맺게 된다. 이 성명에 의해 민정이양의 시기가 1963년으로 명확해졌다. 또한, 같은 해 3월에는 신헌법 제정, 5월에는 총선거 실시, 그리고 이후 신헌법에 의거한 민정이양이라는 절차까지 제시되기에 이른다. 특히 중요한 점은 1963년 초반에 정당활동을 허용할 것이라고 명확히 선언한 점이다. 이로써 성명이 발표된 직후부터 다양한 정치세력들이 물밑에서 알력다툼을 시작하였다.

이후 한국의 정국은 기본적으로 이러한 절차에 따라 전개된다. 새로운 대통령중심제를 근간으로 하는 헌법개정안이 1962년 12월 26일에 치러진 국민투표에서 78% 이상의 지지를 얻음으로써 확정 공포된다. 정당활동은 예정대로 1962년 12월 31일에 가결된 신정당법에 의거해 해금됨으로써 다양한 정당들이 출현하였다. 선거관리위원회법과 국회의원선거법은 이듬해 1월 1일에 제정, 공포되었으며 2월 27일에는 민정이양을 앞두고 여야 정치인들이 신체제에 협력한다는 '선서식'을 가졌다. 이러

---

41 「혁명공약」, 『민주한국혁명청사』, 27쪽.

한 가운데 박정희 의장은 3월 16일, 군정軍政의 4년 연장과 정치활동의 즉시 중단을 골자로 하는 소위 '3·16성명'을 발표하나, 결국 대내외의 압력 때문에 이를 철회해야만 했다. 하지만 박정희와 그를 총재로 옹립했던 민주공화당은 10월 15일의 대선과 11월 26일의 총선거에서 승리를 거머쥔다. 이로써 한국은 다시 '선거를 통해 성립된 '권위주의적' 체제'로 복귀하게 된다.[42]

하지만 두 체제는 출발점이라는 면에서 따져보면 확연한 차이점이 존재한다. 제1공화국의 이승만 정권이 적어도 초기에는 대통령이라는 이승만의 압도적인 정치적 우월성과 상대적으로 타의 추종을 불허하는 국민지지를 기반으로 시작되었다고 한다면, 이에 반해 제3공화국의 박정희와 그의 정권은 출발부터 야당의 심각한 위협에 직면해야만 했다. 이러한 상황 속에서도 여당인 민주공화당은 건투하고 있었다. '정통보수 야당'의 흐름을 잇는 두 야당인 민정당과 민주당이 각각 20.1%와 3.6%의 득표율을 보이며 41명과 13명의 당선자밖에 내놓지 못한 데 반해, 여당인 민주공화당은 33.5%의 득표율을 획득하며 110명이라는 당선자를 배출하는 데 성공하며 국회에서 절대다수를 차지하게 되었다. 이와는 대조적으로 대통령 후보인 박정희는 45.1%의 득표율을 획득한 윤보선에 비해 득표수에서 15만 표, 득표율에서는 겨우 1.5% 높은 45.6%로 간신히 선거에서 승리할 수 있었다.[43]

박정희가 이 정도로 고전을 면치 못한 상대후보가 5·16 군사쿠데타 발발 직전, 신랄한 여론의 비판을 받았던 '정치인' 윤보선[44]이었다는 점

---

42 중앙선거관리위원회 편, 『대한민국선거사』, 1968.
43 개표가 비교적 빨리 진행된 도시 지역에서 윤보선이 우세를 보였던 탓에 동아일보를 필두로 한 일부 신문들은 한때 윤보선의 승리를 알리는 호외를 뿌리기도 했다.

은 매우 중요하다. 그리고 정권을 쥐고 있던 박정희가 윤보선을 상대로 패배라는 막다른 골목에까지 몰렸었다는 것 또한 중요하다. 분명한 점은 박정희 정권이 '선거'를 통해 승리하기에는 어려운 상황 속에서 지배를 시작해야만 했던 점이다. '선거'를 통해 성립된 "권위주의적" 체제'. 박정희 정권은 실로 이러한 의미에서 이승만 정권보다 허약했다. 당연한 결과로 박정희 정권은 국정을 운영하면서 추가적인 정통성을 획득해야만 했으며, 이를 '국민생활의 질 향상'에서 찾게 된다. 주지하다시피 박정희 정권은 이러한 부분에서 뚜렷한 '성공'을 이룩하였다. 하지만 이러한 경제적 성공에도 불구하고 박정희 정권은 '선거'에서 안정적인 승리를 거둘 수 없었다. 이 때문에 박정희 정권은 '유신정권'이라는 이름의 '막다른 골목'에 빠지게 된다.

박정희 정권에 대한 논의는 이 장의 목적이 아니다. 그러나 박정희 또한 제2공화국의 '무능한 정상배'들이 직면한 것과 같은 문제를 떠안을 수밖에 없었다는 점은 분명하다. 이승만 이후의 한국에서 모든 국민이 인정하는 지배의 정통성을 지닌 지도자가 없었다는 점이 문제였으며, 그럼에도 불구하고 대한민국은 강력한 지도자를 갈망하고 있었다. 제2공화국 시절, 국민들은 기성 정치가들에 대해 불신의 목소리를 높이면서도 강력한 지도력을 기대하는 모순을 보였다.

당시의 상황 속에서 박정희가 이에 대한 해답이 아니었다는 점, 그리고 여타 정치가들에서 해답을 발견할 수 없었다는 점을 간과해서는 안 된다. 이유는 자명했다. 일본의 패전이라는 타인의 실패를 통해 '해방을

---

44 윤보선에 관해서는 우선 다음을 참조. 윤보선, 『구국의 가시밭길』(한국정경사, 1967). 윤보선, 『외로운 선택의 나날』(동아일보사, 1991).

맞은' 한국은 본래 다른 아시아나 아프리카 각국에서 볼 수 있었던 독립
운동의 과정 속에서 많은 사람들이 인정하는 지배의 정통성을 지닌 수
많은 '건국 이후의 지도자 예비군'이나 조직을 갖고 있지 않았다. 특히
일제치하를 한반도 내에서 보낸 사람들은 이러한 권위를 얻지 못했으
며, 그들 '국내파' 모두는 '독립운동에 뿌리를 둔 정통성'을 마음껏 누릴
수 없었다. 이 때문에 건국 이후의 국가 정통성은 일단 그들 이외의 소
수 망명정치가들이 짊어질 수밖에 없었다. 그러나 망명정치가들도 한국
이 건국에 이르는 과정에서 상황을 더욱 복잡하게 만든 또 하나의 상황,
즉 연합국에 의한 한반도 분할점령을 맞이하게 된다. 이러한 현실 속에
서 그들도 한 명 한 명 정치무대에서 모습을 감추며, 결국 두 명의 망명
정치가인 김일성과 이승만만이 남게 된다.

　이 때문에 김일성과 이승만이 북한과 남한이라는 국가에서 담당한 역
할은 중차대했다. 이는 단순히 두 사람 모두 당시 현실에 걸맞은 국가
건설의 방향성을 제시하고 남북을 나름의 형태로 '독립국가'로 이끌었기
때문만은 아니다. 더욱 중요한 점은 남북에서 김일성과 이승만이라는
두 인물이 지닌 과거의 화려한 경력과 이와 관련된 다양한 '전설'이 국가
정통성과 국가의 성립을 직접적으로 설명했다는 것이다. 김일성 '장군'
이 조선민주주의인민공화국에 일제치하 '무장투쟁'을 전개했다는 화려
한 경력을 제공함으로써 새로운 국가는 정통성을 계승할 수 있었다. 다
른 한편, 대한민국임시정부의 '대통령'을 역임했던 이승만이 새로운 국
가에 임시정부를 매개체로 대한제국으로부터 이어받은 '법통'을 제공함
으로써 대한민국은 정통성을 계승할 수 있었다. 조선민주주의인민공화
국과 대한민국이라는 두 나라는 김일성과 이승만 없이는 글자 그대로

'생각'조차 할 수 없었다.

대한민국은 이승만의 화려한 경력을 통해 '설명'되었으며 정통성을 부여받았다. 이와 동시에 대한민국이 여타 지도자들의 경력에서 기인하는 '설명'을 배제한 채 성립되었다는 점 또한 중요하다. 김구라는 인물의 존재가 '설명'하는 열강의 힘에 의존하지 않은 채, 자력으로 그리고 '무장투쟁'의 결과로서 획득한 독립은 실로 미국에 대한 김구의 도전이 실패하고 김구가 암살됨으로써 대한민국에서 영원히 배제되고 만다. 여운형이나 박헌영이 제공했을지 모를 '국내파'에 의한 '자력해방'도 '건국준비위원회'와 '조선인민공화국'이 고배를 마시는 가운데 일찍이 배제당하고 만다. 유력한 라이벌들의 배제는 말할 것도 없이 이승만을 정치의 정점에 올려놓았다. 이로써 정치, 경제, 사회 모든 것이 이승만을 중심으로 돌아가게 된다.

대한민국 정부 수립 이후 이승만은 일상 정치에서 거의 지도력을 발휘하지 못했으며, 특히 만년에 이르러서는 정치의 전반적인 방침에 대해서조차 그의 정치지도가 존재했는지의 여부마저 의심스럽다.[45] 그러나 이는 진정한 의미에서 그다지 중요하지 않았다. 중요한 것은 그가 대한민국에 존재하고 있었다는 점, 그리고 그의 존재를 통해 대한민국을 '설명'할 수 있었다는 점이었다. 실제 정치지도가 어떻게 굴러가든 이승만은 다만 대한민국에 존재하는 것만으로도 중요한 존재였던 것이다. 이 때문에 어떤 자들은 그가 없어진다면 대한민국은 '모든 것'을 잃게 된다고 믿었으며 그를 영원한 국가원수로 삼기 위해 모든 수단을 모색했다. 또한, 어떤 자들은 그와 그의 정권을 타도하는 것이야말로 '모든

---

45 이 점에 관해서는 본서 제5장을 참조.

것'을 바꿀 수 있다고 믿었으며 정권타도를 위해 전력을 쏟았다. 그리고 어떤 자들은 정권에서 추방된 이후에도 이승만과 같은 하늘 아래에서 살기를 희망하며 관저에서 쫓겨난 이승만을 따뜻이 맞이한다. 실제로 그가 무엇을 하는지는 중요치 않았다. 중요한 것은 그의 존재였다.

그러나 그는 돌연 대한민국에서 모습을 감춘다. 현재 상황의 '모든 것'을 설명했던 존재의 급작스러운 소멸은 국민들을 깊은 당혹감에 빠뜨린다. 국민들은 이러한 상황 속에서 열심히 새로운 '방향성'과 새로운 지도자를 찾았으나, 결국 양자가 모두 결여된 '현실'만이 존재했다. 결국 한국은 '현존하는 지도자'들 중 한 사람을 골라 '코앞의 현실'에 맞서지 않으면 안 되었다. 사실상 국민들은 아무도 진심으로 '현재의' 지도자에 만족하지 않았다. 그러나 이를 대체할 인물이 정말로 없다면, 국민들은 '일단' 현 지도자로 만족할 수밖에 없었다. 이제는 '지도자가 누구인가' 그리고 그가 '무엇을 이야기하는가'는 중요하지 않았다. 오직 '지도자가 무엇을 해줄 것인가' 그리고 '무엇을 남길 것인가'만이 중요했다. 카리스마가 존재했던 시대, 그리고 카리스마를 추구했던 시대는 바야흐로 막을 내리고 있었다. 카리스마는 온데간데없이 사라졌으며, 사람들은 카리스마 없이 모든 것을—'권위주의적' 체제조차도—다시 만들어 갈 수밖에 없었다.

어느새 민족의 '꿈'과 '신화'를 노래하던 흥분의 시대는 지나가고, '일상'과 '현실'을 마주해야 하는 때가 찾아왔다. 시대는 이미 건국으로부터 15년을 지나고 있었다.

한국의 권위주의적 체제 성립
이승만 정권의 붕괴까지

맺음말을 대신하여

현대는 본질적으로 분별의 시대이며 반성의 시대이자 정열이 없는 시대이기도 하다. 한동안 감격에 취해 열광해도 결국 모든 감동은 사라져 버리는 시대이다.[1]

'마치 밤손님처럼 몰래 찾아온 광복[2]'. 이어진 분단통치. 그리고 수많은 논의 끝에 겨우 이루어낸 독립. 그러나 대한민국은 '짧은 안정기[3]'를 거친 뒤 한국전쟁이라는 진정한 비극을 맞게 된다. 대한민국이 광복을 맞은 1945년부터 한국전쟁이 끝나는 1953년까지 대한민국은 실로 격동기를 겪는다. 이 격동의 시절에 한국을 이끈 사람은 바로 '건국의 아버지'였다. 적어도 국민들은 그렇게 생각했다. 그리하여 한국 사회는 그를 중심으로 돌게 된다. 그러나 격동의 세월이란 언젠가는 끝나기 마련. 한국 국민들은 가난과 불안 그리고 폐색감에 빠져 있었다. 그러던 새에 '일상'은 언제인지 모르게 사람들의 생활 속에 숨어들어와 결국 그들을 지배하게 된다. '일상'이 사람들을 지배하는 시대, 이 시대에 가장 먼저 들려온 소리는 '못 살겠다, 갈아보자'는 구호였다. 그런데 이 구호를 외

---

1 키에르케고르, 『현대의 비판』, 枡田啓三郎 편, 『키에르케고르』 세계의 명저 51권(중앙공론사, 1979), 351쪽.
2 함석헌, 『苦難の韓国民衆史』, 김학현 역(新教出版社, 1980), 302쪽.
3 유진오, 『양호기』(고려대학교 출판부, 1977), 31쪽 이하.

치던 사람들의 성격을 반영한 것일까. 어딘가 낙관적으로 들리는 이 구호는 그래도 사람들에게 '가면 어떻게 되겠지'라는 '비일상'적인 기대를 주었다. 그러나 이러한 구호도 결국 차디찬 현실 속에 쓸려 없어지고, 국민들은 결국 얼마 안 남은 '비일상'에 대한 기대를 '혁명'이라는 수단으로 실현하고자 한다.

그러나 현실로 다가온 것은 전과 다름없이 지루한 '일상'이 지배하는 시대였다. 국민들은 분노하였으나 결국은 체념하게 되고, 드디어 '일상'의 시대가 본격적으로 시작된다. 감동도 정열도 그리고 희망도 없는 이 시대, 사람들은 묵묵히 매일매일의 '일상'에 대항하며 하루를 마감할 수밖에 없었다.

한국과 한국사회에서는 식민지 통치란 이름의 '일상'이 돌연 사라져버리고, 광복이라는 이름의 '비일상'적인 흥분이 찾아왔다. 그리고 격동의 세월을 거쳐 겨우 다시금 '일상'이 지배하는 시대로의 전환기를 맞는다. 여기서 중요한 것은 대체 무엇이 바뀌었기에 '일상'에서 '비일상' 즉 새로운 '일상'으로 갈 수 있게 되었는가이다. '비일상'이 지배하는 시대에는 '비일상'적인 지도자, 즉 이승만과 그를 중심으로 형성된 '국가'에 의해 '위로부터의' 개혁이 이루어졌다. 대한민국 건국 당시의 헌법과는 달리 국민직선제로 선출된 대통령 중심의 정치체제가 등장한 것이 바로 그 예이다. 또한, 이를 효과적으로 운용하기 위한 '정부당' 조직도 전형적인 예라 할 수 있을 것이다. '비일상'의 시대에 구축된 이 '일상의 형태'는 그대로 다음 세대로 계승되어—적어도 새로운 '비일상'과 흥분의 시대가 도래하는 그때까지는—한국의 정치를 형성하게 된다. 한국의 '권위주의적' 체제는 실로 이와 같이 두 번에 걸친 '비일상'의 시대에 성립되었다.

이는 한국이 순수 자국의 힘으로 광복을 이루어내지 못한 점, 그리고 독립 후 미군정부에 의한 점령을 다시 한번 경험했다는 특수한 탈식민지화 과정에 기인한 것이다.

그럼 한국에서 어떻게 '선거에 의해 성립된 '권위주의적' 체제'가 태어난 것일까. 질문에 대한 대답은 이미 나왔다. 한반도의 남북분단과 냉전 그리고 한국전쟁에서의 극한 상황이 영향을 미친 것은 사실이며, 필자도 그 중요성을 부정하지는 않겠다. 그러나 만일 이러한 상황이 없다 하더라도 한국처럼 특수한 탈식민지화의 경위를 거친 국가는 독립운동으로 높은 권위를 갖게 된 지도자를 중심으로 '선거에 의해 성립된 '권위주의적' 체제'가 성립될 가능성이 크다. 적어도 이를 빼고 한국의 '선거에 의해 성립된 '권위주의적' 체제'를 이해할 수는 없을 것이다. 실제로 미국이 이승만 정권과 반드시 좋은 관계를 유지한 것은 아니며[4] 이승만 체제가 미국의 지원으로 지탱되었다는 주장은 사실과 크게 모순된 것이다. 이러한 관점에서 생각해 보면 비록 미국과 이승만의 관계가 복잡하다 하더라도—필리핀처럼 말이다—'미군정부의 정통성을 인정하고 이를 승계하는 형태로 한반도 남단에서 성립된 대한민국'에서 그를 대신할 지도자와 세력을 쉽게 찾을 수는 없었다. 또한, 이러한 지도자와 세력이 새롭게 나타나는 일도 없었다. 제2공화국의 예에서 알 수 있듯이 '정통보수야당'은 불충분한 그릇이었으며, 그 외의 세력은 사실상 문제시되지 않았다.

이렇게 약 반세기 전의 한국을 되돌아 보면, 오늘날의 한국 또한 마찬가지로 '비일상'에서 '일상'으로의 전환기, 정확히는 전환기로 가기 위

---

4 이는 박정희 정권과 전두환 정권 시절에도 마찬가지였다.

한 마지막 단계에 걸려있다. 말할 필요도 없이 현대 한국사의 그 다음 단계인 '비일상'의 시대는 경제성장과 민주화 투쟁이라는 변화와 기대로 화려하게 채색된 1980년대이다. 그리고 그 정점에는 1987년 민주화 선언과 1988년 서울 올림픽이 있었다. 중요한 점은 오늘에 이르기까지의 한국을 만들어낸 것이 이 1980년대라는 시대상이다. 예로는 김영삼과 김대중이라는 민주화 투쟁의 '비일상'에서 부상한 카리스마 넘치는 두 지도자를 축으로 전개된 한국 정치를 들 수 있다. 그들이 '비일상'으로부터 부상한 결과, 이후 한국 정치에서 이들처럼 압도적인 존재감과 영향력을 갖는 카리스마 지도자의 등장은 기대조차 할 수 없게 되었다.

민족이 독립을 갈구한 시대는 역사 속에 묻혀버리고, 민주화와 경제 발전을 위해 '꿈을' 좇던 시대는 과거가 되었다. 오늘날 한국이 맞이한 시대는 우리가 지금 체험하고 있는 지루하고 자극 없는, 그리고 장래에 대한 '이상'조차 없는 '일상'이 지배하는 시대이다. 사람들은 이에 대해 막연한 불안감을 가지면서도 하나하나 대처하는 외에 방법이 없었다. 한국의 '정열 없는 시대'는 사실 이제 막 시작하려 하고 있는지도 모른다.

후기

> 명준의 눈에는, 남한이란 키에르케고르 선생 식으로 말하면, 실존하
> 지 않는 사람들의 광장 아닌 광장인 것이었다. 미친 믿음이 무섭다면,
> 숫제 믿음조차 없는 것은 허망하다. 다만 좋은 데가 있다면, 그곳에는,
> 타락할 수 있는 자유와, 게으를 수 있는 자유가 있었다.
>
> 최인훈, 「광장」, 『현대한국문학선집』 1권, 김소운 역, 동수사, 1973, 123쪽

　1950년대 한국의 '권위주의 체제화'. 나는 이 문제에 관해 언제부터 관
심을 갖게 된 것일까. 먼 기억들을 풀어가는 가운데 1996년 겨울, 한국
에서 두 번째 유학을 하고 있던 시절, 서울대 부속도서관 5층 한 구석에
서 광복 직후의 신문자료를 샅샅이 훑던 일이 유난히 선명하게 떠올랐
다. 당시는 아직 훗날 저술한 『조선/한국의 내셔널리즘과 '소국' 의식』
의 각 장을 구성하게 되는 논문을 쓰고 있던 시절로 분명 주요한과 이
승만의 경력을 뒷받침하는 자료를 수집하기 위해 하루도 빠짐없이 도
서관에서 자료를 읽고 있었다. 그때만 해도 주요 정치가들의 이름은 말
할 것도 없거니와 한국의 1950년대 사정에 대해서도 거의 아는 바가
없었다. 게다가 선행연구도 지나치게 부족했던 탓에 50년대에 대해 말
그대로 어물어물 더듬고 있던 상태로 '연구 흉내'―지금도 그다지 변함
이 없지만―을 내고 있었다.

어둑한 도서관 한 귀퉁이에서 무작위로 자료를 샅샅이 훑어 내려가던 중 다음과 같은 점을 깨닫게 되었다.

1950년대 한국은 오늘날 우리들이 알고 있는 한국과도, 그리고 지금까지의 연구를 통해 조금은 익숙해진 근대 한국과는 엄청나게 다르다는, 어떤 의미에서는 당연한 결론이었다. 내용이나 문체 그리고 어조에 이르기까지 모두 낯선 것투성이였으며, 솔직히 그들이 무엇을 얘기하려고 했는지조차 파악하지 못할 정도였다. 우왕좌왕하는 사이에 또 한 가지를 깨달았다. 한국사에는 그 외에도 이와 비슷한 시대가 있었다는 점이었다. 이는 일제치하, 더 정확히 말하면 일제의 패망이 가깝던 시기였다. 물론 두 시기 모두 시기적으로 매우 가까웠던 탓에 비슷한 상황을 겪었을지도 모른다.

그러나 필자는 지금까지의 연구를 통해 다른 발견에 이르렀다. 두 시기에 끼어 있는 시대 즉 광복 이후 한국전쟁 발발 이전까지의 시기는 두 시기와는 전혀 다른 분위기를 가지고 있었다는 점이며, 이는 자료에서도 쉽게 읽을 수 있었다. 무엇보다도 내용과 양에서 큰 차이를 보였다. '이상'과 '미래'로 가득 차 있었으며, 다양한 시점에서 많은 사람들이 이에 대해 말하고 있었다. 동일한 인물의 전기에서조차 1945년 8월부터 1950년 5월까지를 기록하기 위해 할애된 페이지 수는 1955년 7월부터 1960년 4월까지와 비교했을 때 훨씬 방대했다. 1950년대의 한국에서는 다른 사회에서는 당연히 존재했던 '무언가'가 결여되어 있었다.

개인적인 표현이 허용된다면 본서는 실로 이러한 1950년대의 한국과 필자와의 갈등에 대한 기록과 다름없음을 밝히고 싶다. 본서는 필자가 지금까지 발표한 연구논문을 연구동향의 진전 등에 의해 수정한 것과 본서의 마지막 장이라는 역할을 담당하는 개정을 위한 장으로 구성되어 있다. 참고를 위해 논문의 초판 등을 다음에 적는다.

서 장 탈식민지화와 '정부당'
　　　제2차 세계대전 이후 탄생한 신흥독립국들의 민주화를 향한 일시론
　　　神戸大学国際協力研究科『国際協力論集』第九巻第一号、2001年6月
제1장 '동아일보 그룹'의 등장
　　　일본치하와의 그 구성
　　　(原題・日本統治期における韓国民族運動と経済の論理──「東亜日報グ
　　　ループ」研究(一)──)
　　　神戸大学国際協力研究科『国際協力論集』第五巻第二号、1997年12月
제2장 '정통보수야당'의 탄생
　　　미군정기의 '동아일보그룹'
　　　(原題・米軍政期における「正統保守野党」の形成と特質──「東亜日報グ
　　　ループ」研究(二)──)
　　　神戸大学国際協力研究科『国際協力論集』第六巻第一号、1997年6月
제3장 '정통보수야당'의 변질과 '동아일보그룹'의 정치적 해체
　　　'권위주의적' 체제의 전제조건으로서
　　　(原題・「正統保守野党」の変質と東亜日報グループの政治的解体──「東
　　　亜日報グループ」研究(三)──)
　　　神戸大学国際協力研究科『国際協力論集』第九巻第二号、2001年1月
제4장 '건국의 아버지'와 그 시대
　　　이승만재론
　　　(原題「第二十四期公開セミナー報告：李承晩と韓国ナショナリズム」か
　　　ら大幅改定
　　　『セミナーだより　海』広島朝鮮史セミナー事務局　2001年秋号
제5장 자유당체제의 성립과 붕괴──한국에서 탄생한 최초의 '권위주의적' 체제
　　　神戸大学国際協力研究科『国際協力論集』第一〇巻第一号、二〇〇二年
　　　六月、同第二号、同年一〇月
최종장 이승만 이후──4·19에서 5·16까지──
　　　본서를 위해 새로 쓴 논문

그리고 본서에는 수록하지 않았으나 필자의 관련 연구서로는 「韓国における民主化と『政府党』」(西村成雄・片山裕編著 『20世紀東アジア史像の新構築』青木書店、2001年)이 있다. 필요하다면 전서 『조선/한국의 내셔널리즘과 소국의식』 및 필자의 다른 논고를 이 책의 이해를 위해 참고로 해준다면 더할 나위 없는 영광이겠다.

이 논문들의 초판을 언뜻 봐도 알 수 있듯이, 본서의 기초를 이루는 연구는 필자가 앞서 언급한 대로 두 번에 걸친 한국 체류를 끝내고 연구의 거점을 에히메대학에서 고베대학으로 옮긴 후에 시작되었다. 이러한 의미에서 필자에게 이 책은 1997년에서 오늘까지 보낸 고베대학원 국제협력연구과에서의 추억과 밀접히 연결되어 있다. 롯코산 중턱에 자리잡은 아름다운 캠퍼스만이 가지고 있는, 다른 대학이나 다른 부서에서는 상상조차 할 수 없는 자유롭고도 여유로운 환경이야말로 이러한 일련의 연구들을 가능하게 했다. 그리고 이러한 의미에서 이 책은 실로 고베대학과 국제협력연구과가 없었다면 불가능했다고 해도 지나친 칭찬은 아닐 것이다. 특히 에히메대학에서 전임한 이후 오늘날까지 쓸데없이 완고하면서도 불안정한 자아의 소유자인 필자를 같은 강좌의 상사로서 참을성 있게 이끌어 주신 가타야마 유타카片山裕 교수님께 뭐라 감사의 말씀을 드려야 할지 모르겠다. 그리고 세리타 겐타로芹田健太郎 교수님은 필자가 전임수속을 밟을 때 연구과장님으로 계셨으며, 또한 같은 전공의 연구 경험이 풍부하셔서 연구는 물론 교원생활에 관해서도 많은 조언을 해주셨다. 이오키베 마코토五百旗頭眞 교수님과 마츠시타 히로시松下洋 교수님은 연구자로서의 목표를 보여주셨으며, 또한 선생님들께 받은 다양한 고견들은 더할 나위 없이 귀중한 것이었다.

　또한, 이 책을 집필하기까지 필자는 1997년부터 현재에 이르러 국내 뿐만 아니라 국외에 계신 다양한 분들의 도움을 잊지 못한다. 이러한 의미에서 1998년부터 1999년까지 체재한 하버드대학교에서의 경험은 이전 저서의 초고 집필 이후 방향을 잃고 있던 필자에게 연구의 전기를 마련해 주었다. 그리고 객원교수로 필자를 받아 주신 패어뱅크 동아시아연구소의 에즈라 보겔 교수님, 그리고 동 대학 한국연구소의 에크하르트 교수님께도 감사를 드린다.

　그리고 이 책의 연구 최종단계에서 필자를 같은 객원연구원으로 받아들여 주신 고려대학교 아시아문제연구소의 최종집 교수님 및 여타 교수님들께도 감사의 말씀을 드리고 싶다. 동 대학에서 3개월 동안 추가 자료를 수집하지 않았다면 필자는 본서를 완성치 못했을 것이다.

　물론 본서를 위한 연구는 이전 그리고 이후에도 이어질 필자의 '한국을 사례로 한 근대화 연구'의 일부로서, 이를 완성하기까지 필자를 이끌어 주신 선생님들의 이름을 빼놓을 수는 없다. 교토대학의 기무라 마사아키木村雅昭 교수님은 진정한 의미에서 필자의 유일한 은사라 할 수 있으며, 본서를 포함한 일련의 연구가 조금이나마 선생님의 기대에 부응했으면 하는 것이 필자의 변함없는 소망이다. 현립 히로시마여자대학의 하라타 타마키原田環 교수님은 대학원 재학 시절부터 조선과 한국에 대해 쥐뿔도 모르는 필자에게 연구의 첫걸음부터 하나씩 지도를 해주셨다. 그리고 연구에 대한 교수님의 열정적인 자세는 필자에게 많은 자극이 되었다. 오사카시립대학의 오니시 유타카大西裕 교수님은 대학원 재학 시절 이래 쭉 존경하는 선배로, 연구에 대한 진지한 태도와 예리한 분석력에서 얻은 여러 조언들은 어떤 책에서 얻은 것보다 값졌다.

그러나 무엇보다 이처럼 서투르면서도 미흡한 문장을 훌륭한 책으로 세상에 내보내 주신 미네르바 서방書房 여러분의 수고는 이루 다 말할 수 없을 정도이다. 특히 스기타杉田 사장님은 이전 책인 『조선/한국의 내셔널리즘과 '소국'의식』 이래 쭉 도움을 주시고 계시며, 사장님과 미네르바 서방에 조금이나마 보답할 수 있기를 바라는 바이다. 또한, 담당인 다비키田引 씨는 초고부터 많은 조언을 해주셨다. 그리고 고베대학 대학원 법학연구소의 미야모토宮本군, 국제협력연구과의 이가伊賀군, 김세덕 군, 다나카田中군도 공부 때문에 바쁨에도 이 책의 교정을 위해 귀중한 시간을 할애해 주었다.

마지막으로 이 책과 이를 위한 연구 시기는 필자가 아내를 만나 함께한 날들과 공교롭게도 일치한다. 고베, 니시미야, 보스턴, 다카라즈카 등 연구 핑계로 생활 터전조차 불분명한 채 마음 내키는 대로 행동하는 필자를 변함없는 미소로 맞아 준 아내가 없었다면 이 책은 물론 오늘날의 필자는 없었을 것이다. 다시 한번 아내에게 감사를 보내며, 아내가 조금이라도 기뻐해 준다면 필자도 더없이 기쁘겠다.

2003년 4월 가네마쓰 기념관의 연구실에서
기무라 간木村 幹

저자 기무라 간木村 幹

1966년생. 교토대 대학원 석사과정 수료 및 박사(법학). 에히메대학 강사, 한국국제교류재단의 연구펠로, 하버드대학 객원연구원, 고려대학교 객원연구원 등을 거쳐 현재 고베대 대학원 국제협력연구과 교수로 재직 중. 제2기 한일역사공동연구위원회 연구위원. 저서로는 『조선/한국의 내셔널리즘과 소국의식』(미네르바서방, 제13회 아시아태평양상 수상), 『한국 권위주의적 체제의 성립』(미네르바서방, 제25회 산토리학예상 수상), 『한반도를 어떻게 볼 것인가』(슈에이샤신쇼), 『고종·민비』(미네르바서방), 『한국현대사』(쥬코신쇼), 『근대 한국의 내셔널리즘』(나카니시야출판), 『철저검증 한국론의 통설·속설』(공동 저술쥬코신쇼라크레) 등 다수가 있다.

역자 김세덕金世德

1970년 전남 영광에서 태어나 일본에 유학했다. 고베대 대학원에서 정치학을 전공했으며 효고현립대학 강사 등을 거쳐 현재 일본 아시야대 교육학과 교수로 재직 중이다. 옮긴 책으로는 『조선/한국의 내셔널리즘과 소국의식 -조공국에서 국민국가로』(산처럼) 등이 있다.

한국의 권위주의적 체제 성립

이승만 정권의 붕괴까지

초판인쇄   2013년 12월 20일
초판발행   2013년 12월 30일

저 자 기무라 간(木村 幹)
역 자 김세덕
발행처 제이앤씨
발행인 윤석현
등 록 제7-220호

주소   서울시 도봉구 창동 624-1 북한산현대홈시티 102-1106
전화   (02) 992-3253 (대)
전송   (02) 991-1285
전자우편   jncbook@daum.net
홈페이지   http://www.jncbms.co.kr
편   집   주은혜
책임편집   김선은

ⓒ 김세덕, 2013. Printed in KOREA.

ISBN 978-89-5668-997-5 93300   정가 19,000원